JN273972

Joe Girard's 13 Essential Rules of Selling

# 営業の神様

ジョー・ジラード with トニー・ギブス
満園真木 訳

Joe Girard's 13 Essential Rules of Selling
by Joe Girard with Tony Gibbs

Copyright © 2013 by The Mcgraw-Hill Companies, Inc.
All rights reserved.
Japanese translation rights arranged
with The Mcgraw-Hill Companies, Inc.
through Japan UNI Agency, Inc., Tokyo.

人生の可能性を
存分に発揮したいと
本気で思っている人に

Joe Girard's 13 Essential Rules of Selling

# はじめに

失敗者の多くは、
諦めたときに
どれだけ成功に近づいていたかに
気づかなかった人々である。

トーマス・エジソン（発明家）

この本の目的は、あなたにとってもっとも大切な人生の目標や展望を実現するために必要な土台を築くことだ。

セールスの仕事についている人も、それ以外の人も、あるいはただ人生をより充実した意義あるものにするための方法を探している人も、**私の十三のルールで、必ず健康と幸せと成功への道に踏み出せる。**

私はこれまでに四冊の本を出版する機会に恵まれ、それらは全世界で数百万部を売り上げてきた。今あなたが手にしているこの本は、そこからさらに一歩進んで、私が世界一の営業マンになれた極意を明かすだけにとどまらず、より重要なことについて語っている。すなわち、私がこれまでの人生でぶつかったいくつもの壁をどうやって乗り越えてきたのか、ということだ。

私はこの十三のルールに従うことで、黄金の鍵を手に入れた。それは実り多い充実した人生への扉を開いてくれただけでなく、豊かな経験も与えてくれた。私という人間を変え、私の生き方そのものを変えた。

私の成功は、消費者相手の商売の中でももっとも大変な、自動車のセールスの仕事で築いたものだ。運に恵まれた部分もたしかにあったが、もちろんそれだけではない。

私は迷信深い人間ではなく、運は信じない。

たとえば不吉な数字と言われる十三も、私にとっては素晴らしい数字だ。なぜなら、営業マンとしての十五年のキャリアで一万三〇〇一台の新車を売ったからだ。

**私は十三のルールで世界一の営業マンになった**（会計事務所デロイト&トウシュの監査済みのギネスブック認定記録だ）。家や自家用ボートや自動車といった高額の小売商品の営業マンの中で、世界中の誰よりも多く売り（それも一度に一台ずつ）、その記録は今に至るまで破られていない。

もしあなたが今、書店ではじめてこの本を手にとっているなら、どうか棚に並んでいるその他の本と比べてみてほしい。

夢のような富や成功を手に入れられるという〝秘密の〟方法だのステップだのを謳う大げさなタイトルのものや、〝専門家〟が書いたというものが並んでいるだろう。この手の本を見かけたら、ちょっと考えてみてほしい。

・それは実際の経験を持つ人が書いたものか
・そこで唱えられている説は、学者の説く机上の空論か、それとも実地で通用するものなのか

言い換えれば、どれだけ信憑性があるかということだ。

**口ばかりで行動がともなわない連中の主張に耳を貸すことはない。**誰かに何かをしろと言うなら、その前に自分でやり、言行を一致させるべきだ。

とはいえ、誤解しないでほしい。べつに心理学者に恨みはない。ただ、人生の重大な決断への解決策と称する賢《さか》しらな説が好きではないだけだ。

棚に並んでいる本の多くは、大学教授や研究者が、他人から聞いたり学んだりしたことを文字にして世の中に広めようとしたものだ。

だが、私はまったく逆だ。まず現場で知恵を体得し、それを文字にした。どちらのやり方が理にかなっていると思うだろうか。つまるところは信憑性の問題だ。

## ジョー・ジラードの話には何よりも信憑性があるのだ。

私は最初に自動車を売る仕事を始めたときに、成功のための土台を築いた。自分のするあらゆることを分析し、整理した。自分の行動の中で、その日の成功や失敗を左右した可能性のある要因を探した。自分の使っている様々なプロセスやアプローチを検討し、同じような小売の業界で使われている手法を自分のやり方と比較した。成功しているほかの人々のしていることを知ろうとした。

まもなく様々なアイデアや考え方が集まった。私は成功のパターンを探していたのだ。やがて、ついにそれが見つかった。成功への急な階段の一段目が。

プロセスに関係する部分(たとえば書類手続きの流れや、商品のくわしい特徴やメリットを顧客に説明する順番など)には、私の探している強みは存在しえないと気づいたのだ。それらは誰にでもできる。書類手続きの流れは誰がやっても変わらないし、持っている商品とその情報(マニュアル、ビデオ、カタログなど)もみな同じだ。そこに強みを見いだすことはできない。

私はすぐに、プロセスや製品に関係する部分と、ディーラーの運営方法に関わる部分は捨てた。その時点で、残るものはたったひとつしかないことに気づいた。すなわち、私自身だ。**自分自身と自分のすることに的を絞った結果、きわめて重要な十三のポイントを特定することができた。**

さらに、嬉しい驚きがあった。

これらは、仕事だけでなく、人生のあらゆることにあてはまったのだ。

この十三のポイントは、もっと大きなものの土台になる。これらが私の人生の十三のルールになった。

## 私は逆境を乗り越えた、あなたにも必ずできる

この本があなたにとって（とくにほかの本と比べて）役に立つと自信を持って言える理由は、ここにはあなたとよく似た人物、すなわち、人生で成功する方法を必死に探してきた人物の経験が記されているからだ。

それがどんなに苦しくつらいものか、私にはよくわかっている。**人生は厄介な障害だらけだ。問題は、それを障壁ととらえるか、チャンスととらえるかなのだ。**

成功したいなら、第一にすべきなのは土台を築くことだ。十三のルールの目的はそれだ。未来への足場を固め、成功に向けて正しい方向に努力できるようにすることだ。

人生を振り返ると、もっと早いうちにしっかりした土台を築けていたらと思わずにはいられない。私は長い年月を無為にすごしてきた。四十もの職を転々とし、したいこともなければ、それをする方法もわからなかった。

父からは一切の後押しを受けられなかった。父からかけられる言葉といえば、「どうせおまえはろくな者にならない」というようなものだけで、それ以外は殴られてばかりだった。父は知らなかっただろうが、父から受けた仕打ちに対する怒りが、私の内なるエネルギーに火をつけた。

一方で、母の愛と励ましが私のエンジンのガソリンになった。「お父さんに目にもの見せてやりなさい」と母はいつも言ってくれた。

当時は気づかなかったが、絶対にひとかどの人物になってやるという私の燃えるような情熱はこのときに生まれたのだ。

幸か不幸か、不遇な子供時代をすごしたおかげで、自分自身に関するとても重要なことを早くに学ぶことができた。デトロイトの工場労働者が仕事帰りに寄るバーを回って靴磨きをするようになった九歳のころから、私には本能的に優れたセールスの才能があった。私のやり方は独創的だった。ただ頼んだりせがんだりすることも、私にかかればオリジナルの技術になった。

やがて客が増えてきて、「優れた営業マンはどんなものでも売れる」と思うようになった。なぜなら、**人々が買うのは商品ではなく、人なのだ。**好きな相手、問題を解決してくれると信頼できる相手を買っているのだ。客は実際には靴磨きに金を払っていたのではなく、ジョー・ジラードという商品を買っていたのだ。

**自分自身こそもっとも重要な売り物であり、世界一の商品だ**ということを、私はすぐに学んだ。それは大きな発見であり、のちに世界一の営業マンになったときにも、まさにそれが正しかったことが証明された。

私のオフィスには、ひざまずいて靴を磨く九歳の私の写真が今でも飾ってある。それは自分の出自を忘れないための戒《いまし》めだ。誰にも私のような子供時代をすごしてほしくはないが、その一方で、私はそのことを誇りに思ってもいる。当時がなければ、今の私はないからだ。

少年時代の私は人生に幻滅し、絶望していた。悪い友達とつきあい、道を誤ったこともある。母と、若い私を雇い、建築業のことを一から教えてくれた友人のエイブ・サパーステインがいなければ、どうなっていたかわからない。

出だしは散々だったが、私はしだいに失敗や経験から学んでいった。

すぐに気づいたのは、成功するために何に集中すべきかを見きわめなければ、どうにもならないということだ。そして何より、私には家族がいた。養わなければならない妻と子供の存在以上に、強いモチベーションになるものはない。

私にとってのモチベーションとは、生きていくことそのものだった。私を頼りにしてくれる愛する存在のために、明日の食事を手に入れることだった。

長年の試行錯誤のすえに、私は自分自身の土台を築いた。簡単なことではなかったが、やりとげた。そして絶えずそれに改良を加え、発展させ続けてきた。

**人生の成功を築くために私が徹底したのは、その成功の土台となった自らのスキルや長所に絶えず磨きをかけることだった。**その結果できあがったのが私の十三のルールだ。

**私がこれから語ることはすべて、大学の論文などではなく、人生の生《なま》の現場から生まれたものだ。**本当の現実なのだ。

## ⁑ 成功の魔法などない

ジョー・ジラードの成功の〝秘密〟を知りたいと思ってこの本を読んでいるなら、ただちに忘れろ。今すぐ本を置くことだ。いいことを教えよう。

**秘密などない。**

健康と幸せと成功行きのエレベーターは故障中だ。階段を使って、一歩ずつ登るしかないのだ。私がしてきたように。

素行不良で高校を退学になった少年――未来へのスタート地点としては最悪だろう。しかし、それは可能だ。私がその生きた証拠なのだ。挫折につぐ挫折を経験し、どれだけ過酷な運命に見舞われても、私は頂上にたどりついた。私にできるのだから、誰にだってできる。

**成功への秘密の近道や魔法の公式があるなんて、私は一瞬たりとも考えたことはない。**

落ち込んでいる人に近づき、簡単に成功する方法があるとささやいて金を騙しとる詐欺師のことは飽きるほど見聞きしてきた。どこか怪しいといつも感じていたし、決して信じなかった。

その手の話を耳にしたとき、私はいつも疑問だった。成功の〝秘密〟を知っているという人間は、なぜそれをわざわざ人に教えたりするのだろう。もし本当にそんなものがあるなら、こっそり隠しておくものではないだろうか。私に言わせれば、そんなものは、競馬やポーカーの必勝法を謳う本と何も変わらない。

非行少年だった十代のころの経験から、一攫千金のうまい話に人がどれだけ騙されやすいか、私は身をもって知っている。

はじめから言っているように、**近道も奇策もない。**

私がこれから教えるのは、自分の頭と才覚で成功する方法だ。それ以外の方法があると思っているならすぐに忘れろ。そんなものは幻想だ。それ以外の方法などない。

ひとつはっきりさせておこう。人に好印象を与えるためにすべきことをリストアップするなんて、魔法でもなんでもない。そんなことは誰にだってできるし、すでに多くの人がやっている。

この本はそういうものではない。私はそんな浅知恵を教えるつもりはない。私はあなたの心に、人生の指針とすべき理念を植えつける。

私が言っているのは、毎日の生活の中で、朝起きた瞬間から自動的に行うべき一連の行動のことだ。**これらの理念があなたという人間そのものになる。**人はあなたの中にそれらの理念を見る。私の十三のルールを生き、呼吸しているあなたを見る。

あなたは今この瞬間から、自分自身を生まれ変わらせるのだ。それこそがあなたの成功の土台になる。

## ❖ 本書の構成

では、私が毎日してきた（そして今もしている）、私の業績や人生に素晴らしい変化をもたらしたこととは何か。それが私の十三のルールだ。

目次に書かれている十三のルールをよく見れば、それが自然の流れに沿った四つのグループに分けられていることがわかるだろう。

**1　準備のルール**

ルール一から六は、健康のための選択をし、ポジティブな姿勢を持ち、きちんとした計画を立て、よい印象を与えてよい仕事をするための準備に焦点を当てている。**誰かに会う前にしっかりと準備を整えておくことが大切なのだ。**

**2　現場でのルール**

ルール七から十は、実際に人と接して、どのようにやりとりすべきかを取り上げている。これらのルールで強調されていることは、神経をとぎすませ、鋭く敏感でいることだ。言い換えれば、**ベストな状態で臨むということでもある。**

**3　クロージングのルール**

ルール十一と十二は、望みどおりの結果を手に入れるための方法を説明している。**顧客の信頼を勝ち得ることが最大の目標であり、自分を売り込むことが主目的となる。**それができれば、クロージングはおのずとついてくる。

## 4　充電のルール

最後となるルール十三は、自分へのご褒美として、リフレッシュし、充電することがテーマだ。私自身も無趣味な仕事人間というわけではない。何か目標を達成するたびに、自分と妻にご褒美をあげてきた。

あなたもそうすべきだ。**頑張った自分を何らかの形で褒めてやるべきだ。**なぜなら、すぐにまた、次のチャレンジに向かって一から準備を始めなければならないのだから。

朝起きた瞬間から、夜家に帰ってくるまで、私の一日はすべてこの十三のルールを中心に回っている。あらかじめその日の準備をしっかり整え、顧客とのやりとりでは鋭敏に、かつ思いやりをもって接することで、ほぼ毎回のように契約をとれるポジティブな環境をつくり出すことができた。ひと仕事終えた後のご褒美は、それをまた繰り返そうと思えるモチベーションになった。

充電のための旅行から帰った翌朝はいつも元気いっぱいで、仕事を始める時間には、狩りの前のライオンのように気力とエネルギーがみなぎっていた。仕事にかぎらず、どんなことでもそうだった。

私はよく働いた。しばしば長い時間をかけて、成功するためのアプローチに磨きをかけた。改善が結果としてあらわれてくると、やる気や熱意がさらに高まった。

**すべての鍵はごく単純なことだった。すなわち、ルールに従うこと。それだけだ。**

## 本書の読み方

十三のルールにはそれぞれ、具体的に注意すべきポイントがある。

十三の章を読んでいくにあたっての目標は、ルールを覚えることではない。ルールになることだ。ルールそのものになったときこそ、それらをもっとも高い次元で理解できたことになる。

**その域に達したとき、あなたは変わる。**豊かで実り多い、仕事もプライベートも充実した人生に向かって歩み出したことになる。

私はこれらのルールで、ポジティブな行動のサイクルを始められた。それはセールスの仕事だけでなく、プライベートにもプラスの効果をもたらした。家族や友人たちとの関係でも、今までにない満足感や充実感を得られるようになった。

それもすべて、ルールの根本にある理念のためだ。それを職場専用にせず、家に持ち帰ろう。見かけどおりの人間になるのだ。

演じる役になりきることで、よりよい人間になれたときこそ、本当に何かを手に入れたことになる。

目に見えてよい変化が感じられはじめたら、そのときこそ、人生という山の頂に到達するための適切なツールと価値観を身につけたことを実感できるだろう。

仕事の成功のことだけを言っているのではない。配偶者としての成功、親としての成功、コミュニティの一員としての成功、そして欠けるところのない完全な人間としての成功のことを言っているのだ。

**私は、あなたの内に閉じ込められ、過去に阻《はば》まれて出てこられない本当のあなたを解き放ちたいと思っている。**私がこの本を書いたのは、あなたを楽しませるためではない。あなたがより完全で満ち足りた、よりよい人間になれるように、つまり成功できるように書いたのだ。

この本を最大限に活用するには、手間暇かけてつくられたコース料理を食べるようなつもりで読むことだ。前菜からデザートまで、一皿一皿をよく味わうのだ。

早食いは消化不良を起こす。じっくり時間をかけて食べるべきだ。この本も同じだ。

各皿（章）とも、ゆっくりとくまなく丹念に消化してもらえるようにつくってある。

ひとつの章を読み終わったら、すぐ次の章に行かず、一度本を置いて、読んだ内容について反芻《はんすう》してほしい。この本は速読しても意味がない。**あわてずじっくり吸収し、書かれている考え方やコンセプトについて思いめぐらせ、「これを自分の人生に生かすにはどうすればいいいか」と自問してほしい。**

ひょっとすると、自分のやり方を変える必要があることにすぐに気づくかもしれない。

それなら、本を最後まで読み終えるまで待つことはない。ただちに私のアドバイスに従えばいい。

次の章に進むまでに数日かかったとしてもかまわない。ぴんと来ないことがあったら、前に戻って、納得できるまでその章を読みなおし、しっかり理解できてから次の章に進んでほしい。

本書を読むにあたって、このアプローチを採用すれば、学習能力が驚くほどアップする。要するに、私の話をしっかりと消化し、そして応用するということだ。それにたっぷり時間をかけてほしい。

たとえに出したコース料理と違って、この本のいいところは、読み終わってもなくならず、何度でも読み返せることだ。何かを忘れてしまったり、以前の習慣に逆戻りしてしまったらどうするか。もう一度本書を読み返すのだ。ある章をとくに頭に叩き込む必要があるなら、そこだけ何度でも読みなおせばいい。

記憶を新たにし、エネルギーを再充電するのだ。そうやって、この強力な参考書からダイナミックな方法を学んでほしい。本書をいつもそばに置いておけば、仕事や家庭で問題にぶつかったときにとくに役立つことだろう。本書のルールは、あなたがまさに必要としている励ましや指針を与えてくれるはずだ。

**私の十三のルールの理念を体得しようと本気で努力するなら、あなたはこれまで経験したことのないような成功への道に踏み出したことになる。**二度と過去の自分に逆戻りすることはない。囚われの期間は終わった。未来を見据えるのだ。これからの人生はそこにあるのだから。

## ‡ すべては自分しだい

ところで、どのルールも基本的なものばかりじゃないか、と思ったあなたは正しい。そもそもそういうふうにつくられたルールであり、それこそがポイントなのだ。

ほとんどの人は、何かをするときに、その手順を知らないから失敗するのではない。実際に何かをする前に、**よく考えて判断することが必要な状況で、適切な対応のしかたを知らないから失敗するのだ。**いきなり不安定な足場の上に立たされたときこそ、優れた判断がものを言う。私はこれを「賢く考えること」と呼んでいる。

賢く考えることは、基本的なスキルをしっかり身につける上でとても大切だ。十三のルールが第二の天性になれば、どんな状況にも、プロらしく分別をもって、これまで経験したことがないほどうまく対処できるようになる。

**規律ある習慣こそ、長い目で見て成功する唯一の方法だ。**本書のルールを受け入れ、日々ルールとともに生きようと真剣に努力すれば、必ず成果があらわれる。

基本的なスキルを磨くことの大切さを見くびってはならない。致命的なミスはたいていそこで起きる。それが成功するか否かの分かれ道であり、私とほかの営業マンとの違いもそこにあった。

ディーラーの所定の書類手続きを知っていたとか知らなかったという理由で、契約をとれたり逃したりしたことはない。そんなことは、営業マンなら知っていてあたりまえだし、聞けばすぐにわかる。たいして複雑ではない。細かいことを気にするのは、勝利の秘訣がそこにあると思うからだろう。私の場合は、結果を動かせるやり方を心得ていた。その能力こそが、商談をクロージングに導く鍵だった。

私は基本的なことを誰よりもうまくできた。そのことは、人々をよりよく理解し、自分の立場からだけでなく、相手の立場からものごとを見る上でも大いに役立った。基本こそが強みであり、十三のルールのテーマなのだ。

どんな仕事でも、あなたとあなたの隣のデスクに座っている人の業績を分けるのは、あなた個人が仕事における基本的なことをどのようにやるかなのだ。社内手順は関係ないし、ディーラーや工場や病院の運営方針も関係ない。

**すべてはあなたしだいであり、あなたのやり方にかかっている。**

単純に聞こえるだろうか。実際に単純なことなのだ。あなたはこう言い返したくなるかもしれない。「簡単に言うけど、あんたは○○の問題を抱えてないし、社内の××の関係のことも知らない。これをなんとかしてくれさえすれば、自分だって成功できる」

もういい、やめろ。

**被害者面で嘆いてばかりいても、決して頂点にはたどりつけない**（むしろ、地下室から出ることすらできない）。うまくいかないことを人のせいにして文句を言うのはやめろ。それは負け犬のすることだ。それでは一生檻《おり》から抜け出せない。

いつだって障害はあるし、厄介な人はいる。賢く考えるのだ。

それらは征服すべき山のひとつにすぎない。**ものごとのマイナス面ばかり見ていたら、ゆっくりと、だが確実に不幸の渦に呑み込まれてしまう。**世の負け犬たちのように、檻から出られなくなってしまう。今すぐそこから抜け出すのだ。

**私の十三のルールには魔法は何もない。すべては規律と反復だ。それ以外に勝利への近道はない。**別の方法があると思うなら、失敗は目に見えている。

残念ながら、誰もが勝者になれるわけではない。多くの人がほどほどで満足してしまう。困難なことにチャレンジせず、平凡な人生で充分だと思ってしまう。そういう人がおおぜいいることは、あなたも私もよく知っている。

しかし誰でも、一日の終わりに鏡をのぞきこみ、自分がなれたはずのものに思いを馳せる瞬間がある。

あなたには何が見えるだろうか。

何より悲しいのは、一生その疑問がついて回ることだ。自分には何ができたか、何を手に入れられたか——自分のためだけでなく、家族のためにも。私は家族の明日の食事をテーブルにのせるために、自分に何と誓ったかを覚えている。これからも決して忘れないだろう。自分に正直になり、真実と向きあおう。

**どれだけ言いわけをしようと、自分の人生を決めるのは、結局のところ自分自身なのだ。**

やってみようともしなかったことを悔やみながら生きるのはつらいものだ。

「人生における唯一の真の失敗は、挑戦しないことだ」ということわざがある。**成功に向かって何かを変えられるのは自分しかいない、ということに気づいたとき、あなたは重要な一歩を踏み出したことになる。**頂点にたどりつくために本当に必要なものを理解することへの一歩を。

ジョー・ジラードの十三のルールは、あなたがそこにたどりつくのを後押しする。今、あなたが何をしなければならないか、あなたも私も知っている。そして、あなたにそれができることも、私は知っている。山の頂に向けて一歩を踏み出す準備ができたなら、私は頂上で一番にあなたを迎えよう。今日は新しい日だ。この本を、あなたの未来への扉をあける鍵にしよう。檻から出る準備はいいだろうか。答えが「イエス」なら、今こそ本当のあなたを解き放とう。あなたの健康と幸せと成功に向かって。

Joe Girard's 13 Essential Rules of Selling

Joe Girard's 13 Essential Rules of Selling

# 第二部　現場でのルール

# 第一部　準備のルール

Joe Girard's 13 Essential Rules of Selling

Rule

# 1

Joe Girard's 13 Essential Rules of Selling

# 健康のための選択をする

健康は使うためにある。
尽きるまで使え。
死ぬまでにすべて使い切り、
それ以上に生きることなかれ。

ジョージ・バーナード・ショー（劇作家）

## ❖ 準備について

「はじめに」で述べたとおり、十三のルールのうち最初の六つは、準備に関することだ。あなたに何かを求めている人――たとえば顧客――と顔を合わせる前に、あらかじめやっておくべきことだ。成功するために準備が肝心なのは言うまでもない。

たとえば、ベテランの登山家がエベレストのような高い山に挑むとき、それが何度目であろうと、毎回必ず準備から始める。すべての準備が整うまでは、一歩も登らない。計画を細部までチェックして、作戦に無理がないことをたしかめ、すべての装備がきちんと働くことを確認する。

登山家は気候に体を慣らすため、登山を開始する数週間から数ヶ月も前に現地入りする。計画に甘さがあったり、装備がきちんと機能しなかったばかりに起きた登山の失敗や悲劇的な事故は枚挙に暇《いとま》がない。

**日常生活でも、人が（とくに仕事において）失敗する原因の大半は準備不足だ。**

何度もやったことがあるから寝ていてもできる、準備など必要ないと思ったり、準備をしたところで何も変わらないと考えたりする。うぬぼれが邪魔をして適切な判断ができないのだ。

こういう例にならってはならない。一日を始める前にしっかり準備を整え、正しいレールに乗らなければならない。

**オフィスや職場の玄関を入ったその瞬間には、準備万端でなければならない。**準備の大切さという基本的なことが理解できないなら、あなたに未来はない。

自分が何を使って何をするのかがはっきりするまで、どんな山にも登ってはならない。まず最初にすべてをチェックしてからでなければ、何も始めてはならない。準備ができていないなら出かけないほうがいい。

どれだけ準備できているかが、常にパフォーマンスに反映される。スポーツでも、投資でも、家族との重要な関係においても、そしてもちろん仕事でもそうだ。

それは人生のあらゆることにおいて言える。もし運をあてにしているなら、覚えておくといい。**運は敗者のものだ。勝者は頭を使い、前もって計画する。**

十三のルールの一番目を何にするか決めるのはとても簡単だった。「はじめに」に挙げたルールの一覧を見れば明らかなように、どれだけ意欲があっても、任に堪《た》えられなければどうしようもない。つまり、できるかぎり健康でなければならない。

だからこそ、「健康のための選択をする」ことを第一のルールにした。

**健康な心と健康な体がなければ、一〇〇パーセントの力を出せない。**心身の安定こそが、健康を維持するための大切なパズルのピースなのだ。

## ‡ 健康こそが出発点

私の言う健康とは、隣の人に体力で勝つということではない。ほかの誰かよりも健康になるということではない。

競争があるとすれば、それはあなた自身の中での競争だ。神はわれわれ全員を等しく創造したのではない。ひとりひとりがそれぞれ違う。誰もが同じ知力に恵まれていないのと同様、同じ健康を授けられてもいない。

だがそれでかまわない。あなたにあるものを一〇〇パーセント出せばいい。それこそが唯一の尺度だ。**「自分は一〇〇パーセントの状態か」と自問したとき、答えが「ノー」なら、今この本を手にしているのは正解だ。**

あまり健康に自信がないという人には、私の知る健康に恵まれていない人々のことをいくらでも話して聞かせることができる。強い意志と不屈の精神で成功をおさめ、健康に問題がなかった場合に劣らぬ、元気で充実した人生を送っている人々のことを。

彼らは健康に恵まれなくとも、みな朝起きて一日を始めるときに、どのような姿勢で臨むかを心に決めていた。誰にでもできることではないが、それこそが充実した輝かしい人生を送る秘訣なのだ。

そのことを理解し、厳しい健康問題に見舞われながらも成功をおさめた特別な人物の例を紹介しよう。故スティーブ・ジョブズだ。

大手電子機器メーカー、アップル社のCEOだったジョブズは、七年以上にわたる膵臓《すいぞう》癌との闘いのすえに病に屈したが、闘病中も革新的なリーダーシップで会社を活気づけ、創造性あふれる大ヒット商品を次々に送り出した。それは彼の勇気と労働倫理、そして自分のつくった会社への愛の証しだ。

ほかにも同様の人々はいくらでもいる。

彼らは真の勝者であり、健康を脅かされても決して楽な道を選ばなかった。同情を求めるのではなく、毅然として運命を受け入れ、かぎりある生の中でできるかぎりのことをしようと勇気ある決断をした。

やると決めたことをなしとげるために、何ものにも邪魔させなかった。病魔にも真っ向から立ち向かった。

彼らが打ち立てた前例のおかげで、どんな健康上の問題が立ちふさがろうと、自分にどれだけのことができるか、その可能性をわれわれは知ることができた。

人生に臨む正しい心構えを身につけるために、まずは自分の体をケアしよう。われわれのほとんどにとって、問題は病気ではない。怠慢だ。

**耳をすまし、体の声に耳を傾けろ。あなたの体は何かを告げようとしているのだ。**

## ✣　鏡は常に真実を語る

**万全の健康状態を手に入れるための鍵は、一言でいえば規律だ。**それは多くの人が健康でない（そして健康に見えない）最大の原因を突きつける。すなわち、食生活と運動だ。太りぎみの人にとって、このふたつほど耳の痛い話題はない。大多数の人はこれらの話をしたがらない。気持ちはよくわかる。私もそのひとりだったからだ。

営業マンとして成功しはじめたころの私は、はっきり言ってワーカホリックだった。昼も夜もなく電話をかけ、商談をし、翌日の準備をしていた。貧しい子供時代をすごした記憶が、しゃにむに金を稼ごうとする最大の理由だったと思う。

その結果、自分や家族のための時間はほとんどなかった。大半の時間をデスクで電話をかけたり顧客と会ったりすることに費やしていた。運動はまったくしなかった。そんな時間はなかった。忙しすぎて健康に気をつかっている暇がなかったのだ。

不健康な食生活をして、一日に三箱のタバコを吸っていた。運動をせず、脂っこいものを食べてタバコを吸う——ひどい組み合わせだ。外見もそれに見合ったものだった。だが私はたくさんの金を稼いでいた。凄腕の営業マンとして全米に名を知られるようになりつつあった。

とはいえ、夜、家に帰って鏡を見れば、私の正体は明らかだった。健康をかえりみず金だけを追い求める腹の出た営業マン。

何かを変える必要があった。たっぷり金を稼いでいても、心の奥底では、私は自分が嫌いだった。


四十代のとき、私の人生を大きく変えることになる人物に出会った。フィットネスの父と呼ばれるジャック・ラランヌだ。

私たちはそれぞれの分野で、栄えあるアメリカン・アカデミー・オブ・アチーブメントのゴールデン・プレート賞をともに受賞した。私は優れた営業マンとして、ジャックは健康とフィットネスの伝道師として。

ジャックは全身これ筋肉だった。私は全身これ脂肪だった。

パーティの後、彼が私に言った。「ジョー、きみの哲学には感銘したよ。きみは素晴らしい――首から上は。だが正直言って、首から下は見るに堪えないな」

そして私の突き出た腹を軽蔑のまなざしで見た。「きみは世界一の営業マンだ。しかし、この取引をまとめられるかな」

そして彼は、体重を落とし、それをキープしてみろと私に迫った。そのやり方まで教えてくれた。**食生活を改める――もっと野菜と果物を食べ、炭水化物を減らす――ことと、毎日三種類の簡単な運動（腹筋、腕立て伏せ、蹴り上げ）をすることだ。**「少しずつでいいから続けることだ」と彼は言った。

それがきっかけで、ついに一念発起した。鏡を一目見るだけで充分だった。どれだけ空腹でも、どれだけ筋肉痛でも、成功するまで体を心に従わせると決意した。**つらいときもあったが頑張りとおした。私の心が体を完全に支配したのだ。それこそが鍵だった。**

一年後、私はジャックに「賭けはあなたの負けだ」という手紙を送った。

私は九十四キロから七十一キロまで体重を減らし、固く引き締まった腹と八十六センチのウエストを手に入れた。ジャックからの返事には、「だがそれをキープできるかな」と書かれていた。その一年後、ジャックはまたも賭けに負けた。

私はそれからずっと七十三キロ以下の体重を保っている。背中を押してくれたジャックには感謝している。彼が私の重い腰を上げさせてくれた。

今度は私からあなたたちすべてに同じ挑戦を突きつけよう。

私は出会う人すべてに、「私にできるのだからあなたにもできる」と言っている。もちろん今この本を読んでいるあなたもだ。**体を心に従わせるのだ。**

あなたという船の船長はあなた自身だ。タイタニック号のようになってはならない。氷山に邪魔され、健康への道半ばで沈んではならない。健康を取り戻し、それを保つのだ。

**私の十三のルールは、あなたが針路を見失わないための羅針盤だ。**きっと無事に目的地にたどりつける。

中には持病や生まれつきの体質で、体重のコントロールが難しい人がいるのは知っている。だが、真実と向きあおう。ほとんどの人が太っているのは、それを選んだからだ。コレステロールたっぷりのファストフードを食べることを選び、腹筋をするかわりにソファでダラダラするのを選んだのだ。変わろうとすることを拒んだのだ。ありとあらゆる言いわけをして。

太りすぎて、かがんで靴ひもを結ぶのさえおぼつかない人もいる。彼らは怠惰と自己憐憫を最大の友として、日がなソファに座っている。なんて哀れなことだろう。

私もかつてはそのひとりだった。

あなたも心当たりがあるなら、今こそジョー・ジラードの十三のルールを取り入れるべきときだ。

**健康でスマートな人はラッキーなのではない。自分の体調や外見に気をつかうことを選んだのだ。**自分を好きになりたいと願い、そのために毎日何らかの習慣を続けている。つまり、己を律することを知っているのだ。障害が立ちふさがるたびに、それをねじふせてきたのだ。彼らはそのように生まれついたのではない。そうすることを選んだのだ。

史上もっとも成功したテレビ司会者のひとりであるオプラ・ウィンフリーは、甲状腺疾患の影響で長年体重コントロールに苦労してきた。

だが彼女は多忙なスケジュールの中でも、余分な体重を落とし、それをキープしようと懸命の努力を続けてきた。常に人のよい手本にならなければならないという使命感があったからだ。

甲状腺疾患を抱える彼女にとって、それはとりわけ大変なことだが、だからといって努力をやめたりしなかった。ときに後退することはあったが、彼女は勝者であり、強い意志のお手本だ。なぜなら決して諦めなかったからだ。

自分もそうなりたいと思わないだろうか。思うなら、**何か行動を起こすことだ。**私は起こした。

一度に二錠の薬をのむか、一度に二段の階段を登るかで人の健康状態が判断できるという。一度に二段の階段を登るべきところでそうしなかったら、すぐに一度に二錠の薬をのむようになる。それは日が沈んだら夜になるのと同じくらい確実だ。

**体調に支配されるようになる前に、自らの体調を支配しなければならない。**さもないと、その支配を取り戻すのが人生でもっとも大変なことを思い知らされることになる。しかも、それは日一日と難しくなる。

持病や体質に問題がある人も、医師に相談して自分に合った体調管理のプログラムを見つけるべきだ。**見た目がよくなるだけでなく、自己評価もアップする。**そこからポジティブな心構えが生まれる。それについては次の章でくわしく話すが、とにかく何をするにせよ、始める前から諦めてはならない。

## ✣ 習慣をコントロールしよう

私が一日に三箱のタバコを吸っていたことは前に書いた。喫煙は悪しき習慣であり、それが健康にどんな悪影響を及ぼしているかに気づいてやめられたのは本当によかった。

同じ座標の上に二本の線グラフ——一本は私の営業マンとしての成功をあらわすもの、もう一本は同じ期間の私の健康状態を示すもの——を書いたとしたら、二本の線が中央で交差して×印を描いていたことだろう。

といっても、誤解されては困る。**人生で成功をおさめるには健康を犠牲にしなければならない、などと思わないでほしい。**真実はまったく逆だ。

だが、私は人生における多くのことと同様に、このことも手痛い教訓として学んだ。それでも手遅れになる前に気づき、食生活についても喫煙についても手を打つことができたのは幸いだった。

私の営業マン時代には、職場のほぼ全員がタバコを吸っていた。健康な食生活への意識も高いほうではなかった。当時はそういう時代だったのだ。

しかし、今は違う。喫煙や高コレステロールの食事が健康に及ぼす影響はよく知られている。ヘビースモーカーだった著名なニュースキャスター、ピーター・ジェニングスも肺癌で寿命を縮めた。彼にもっと知識がありさえすれば、きっと健康のためによりよい選択をしていたはずだ。

今ではもう、このような選択に対する一切の言いわけは許されない。それなのになぜ悪いものを選んでしまうのか。

何かがうまくいっているときには、それを続けたい、もっとやりたいと思うのは自然なことだろう。たとえ、常識的な考えに反していたとしてもだ。

なぜなら、その習慣がうまくいっているからだ。当時の私がまさにそうだった。うまくいっていたから、今までしてきたことをし続けた。それをすればするほど金が儲かるように思えた。

**問題は、体が発していたサインまで無視していたことだ。**そしてそのツケを払わされていた。一日中咳が止まらなかった。タバコのせいで体調が悪くなっているのに、気づいてもいなかった。それに、気にしている暇もなかった。次の電話をかけ、次の商談をまとめ、誰かに盗られる前に次の金をつかむのに忙しかった。

ネクタイをぶらさげていても、営業マンという商売は、ジャングルで生肉をめぐって争う野生動物の戦いそのものだった。常に適者生存のゲームをしているような気分だった。ただし、ことジョー・ジラードの健康状態について言えば、適切にはほど遠かった。健康は二の次だった。私は自分自身の成功に囚われていたのだ。


しかもそれだけでは終わらなかった。

世界一の営業マンになると、負かす相手がいなくなった。もちろん、自分自身を除いての話だ。目標といえば、前年の自分の売り上げを超えることしかなくなった。だから何度もそれをやった。ナンバーワンになってからも、決して後ろは振り返らなかった。セールスの仕事を退くまでずっと、世界一の営業マンであり続けた。

祝うべきことはたくさんあり、だから祝った。自分へのご褒美として、しょっちゅう妻とラスベガスに行った。そこでギャンブルに出会ってしまった。

最初は可愛いものだった。あちこちで数百ドル使う程度だった。まもなくそれが数千ドルになり、しまいにはいくつかのカジノでツケ払いで遊べるほどの常連になった。ギャンブルに狂って身上《しんしょう》をつぶすようなことはなかったが、ツケが一万ドル以上になることもちょくちょくあった。

問題は、自分がギャンブルをしていると思っていなかったことだ。

成功を楽しんでいると思っていた。金を賭けるのが楽しく、目立つのが楽しく、ラスベガスの華やかな雰囲気が楽しかった。人生が楽しかった。

しかし、これも私の健康に害を及ぼしていた。私の乗った列車は急加速しつつあり、私はそこから降りたくなかった。だが、はっと我に返ると（自分が苦労して稼いだ金をばらまいていることに気づくのに時間はかからなかった）、あわてて列車を飛び降りた。

プロゴルファーのジョン・デーリーの轍《てつ》を踏みたくなかった（彼の自伝を読むとわかるが、ギャンブルに数千万ドルも費やしたことを含めて、私生活の問題で有望なキャリアをだいぶ棒に振ってしまったのだ）。彼のようにはなりたくなかった。

私と妻は今でもよくラスベガスに行く。昔との違いは、常識の範囲で自分の行動を完全にコントロールしているということだ。そのほうがずっと楽しい。

私からの教訓はこうだ。

**山の頂上にたどりついたときにもっとも難しいことは、そこで浮かれて踊りすぎないことだ。**足を滑らせてふもとまで転落しかねない。まっさかさまに落ちていく数秒のあいだに、何カ月も何年もかけてそこまで必死に登ってきた道のりがぼんやり見える。それが一瞬の判断の誤りですべて消え、無に帰ってしまうのだ。

花形スポーツ選手や映画スターがこうした運命をたどるのをわれわれは何度も見聞きしてきた。これについては、第四章でもっとくわしく話すが、ひとつアドバイスしておこう。ワインを楽しむのに一瓶すべて飲む必要はない。

私はいつのころからか、自分が正しくないことをしているときには感覚でわかるようになった。これについては母と神に感謝すべきだろう。

ともかく、私は成功しているにもかかわらず、どこかで自分の外見や気分や生活が気に入らなかった。自分の人生の進んでいる方向が気に入らなかった。自滅に向かっているような気がした。私は人生の重要な岐路に立っていて、そのことがわかっていた。

そこで正しい方向へと歩み出すきっかけを与えてくれたジャック・ラランヌのおかげもあって、私はすぐにいくつかのことを変えた。これまでの生き方を清算し、かわりに自分と家族にとって健康で幸せな生活を手に入れ、さらに他人にもっと思いやりを持とうと決めた。

**私の十三のルールは、私自身、出発した時点ではまるで知らなかった気づきと充足への旅の経験がもとになっている。**

## ⁑ 諦めずに続けよう

毎年の年明けにどれだけのフィットネス器具が売れるか知っているだろうか。びっくりするほどの数だ。

その理由は誰もが知っている。みな今年こそ痩せよう、ダイエットをしようと新年の誓いを立てるのだ。**誰もが今年こそ変わりたいと願うのだ。**その時期のフットボールの試合中継で、ダイエット食品やフィットネス器具のコマーシャルが流れるのも毎年恒例だ。

誰もがやる気に満ちあふれている。**しかし二、三週間もすると、ひとり、またひとりと脱落していく。**運動もヘルシーな食事も忘れてもとの生活に逆戻りしてしまう。新年の誓いの成功率は絶望的に低い。

誰もが立派な目標を持って同じように始めるのに、目に見えるほどの変化を体感するまで続けられるのは、意志の固い一握りの人だけだ。夏がめぐってくるころには、そのルームランナーやステアステッパーは物置で埃をかぶっているか、粗大ゴミに出されている。なぜそうなってしまうのか。何が足りないのか。

**一言で言えば、足りないのはやる気だ。**別の言い方をするなら、彼らがなろうとしていた「健康な人」には、そこまでの価値がなかったというだけのことだ。

要するに、本気で変わろうとしていなかったのだ。健康のメリット、あるいは不健康のデメリットを理解していようが関係ない。

人は自分のためにならないとわかっていても、自分の決定を正当化する癖がある。妙に聞こえるかもしれないが本当だ。心臓発作を起こしたことも（まだ）ないし、体の中の脂肪は見えず、それがどんな影響を及ぼしているのかも実感できない。だから、体を鍛えて健康的な生活を送るなんて「いつかそのうち」でいい、自分にはまだ関係ないと思ってしまう。

こうして、健康のために何もしないことが人々の心の中で正当化される。あなたにも思いあたるふしがあるのではないか。

たった今あなたが目にしたのは、やる気の対極にあるもの、すなわち怠け心の誕生だ。**楽な道を選び、きついことはとにかく避ける。怠け心が勝つ。だが本当は、それは楽な道などではない。姿を変えた悪魔なのだ。**

体がどうなるかを知っていてこんな選択をするのは、よほど愚かな人間だけなのではないかと思うかもしれない。

だが驚いたことに、こうした人々はおおぜいいる。そして彼らはみな、同じ場所にやってくる。救急病院の診療室だ。彼らの意地汚さと愚かさが、あちこちの病院を（彼ら自身の血管とともに）詰まらせ、本当に必要としている人からベッドを奪っている。

そうなって同情と関心をひこうとしても、呆れて同情する気にもなれない。まさかあなたはそんな連中のひとりではあるまい。

今私の言ったことのどこが難しいだろう。

彼らは自分で自分を殺そうとし、肥満や喫煙について繰り返し警告されても無視する道を選んだ。そういう連中は、実際に死の淵をのぞきこまないかぎりわからない。

「残念ですが、あなたの肺癌はもう手のほどこしようがありません」と医者に告げられてからでは遅いのだ。それでもまだ一服したいだろうか。運動なんてたやすいことに思えてこないだろうか。あなたの重い腰を上げさせるには何が必要なのだろう。「動脈にチーズと砂糖が詰まってますよ」と医者に言われなければダメなのだろうか。

常識で考えろ。これでもまだできないって？

じつは、**あなたの体には驚くほどのパワーとエネルギーが隠され、運動によって解き放たれるのを待っている。**

原っぱで虎や熊に追いかけられ、遠くに見える小屋に逃げ込もうと走っているとき、どれだけのスピードとスタミナが出せるか知らないだろう。片手で鉄棒につかまり、どれだけぶらさがっていられるだろうか。三十秒？　一分？　だが、これが片手で木の枝からぶらさがっていて、手を離したら谷底にまっさかさまという状況なら、今までの記録をやすやすと突破できるはずだ。

アドレナリンには驚異的な力がある。それが出るのは命がかかっているときだ。生きるか死ぬかという状況では、痛みも感じない。運動するときにもぜひ、こういう心構えで臨むべきだ。

これだけ言ってもまだ、腹筋や腕立て伏せを何回かするのも嫌だって？　まだタバコを吸うのがカッコいいと思うって？　まだ自分の食生活に何も問題ないと思うって？　あなた自身の健康がかかっているのだ。

**自分ひとりでできないなら、誰かの助けを借りることだ。**べつに無茶なことをしろとは言っていない。不安があればまず医者に相談すべきだ。

**ただし、今すぐに始めること。ぐずぐずと先延ばしにしないことだ。**あなたが思っているほど多くの明日は来ないかもしれない。そして昨日はもう戻ってこないのだ。

## 本気で変えたいと思え

何かを強く求めすぎたせいでそれを失った人の話を聞いたことがあるだろうか。契約を失ったときはいつもがっかりしたが、失ったのは強く求めすぎたせいではない。ほぼ必ずといっていいほど、そこにははっきりした理由があった（何かをもう少しうまくやれなかったせいだとか）。

では、その質問をほんの少し変えて尋ねてみよう。

何かを強く求めたからこそ、それを手に入れた人の話を聞いたことがあるだろうか。答えはもちろん「イエス」だ。私がその生きた証拠だ。

あなたは何の生きた証拠だろう。


**あなたは万全の健康状態を手に入れたいとどれだけ強く願っているか。**

**家族に最高の人生を送ってもらいたいとどれだけ強く願っているか。**

**人生の成功者になりたいとどれだけ強く願っているか。**

**年をとって、揺り椅子に座りながら、「私は精いっぱい人生を生きた。なりうる最高の自分になれた」と自分自身に言いたいとどれだけ強く願っているか。**


あなたがジョー・ジラードと同じくらい強くこれらを願っているなら、そのために何かするはずだ。運動し、食生活を改めるのだ。

時間はわれわれ全員の敵だ。誰にとっても時間はかぎられている。本書で繰り返し聞くことになるだろうが、「私にできるのだから、誰にだってできる」。


**さあ、今すぐ変化を起こそう！**

Rule

# 2

Joe Girard's 13 Essential Rules of Selling

# ポジティブな姿勢を持つ

どんなできごとも、
それに臨む姿勢ほどには重要でない。
成功と失敗を分けるのは
まさにそれなのだから。

ノーマン・ヴィンセント・ピール（『積極的考え方の力』著者）

ポジティブな姿勢を持つことは、よい一日のスタートを切る上で、健康と並ぶもうひとつの重要なルールだ。それがないと、うまくいくものもうまくいかない。

**ポジティブな姿勢と健康はたがいにとって強力な相棒**であり、そのふたつが揃えば、無敵のコンビを味方につけたも同然だ。一方で、一日の始まりにおける気の持ちようが正しくなければ、たとえ健康であってもダメなのだ。

頭が冴え、集中していて、しかもポジティブな心構えでなければならない。勝者の仲間に入りたいなら、彼らのゲームのやり方を知らなければならない。彼らの成功の理由を知らなければならない。業界を問わず、本当に成功している人はみな、いかにも成功者らしく見える。健康そうで、身ぎれいで、自信に満ちた（だが傲慢でない）笑みを浮かべている。健康なだけでは充分でない。トータル・パッケージが必要だ。というわけで、二番目のルールを紹介しよう。「ポジティブな姿勢を持つ」ことだ。

## ✣　モチベーションと姿勢の違い

セールスの仕事についた当初、耳にタコができるほど聞かされたのが、「成功するためには何よりもモチベーションが大事」ということだった。

とにかくモチベーション、モチベーションとそればかりだった。何かをなしとげ、その見返りに何かをもらうことでしかモチベーションは生まれないと言わんばかりだった。

だが、私はその考えに賛成できなかったし、今でも賛成できない。そのようなモチベーションのとらえ方は控えめに言っても不完全で、誰かが目標を達成し、期待以上の成果を上げられる本当の要因を無視している。

実際に成功する上で、はるかに重要で根本的な何かが必要だとずっと感じていた。

**われわれはみな何かを欲し、その欲求が基本的なモチベーションとなる一方で、それを手に入れる原動力となる特別な何かが別にある。**その原動力になるものこそが鍵なのだ。

その特別な何かとは、という問いに答える前に、まず背景を少し説明しておこう。

完璧な世の中なら、誰もが素晴らしい会社で働いている。給料もボーナスもたっぷりもらえ、会社の商品やサービスは常に高品質な上に価格も手ごろで、全員の成功がほぼ保証されている。だが、そんな会社が現実には存在しないことはみな知っている。どの会社も、そもそも完璧でないし、あるいは競争力を保つためにだんだんと変わることを強いられ、完璧さを保てない。さもなければ、思いもよらない倒産や廃業の憂き目に遭う。リーマン・ブラザーズやゼネラルモーターズのような超一流企業にあんなことが起きると誰が予想しただろう。

だが現実に起きた。企業の経営が傾けば、大蛇《おおなた》が振るわれる。真っ先に影響を受けるのは当然ながら社員だ。

ここで教訓だ。**身のまわりで起きることは必ずしも自分でコントロールできない。**誰かがくれるものだけをモチベーションの頼りにしているなら、それは要するに自分の未来を他人の手にゆだねているということだ。

私はそんなのは嫌だ。自分の未来は自分の手に握っていたい。

ただし、誤解しないでほしい。大きな会社に勤め、高い給料や充実した福利厚生を享受するのが悪いと言っているわけではない。

**誰かが自分にしてくれることだけをモチベーションのもとにしないで、自分で自分のためにすることを成功のモチベーションにすべきだ、**と言っているのだ。

誰も（ゼネラルモーターズでも）あなたの人生の行く末を保証することはできない。**頼りになるのは自分だけなのだ。**

自動車の営業マンだったころ、会社の給与体系や福利厚生は必ずしも最高ではなかった。新製品が優れていないことも多々あった。景気が悪いこともあった。

だが、それは私の障害にはならなかった。世界一の営業マンになってからはずっと、自分自身がライバルだった。ほかに負かすべき相手はいなかった。

まずは先週の自分の売り上げを抜くことを目指し、次に先月の、さらに昨年の記録を塗り替えようと努力した。上を目指すことを決してやめなかった。私はセールスの仕事を辞めるまで、十二年連続で世界ナンバーワンの営業マンであり続けた。どんな困難が立ちふさがろうと、私を止められるものなどないと信じていた。

一九七三～七四年のオイルショックの真っ最中に車を売ろうとしてみるといい。石油不足のときに売る商品としてはおよそ最悪だ。

営業マンはみな青息吐息《あおいきといき》で、「こんなのとても無理だ」と口々にぼやいていた。だが、私は一九七三年に一四二五台の車を売って世界記録をつくり、ギネスブックに載った。翌年はガソリンスタンドでの給油量が制限されたこともあり、さらに状況は悪化した。

オイルショックのせいでショールームへの客足が落ちたことに加え、そのころデトロイトの自動車営業マンの組合をつくろうという動きが持ち上がった。デトロイト一帯のディーラーが集まって相談した結果、営業マンにこんな条件を出した。組合を結成しないなら、土曜日はすべてのディーラーを定休日にして、その日を休みにしてやるというのだ。

「は？　こいつらはおかしいんじゃないだろうか」と私は思ったものだ。

店が閉まっていたら、どうやって車を売れというのだろう。私はその案に大反対だったが、結局はそう決まってしまった。顧客の多くが来やすく、私にとって一番の稼ぎどきだった土曜日が、一九七四年一月以降、永遠に失われてしまった。一年に五十二日もの貴重な書き入れどきがいきなり消えてしまったのだ。アメリカの自動車産業の中心地であるデトロイトが、土曜日に車を買えない全米で唯一の場所になってしまった。

これほど嘆かわしい話はない。これで、ジョー・ジラードの破竹のセールス記録もあえなく終わりを迎えたのだろうか。

違う。**私はさらにアクセルを踏み込み、子供のころに母が注いでくれたのと同じガソリンで自分に発破をかけた。**

1 景気の悪さを埋め合わせるべく、かける電話の本数を増やした
2 紹介による顧客の開拓にいっそう力を入れた
3 ダイレクトメールの数を増やした
4 地元銀行に働きかけ、有利なローン条件を引き出した

誰も〝ジラードの釣り針〟からタダでは逃げられない。

その結果どうなったか。誰もが四苦八苦している中、私は**一九七四年に一三七六台の車を売り、史上最高記録を打ち立てた前の年よりも四九台少ないだけの、歴代二番目の記録をつくったのだ。**ガソリンがなくても、土曜日がなくても、問題ない！　それがジラードの答えだった。

自分自身の世界記録はもう少しのところで破れなかったが、私は今でも、この年に打ち立てた記録をもっとも誇りに思っている。

あの当時の状況で、私は誰もが不可能だと言ったことを実現した。負け犬たちの言葉に耳を貸さず、勝利の道を進むことを選んだのだ。

狼狽し、ほかの連中と同じように諦めていてもおかしくなかった。だが、そうしたらどうなるだろう。私は決してタオルを投げるわけにはいかなかった。養うべき存在が家で待っているからだ。私を頼りにしている家族が。

**誰かにモチベーションをもらう必要などなかった。**もうモチベーションなら充分だった。私は自分の力で限界を超えなければならなかった。

だが、そのためにはどうすればいいのか。

**成功するためには、何らかの必要や欲求から生まれるモチベーションだけでなく、もっと基本的なものが必要だ**と思っている。

それは、そのモチベーションを後押しして、最終的に目標を達成するのを保証してくれる何かだ。そのための武器が必要なのだ。そして**その武器とは、一言で言えば姿勢だ。**姿勢——それこそがジョー・ジラードの原動力なのだ。

私はポジティブな姿勢を保つことに全力を注いだ。それはコントロールできると考えた。自分の行動や何かに対する反応が状況に左右されないよう、自分の心の動きを自分でコントロールすると決めた。オイルショックだろうがなんだろうが、私の行く手を邪魔しようとするものは追い散らし、踏みつぶしてやる、逆境を糧《かて》にしてやると。たんに私がそういうものの見方をしているということではなく、これこそが正しいものの見方なのだ。それはポジティブなものの見方だ。

私はモチベーションを重視したことはない。私に言わせれば、モチベーションなんて自動的についてくる。自分が必要としているもの、欲しいものはわかっている。ただ何かを欲するだけでは足りないのだ。それを手に入れるための武器が必要だ。私にとって、その武器とは姿勢にほかならない。モチベーションはそこから——内側から生まれる。自分の必要や欲求を満たそうと駆り立てるものがそれだ。

**成功したいという思い、逆境にもめげず目標を達するまであくまで努力を続ける意志を生み出す声が、われわれひとりひとりの内側に存在する。**ポジティブな姿勢は常にその声に従う。それはあなたをあなた自身に紹介する声だ。それが肝心なのだ。なぜなら、本当の自分に気づかないかぎり、幸せは訪れないからだ。

ポジティブな姿勢は嵐の灯台のようなものだ。道を示してくれる。その光に照らされると自動的にモチベーションが湧いてくる。

**ポジティブな姿勢こそが、あなたをゴールへと導く。**たとえその日にしようと思ったことがすべてはできなくても、全力を尽くさせる。

このことを必要以上に難しく考えないほうがいい。ポジティブな姿勢を持つことは、基本のリストの一番目だ。そして前にも話したように、基本をおろそかにすることがもっとも多い失敗の原因なのだ。

## ‡　ポジティブな人々の力

毎朝、家を出て仕事に向かうときには、ポジティブな姿勢を身にまとうのを忘れてはならない。間違った姿勢で職場に着こうものなら、せっかくの準備も台無しだ。一日中苦しい戦いを強いられることになる。

**最大の敵はあなた自身だ。**なぜなら、間違った人間を職場に連れてきてしまったからだ。あらかじめポジティブな姿勢で臨むと決めておけば、職場に着く前から、自動的に目標達成に向けたモチベーションが生まれるのを私は知っていた。障害をチャンスに変えてやると決意していた。とにかく勝つことしか考えていなかった。

私にとって、常にこのアプローチこそが、朝起きた瞬間から始まるその日の準備の大切な一部だった。

意外かもしれないが、私は仕事と同じくらい眠ることが好きだ。よく前世は熊だったに違いないと人に言うほどだ。寝るのが大好きなあまり、毎朝目覚ましのベルが鳴って起きなければならない時刻になると、ベッドから出て鏡に向かい、自分に言い聞かせたものだ。「今日、誰かにこのツケを払わせてやる」と。

それで闘志に火がつき、活力がみなぎった。快い眠りから目覚めなければならないという嫌なことが、成功への積極的な姿勢に変わったのだ。

**ポジティブな姿勢は、自分ではどうにもならないことに遭遇したときこそ大切だ。**そして言わせてもらえるなら、私が働いていた当時の自動車業界はそれこそ障害だらけだった。

・国内メーカーはしょっちゅう品質問題に悩まされていた
・毎年数百万台規模のリコールが発生するのが日常茶飯事だった
・トヨタやホンダといった日本の自動車メーカーが台頭し、市場を侵食しはじめた
・不満を抱え、腹を立てた消費者が、群れをなしてこうした日本車に乗り換えだした

これらの障害を放っておいたら、深刻な問題になりかねない。職場の士気にも影響するし、自分自身の業績にも直接のダメージを与える。平均的な営業マンにとって、ポジティブになれるような環境ではない。

あなたの職場の環境はポジティブなものだろうか、ネガティブなものだろうか。自分の仕事に誇りを持っている人に囲まれているか、それとも不満を抱えた負け犬だらけだろうか。

職場環境のかなりの部分が、会社の商品やサービスに影響されるのは疑いようのない事実だ。その商品やサービスが優れておらず、売れていなかったら、職場がネガティブな雰囲気になるのは避けられない。それでも商品の品質には手が出せないとすれば、何ができ

るか。

## ‡ ジョー・ジラードのおすすめ

そういうときこそ、ポジティブな姿勢のギアをトップに入れるべきだ。さもないと、**ほかのみんなと一緒に流砂に呑まれてしまう。**ここが運命の分かれ道であり、成功できたはずの多くの人がここで沈んでしまう。

彼らは不平不満ばかりの連中の仲間に入らなければならないと感じ、同調圧力に屈してしまうのだ。もしあなたもそのひとりなら、それはつまり「仲間に入れてください！　負け犬の会の生涯会員にしてください！　どうかお願いします」と叫んでいるに等しいと思わなくてはならない。

それがあなたの望みだろうか。それならほかの連中と一緒に沈んでいけばいい。私とは気が合いそうもない。

同僚の多くは、姿勢について私のような考え方をしていなかった。彼らにとっては何もかもが障害だった。人生の悪い面しか目に入らないようだった。彼らのすることといったら、文句を言って時間を無駄にすることだけだ。

ある朝、「世の中に怒って」職場にやってきた同僚がいた。理由を聞いてみると、職場で嫌なことがあった日に家族で時間をすごしたくないのを、妻と子供に理解してもらえないからだという。

彼には家族の見ているものが見えていなかったようだ。私が競っていたのはこういう連中だった。どれだけ有利だったかがわかるだろう。

**私は愚痴や泣き言ばかり言う連中とは可能なかぎり距離を置こうとした。**彼らの病気をうつされ、彼らのレベルまで落ちたくなかったからだ。自分もつらいことや嫌なことがあった日には、その罠にはまりやすい。

個人客相手のセールスをしていて、悪天候で客足が鈍ったなら、そのぶんいつもの倍の電話をかけ、たくさんのダイレクトメールを送る機会にすればいい。

時間をうまく使え。それを神からの贈り物だと思って、両手でつかみとれ。

**天気の悪い日に雨しか目に入らない連中と同じになるな。**

**ネガティブな連中には近づくな。そいつらは負け犬だ。**

ポジティブな人とだけ一緒にすごすのだ。負け犬の住む穴に引きずりおろすのではなく、山の頂上に押し上げてくれる人々と。

私はディーラー一の人気者ではなかった。ただし一番の成功者だった。あなたはどっちになりたいのか。

ところで、ポジティブな姿勢を持つのは家庭でも大切だ。

あなたには人からどう見られるかを決めるチャンスがある。あなたの配偶者も子供も、あなたをお手本にする。

私は仕事を終えて家に帰ると、どんなに疲れていても、何よりもまず家族との時間を優先させ、妻と子供とすごした。必ずしもたっぷりではなかったかもしれないが、それはいつも中身の濃い上質な時間であり、ありがたいことに家族もそれをわかってくれていた。

あなたはどんな手本を示しているだろう。あなたが玄関を入った瞬間、家の雰囲気はどうなるだろうか。

**健全で愛情に満ちた、ポジティブな雰囲気をつくりだそう。**そうすれば、家族もポジティブな態度で応え、あなたを人生の特別な存在として誇りに思ってくれる。

残念ながら、私の育った家ではそういう体験はできなかった。たぶんだからこそ、私にはその重要性がよくわかっている。それがよきにつけ悪しきにつけ、家族にどんな影響を与えるかを人一倍よく知っている。

そして、それは、あなたの姿勢しだいで決められる。あなた自身がすべてをコントロールできるのだ。

## ⁑ 自分のことに集中する

ポジティブな姿勢がなぜ大切か、モチベーションがなぜそこから自然に生まれるのかを、そろそろ理解してもらえただろうか。

まだ理解できなかったり、ほかの人から与えてもらうものだけをモチベーションのもとにして、偽りの安心に固執しているなら、あなたは今まで守られた退屈な人生を生きてきたのだろう。きっと失敗に弱く、立ち直るのはほとんど不可能かもしれない。

第一に自分のことに集中しなければならない。誰かがくれるというものはその次だ。あなたが何かをなしとげられるかどうかがそこで決まる。まず適切な心構えを身につけることで、自分をそれにふさわしい人間にしなければならない。不正なことをして有利な立場を得る（つまり、ズルをする）のでないかぎり、**ポジティブな心構えのない者はほぼ必ず失敗する。**

その一方で、いいニュースもある。

**自分の力で、接する相手のニーズを必ず満たしてみせる、とポジティブに自信を持つことで、熱意が生まれる。その熱意は伝染する。**

私は車を買ってくれた人から何度も感謝の電話や手紙をもらったことがある。新しく買った車のことだけでなく（その点で感謝すべきは私のほうだ）、ディーラーで私に会って、明るく前向きな気持ちになれたことに対しての感謝だ。

顧客のひとりに学校の教師がいて、あるときこんな話をしてくれた。

私と会った翌日、仕事に対する新たな熱意が湧いてきて、その気分でクラスの生徒と接したら、生徒からもいい反応が返ってきた、と。

私はじゅうたん張りの職人も医者と同じように特別な存在として扱った。彼が私から新しいトラックを買った翌日、仕事先での態度が素晴らしくポジティブだったおかげで、新しい得意先を二件も紹介してもらったという。

私はすべての顧客に最高の気分になってもらえるよう気を配った。顧客がオフィスに来たら、彼らにとって大切なもののことを話してもらうようにした。仕事やキャリア、趣味、そして何よりも家族のことを。

あなたもこのアドバイスにならえば、きっと目の前の相手の雰囲気がポジティブに変わるのを感じられるはずだ。相手の笑顔や、リラックスした楽しそうな様子でそれがわかる。その瞬間がすべてなのだ。

**あなたと接する人は、あなたの熱意のおすそわけをもらえる。**あなたのポジティブな姿勢が相手への素晴らしい贈り物になる。その見返りに値段はつけられない。前にも言ったように、成功とは、よりよい人間になることでもあるのだ。

信じがたいかもしれないが、ポジティブな姿勢を持つことの力を頑として信じようとしない人がたくさんいる。

彼らはあいかわらず、モチベーションのもととして、ほかの誰かからの目先の施しだけに頼っている。当然、末路は自分の足で立つことのできなかったその他おおぜいの名もない連中の仲間入りだ。**何よりの悲劇は、自分の将来に対するポジティブな姿勢を持てなかったばかりに、真の可能性を一生実現できないことだ。**

彼らは他人への不確実な期待だけを頼りに生きている。それが彼らのモチベーションなのだ。それが多くの人のモチベーションなのだ。

思いだすのは、ディーラーにいた才能と可能性にあふれるふたりの新人営業マンのことだ。ジャックとボブはふたりとも若く、元気いっぱいで、能力もありそうだった。真面目に仕事に打ち込みさえすれば、洋々たる前途が開けているように見えた。

しかし意外なことに、ふたりとも負け犬になってしまった。

ジャックはものの数週間で素晴らしい成果を上げられると思っていた。しかし、予想されたことだが、最初からうまくはいかなかった（はじめは誰でもそうだ）。それでいらだち、問題のある態度をとるようになった。自分が成功できないのを会社のせいにしはじめた。会社のサポートが足りない、研修マニュアルがよくない、商品が競合先に劣っているなどなど。

彼は腕を磨くために必要な時間をかけようとしなかった。直感だけですべてできると思っていた。彼の心の中では、自分以外のすべてが間違っていた。だが、本当に間違っていたのは彼だ。

一方、ボブは時間とエネルギーを間違ったことばかりに費やしていた。気が散りやすいようで、私が整備部門に行く途中で休憩所を通りかかると、ボブがしょっちゅうほかの営業マンと無駄話をしているのを見かけた。

彼はまた、新しい顧客を見つけて車を売ることよりも、ディーラーで働いている女性のほうにより興味があるようだった。自分の魅力で成功できると思っていたのだ。ジャックもボブも、姿勢と優先順位が間違っていた。ふたりとも、成功が向こうからやってきて肩を叩いてくれるのを待っていたのだ。

誤った選択だ。彼らはたしかに肩を叩かれた。業績不振で解雇されたのだ。

残念なことだ。ふたつの明るい可能性の光が、選択を誤ったばかりに消されてしまった。

その根本原因は何か――姿勢だ。あなたはどうだろう？

自分が成功できるよう、誰かが何もかもお膳立てしてくれるのを待っていたって、どこにも行けない。

そっちに向かう前に思いだすことだ。**山の途中まで登ったからといって称えてはもらえない。**ポジティブな姿勢で頂上を目指すか、本気で登頂を狙う別の誰かに道を譲るかだ。

史上もっとも有名な登山家といえば、エドモンド・ヒラリーだろう。彼がエベレストを制覇したのは六十年近く前のことだが、そのメッセージは当時も今も変わらない。

エドモンド・ヒラリーは「この山は高すぎる。山頂が寒すぎる。岩場が険しすぎる。道もろくにない。装備がしっくりこない。メーカーのせいだ。エベレストなんて登れない」とは言わなかった。

彼も人間だから、自信をなくすこともあったかもしれない。だが、その気持ちに支配されなかった。常に自分が支配者だった。そして自分が立ち向かうべきものを理解していた。それは彼の人生でもっとも偉大にして危険な挑戦になるはずだった。彼の前に挑んだ者はことごとく失敗していた。過酷な挑戦になることはわかっていた。

しかし同時に、自分にはできると信じてもいた。ヒラリーには誰にも負けない意志と根性があった。励まし、応援するたくさんの声援があったわけでもない。だが彼は窮地にあってもくじけず、一歩一歩、這い進むようにして上を目指した。

わずかな仲間とともに、地上八八〇〇メートルの想像を絶する過酷な環境の中、静かな戦いに挑んだ。彼は決してゴールを見失わなかった。

一九五三年五月二十九日、エドモンド・ヒラリーはエベレスト登頂を果たした。それは勇気の、インスピレーションの、そしてポジティブな姿勢の勝利だった。彼は人間の極限の持久力と忍耐力を示した。

## ポジティブな姿勢こそ勝者の武器

完璧な人生などない。もしそんなものがあったら、なんの挑戦もない。人にはそれぞれ歓喜の瞬間や悲劇の瞬間がある。家族のことや金のことや仕事のことで、われわれはみな、大なり小なりの問題を抱えている。

**私が絶対にしないことのひとつが、個人的な問題を職場で話すことだ。**中にはそれを趣味にしているような人もいるが。

私は違う。それにはふたつの理由がある。

第一に、それは彼らには関係ないし、第二に、職場は仕事をする場所であって、無駄話をする場所ではないからだ。

**自分の問題は自分の胸にしまっておくべきだ。**悩みのない人間はいない。人生とはそういうものだ。あなたの悩みなんて誰も聞きたくないのだ。

私は職場では仕事しかしなかった。あなたもそうすべきだ。**明るくポジティブな展望から注意をそらさず、何があっても気をとられてはならない。**残念なことに、ディーラーの同僚の中には、集中すべきことから簡単に注意をそらしてしまう人が何人かいた。とくに思い浮かぶのはある人物のことだ。

私は常に職場に着いた瞬間からバリバリ仕事を始めていたが、ほかの営業マンから真剣に頼まれたら、いつでも時間を割いてアドバイスをする用意はあった。だが、ほとんどの同僚が私の成功をうとましく思っていたので、そういうことは多くはなかった。あるとき、アーニーという営業マンに、もっと多くの契約をとるにはどうすればいいかと尋ねられた。

必死な声だった。彼は仕事のことでも金のことでもプライベートの問題でも、身の上に起こっているあらゆるネガティブなことをやたらと愚痴る癖があった。いつでもものごとの暗い面だけしか見ていなかった。

彼は一日が始まる前からネガティブな姿勢でいた。まるで、うまくいかない可能性のあるものごとを、自ら確実にうまくいかなくさせているようだった。彼がしていることといえば、自分に何かができない理由を並べ立ててうじうじすることだけだった。もっと多くの見込み客を見つけたり、商談をまとめたりできたはずの貴重な時間を無駄にしていた。

私はとうとう言った。「アーニー、きみには問題がある。それはきみ自身だ。すべてはきっとうまくいく。だがそのためには、きみがその姿勢を改め、目の前の仕事に集中しなければならない。きみはここに仕事をしに来ているんだ。ほかのことは全部家に置いてこい。きみと接する人には、きみがどういう人間かが伝わる。きみが気に入られるとは思えない」

彼は私のアドバイスに感謝したが、いくらもしないうちに、個人的な問題を誰彼かまわず愚痴るという以前の状態に逆戻りしてしまった。染みついた癖というのはなかなか抜けないものだ。

ポジティブな姿勢がもっとも大切なのは、何もかもうまくいって順風満帆のときではない。幸せを謳歌するのは誰だって得意だ。教えを乞う必要などない。**問題は、嵐に見舞われてうずくまるしかない逆境のときなのだ。そういうときこそ姿勢が差をつける。**難しい決断を迫られる場面ではとくにそうだ。

勘違いしてはいけない。どれほど才能や資質に恵まれた人でも、仕事や家庭でいいときもあれば悪いときもある。

最近の忘れがたい例がある。それは悲劇と勇気、そしてつらいできごとにも負けない希望の物語だ。米アリゾナ州選出の下院議員、ガブリエル・ギフォーズは遊説中に銃撃され、一命はとりとめたものの、頭部に受けた銃弾がもとで、リハビリに何年もかかるような麻痺が残った。

命が助かったこと自体が奇跡だった。彼女の夫である宇宙飛行士のマーク・ケリーは、事件後何週間もつきっきりで妻を看病した。妻の療養中に、彼は難しい決断を迫られることになった。NASAの最後のスペースシャトルによる国際宇宙ステーションへの飛行ミッションの船長の職務を続けるかどうか。

彼自身の言葉を引用しよう。「私は最終的に、職務に戻り、船長としての任を全うすることに決めた。これが自分のすべき正しいことであると心から信じている。妻のことはよくわかっている。妻は私の決断に納得してくれるだろう」

マーク・ケリーの決断は、果断な楽観主義というべきものだった。この話は、たんにポジティブな姿勢の大切さ以上のことを教えてくれる。ここには深い愛と勇気を分かちあうことから生まれる癒やしの力がある。この夫婦はそれをよく知っていたのだろう。

あなたも考え抜いて下したはずの決断に、本当にあれでよかったのかと疑いを持つことがあるだろう。それはしかたがない。人間とはそういうものだ。

しかし、そういう状況にどう対処するかは自分でコントロールできる。その鍵は姿勢だ。それが勝敗を分けるのだ。

**人生の成功は、いかにして逆境を乗り切るか、その方法に絶えず磨きをかけることにかかっている。**私が知る人生の困難へのベストな対処法を知りたいなら、ポジティブな姿勢がその最短コースのチケットだ。うまくいかない日を乗り越えるために私がいつも頼りにしてきたのは姿勢だ。

どうすればいいかを探る必要などなかった。毎朝の身支度の一部として、そういうふうにふるまえるよう、第二の天性になるまで自分にプログラムしたのだ。どんなにうまくいかなかった日でも、毎日本能的にポジティブになれた。**たとえある日の目標が果たせなくても、翌日にはそれを挽回できると信じていた。**

私が常にしてきたことがある。

それは会う人全員に、ポジティブで自信に満ちたイメージを示すことだ。決して不安げな顔は見せなかった。私が成功をおさめられたのは、何よりもこの自信に満ちたイメージのおかげだったと思う。

私は自分が成功できると信じただけでなく、常に成功していると顧客に信じさせた。目が合った瞬間から、彼らはジョー・ジラードを売り込まれていたのだ。それと同時に、考えうる最高の条件を提示されてもいた。

私はたしかに仕事で成功をおさめたが、それがたやすいことだったと思い込ませるつもりはない。むしろ、最初はかなり苦労した。

採用時には、ディーラーの経営者に雇ってくれ、車を売らせてくれと頼み込んだ。私には車を売った経験もなければ知識もなく、役に立つツールも、デモ用の車の一台さえなかった。おまけに会社からの指導やサポートもほとんどなかった。あったのは、電話帳と机と電話が一台きりだった。必要最低限にもほどがある。

何か質問したり助力を求めたりするたびに邪魔者扱いされた。

自動車販売業界は離職率が高く（年に六〇パーセントに達することも珍しくなかった）、経営陣から見れば、営業マンは使い捨ての駒も同然であり、そういう扱いしかされなかった。現場の営業マンを大事にしようという考えなどハナからなかった。そのうえ、ほかの営業マン（当時、ディーラーに女性の営業担当者はいなかった）からはダニ扱いされた。

自分から何かを盗もうとしている邪魔者だと思われていた。話しかけられることもほとんどなく、鼻で笑われるだけだった。私は蔑まれ、嫌われていた。

アルという同僚がある日やってきてはっきりと言った。「ここで何してるんだ。おれとおれの客に近づくんじゃない。わかったか」。私はその言葉に従った。その瞬間から、顧客や見込み客のリストを肌身離さず持ち歩くようにした。誰も信用できなかった。

私はそういう状態からスタートしたのだ。この中でポジティブな姿勢を保とうとしてみてほしい。

ただし、**自信に満ちた空気を漂わせている人が必ずしもポジティブ思考とはかぎらない。**たんに生まれつき恵まれていて、試練を味わったことがないだけかもしれない。だからいつも笑っていられるだけかもしれない。私の身近にも何人かそういうタイプがいた。だが、彼らは例外だ。

ほとんどの人はわれわれと――私やあなたと変わらない。誰からも何ももらえなかったか、少なくとも充分にはもらえなかった。自分の力で分け前を手に入れなければならなかった。私はそうだったし、あなたも今この本を読んでいるということはたぶんそうだろう。

「それでどうやってポジティブになれっていうんだ？　喜べることも誇れることもないし、もちろん将来の展望もない。家族にさえ期待されていない」とあなたは言うかもしれない。新しいポジティブな姿勢を手に入れる上でもっとも難しいのは、あなたを縛りつけている過去の鎖を断ち切ることだ。

**かつての自分は忘れろ。そこに未来はない。**スタート地点に一生いる必要はないのだ。今までつるんでいた負け犬たちと同じ道を歩むことはないし、過去の間違った選択にいつまでも縛られることもない。でなければ、私も今ごろどこかの暗い路地で寝ていただろう。

**運命を自分の手でコントロールするのだ。**怒り（世の中にではなく、自分自身に対する）を力に変えて進め。そうやって怒りを吐き出したら、自分を許して前に進め。仕事でも家庭でも、より完全な人間になることを目指し、何があっても立ち止まらない、ポジティブ思考の人間に生まれ変わるのだ。

ただし、自分を偽ることと混同してはならない。仮面をかぶれと言っているのではない。**心の奥底に手を伸ばし、ずっと内側に閉じ込められていたあなたを――本当の自分を解放しろと言っているのだ。**

警告しておこう。こうやって自分を変えることは、あなたがしなければならないことの中で、間違いなくもっとも難しい。だからこそ、十三のルールの二番目に挙げているのだ。そのままの自分で、今までずっとやってきたようにするほうが自然だし、はるかに簡単だ。なんの努力もいらない。

だから多くの人は変われない。通り一遍の成功したいという気持ちでは耐えられないほどの努力がいるからだ。成功するよりも、失敗するか平凡な人生を送る人のほうがはるかに多いのはそのためだ。そこまでしたいという気にならないのだ。

彼らは悪魔の罠にはまったも同然だ。実際にやった者だけが、正直に、真実味のあるアドバイスができる。そしてあなたが今読んでいるのは、それをした人間の言葉だ。

私はその罠から抜け出した。**あなたにもできるし、やらなければならない。この肝心の部分でやる気がないなら、この先を読んでも役には立たない。**

しごく簡単に聞こえるだろうが、実際にそれができる人はとても少ない。

来る日も来る日も失敗し続けている人に必ずやってくることはふたつにひとつ。成功にだんだん近づいていくか、別の目標に切り替える（言い換えれば失敗する）日が近づいてくるかだ。ずっとその場にとどまることはない。あなたはどちらに向かっているだろう？

## ポジティブな姿勢が試されるとき

あなたにも子供のころのヒーローがいただろう。尊敬し、憧れ、「いつかあの人みたいになりたい」と思った存在が。

私にとってのヒーローは、ふたりのヘビー級ボクサーだ。モハメド・アリとジョー・ルイス。だが、好きな理由はそれぞれ違う。彼らが活躍したのは数十年も前のことだが、それでもこのふたりについてとくに話したいのは、それぞれの異なるスタイルが私個人に重要な影響を及ぼしたからであり、あなたが理解すべき重要なポイントを体現しているからだ。

アリは強かった。もし本人に訊いたら、「おれは世界一強い」と答えただろう。彼はすべてを備えていた。パンチ力があり、踊るようなフットワークがあり、ほとんど意のままに相手をダウンさせることができた。

彼はまた、好んで対戦相手をからかったりおちょくったりして挑発した。「蝶のように舞い、蜂のように刺す」とうそぶき、対戦相手を「三ラウンドで倒す」と予告した。あまりに傲慢で横柄な態度をとるので、マスコミも大衆もほぼみな、アリがアッパーカット一発でマットに沈むところを見たいと願ったほどだ。

だがじつは、モハメド・アリの本当の目的は誰かを愚弄《ぐろう》することではなかった。彼は賢かった。彼がしていたのは、自分に気合いを入れ、ポジティブ思考を極限まで高めて、試合に負けっこないと自分に信じ込ませることだった。

そこまで気合いを入れてリングに足を踏み入れた瞬間、心と体が一体となり、体内をめぐるアドレナリンまで意のままに操った。

リング上でそこまでモチベーションを高められた人物はほかにいない。それこそ、アリがヘビー級の世界チャンピオンとして君臨できた理由だった。**どこまでも自分を信じるポジティブな姿勢が、止められない勢いを生んだのだ。**

一方、ジョー・ルイスは私の知るもっとも勇敢なボクサーだった。

彼はアリより謙虚で、リングに上がっていた当時の賞金もずっと安かった。それに賢いボクサーでもあった。デトロイトの〝褐色の爆撃機〟と呼ばれた彼のもっとも好きだったところは、ダウンしても立ち上がって試合を続けようとする根性と精神力だ。彼は何度もそれを見せ、鮮やかな逆転勝ちを決めた。

彼は私のヒーローだった。最悪に思える状況でお手本にすべき人物だった。

マットにうつぶせに倒れ、意識が朦朧《もうろう》とし、鼻と口から血を流し、レフェリーによる敗北へのカウントを聞いているジョー・ルイスの姿を想像してみてほしい。もう少しで楽になれる。また次の試合で頑張ればいい……ジョー・ルイスは決してそんなふうに考えない。不屈の闘志と情熱と怒り、そして再び立ち上がる意志があった。

しかも試合を続けるだけでなく、相手をノックアウトした。勝ちたいという意志とポジティブな姿勢が、多くの対戦相手をダウンさせ、彼らの相手から勝利を奪いとったのだ。

## ‡　ポジティブな姿勢を持つ――俯瞰《ふかん》する

これまで話してきた内容と、ポジティブな姿勢が大切な理由について、一段高いところから俯瞰してみよう。

**ポジティブな姿勢はすべての原動力となり、日々のあらゆる行動を正しい軌道に保ってくれる。**われわれは様々な必要や欲求を持って一日を始める。それはプライベートや仕事で、家族や自分自身のために手に入れなければならないと思う重要なもののことだ。

われわれは自分にとっての重要性に応じてそれらに優先順位をつける。

私の必要のリストはあなたのそれとは違うかもしれないが、食べ物や家や衣服がまず上位に来るのは同じだろう。欲求もあなたと私ではたぶん違う。南国の別荘や巨大な薄型テレビ、高級車や自家用ボートがそこには含まれるかもしれない。必要や欲求は目的と言い換えることもできる。

その目的がどれだけ重要か、どれだけ真剣に目的を達したいと思っているかがモチベーションの度合いを決める。命の危険を感じたり、家族が深刻な病気になったりすれば、当然モチベーションはもっとも高まる。そのために急に出費が増えて金が必要になったときなどはとくにそうだ。

こういう極端な例をあえて出しているのは、きわめて困難な人生の試練を乗り切るためにこそ、ポジティブな姿勢が肝要だということを強調したいからだ。

**人生に立ちふさがる壁を乗り越えるのに、ポジティブな姿勢ほど役に立つものはない。**状況が悪ければ悪いほどそれが必要だ。

その姿勢なしでは、困難に耐えられる力と能力が大きく減ってしまう。他者に頼られ、リーダーの役割を期待されているならなおさら、ポジティブな姿勢なしで試練を乗り切るのは難しい。

この章では、私自身やほかの人々の人生におけるポジティブな姿勢の力について、いくつかの例を示してきた。また、成功する素養を持ちながら、とるべき姿勢を間違えた人々がどうなるかも見てきた。

先に述べたことを思いだしてほしい。

**ポジティブな姿勢が真に試されるのは、順風満帆のときではなく、試練のときだ**（ガブリエル・ギフォーズ議員と宇宙飛行士のマーク・ケリー夫妻のように）。逆境をはねのける最強の武器こそポジティブな姿勢なのだ。行く手に何が立ちふさがろうと、最後にはそれが勝つ。

**そう信じなければならない。自分を信じなければならない。信じれば必ず成功する。**

多くの人がしているように、私も「もうやめた。やってられるか」と言って立ち去ることもできた。そういう機会は何度もあった。

デトロイト一帯で土曜日がディーラーの休業日にされたときもそうだ。それは致命的な打撃だった。正直なところ、どうやって穴を埋めればいいのかと途方にくれた。だが私はやった。そこで踏ん張り、あくまでポジティブな姿勢でさらに努力した。

それこそが差を生んだのだ。試練に対する見返りの大きさは、ほぼ例外なく、ポジティブな姿勢を保つために費やした努力の量に比例する。賢く努力するほど、対価も大きくなる。そのことを学ぶのに時間はかからない。ただやみくもに時間だけ使っても、大きな見返りは期待できない。

ときには、望みどおりの結果が得られず、予想とは違う、思いがけない形で救いがもたらされることもある。

たとえば、愛する人が闘病を乗り越えられないかもしれない。そのような場合、喪失はつらいが、悲劇を乗り越える新たな方法を見つけたり、生きている人との関係に改めて感謝して絆を深めたりといった形で救いがもたらされるかもしれない。

悲しい経験の中にも得るものはある。人生でもっともつらく困難な時期であっても、ポジティブな姿勢を貫くことができれば、普通に生活していたら決して体験できず、充分に理解することもできなかったであろう、かけがえのないものが得られるはずだ。

悲しいことだが、私自身も身をもってそれを経験している。

最初の妻のジューンは、脳の手術の合併症がもとで、四十六歳の短かすぎる生涯を閉じた。悲しいできごとだったのは間違いない。自分と残された家族で前に進むための意志を、ありったけの力で掘り起こさなければならなかった。

この大きな悲しみを乗り越えられたのは、人生の逆境を何度もくぐり抜けてきた経験のおかげだったと思っている。子供のころから配られたカードには恵まれていなかった。

だから心にぽっかりと穴があいたようなこの経験もきっと乗り越えてみせる、と決意した。それから何年かのち、愛する妻のキティに出会ってその穴はついに埋められた。

「はじめに」で述べたように、私の十三のルールは、仕事だけでなくプライベートにも影響を及ぼすべきものだ。この章の内容について、同じことの繰り返しでくどいと感じた人もいるかもしれない。だがそれはわざとだ。

**ポジティブな姿勢の大切さはいくら強調しても足りない。すべてがそれにかかっている。**

あなたが計画どおりに進めるか、立ち往生してしまうのか、成功と失敗の分かれ道がそこで決まる。

できることなら私も、自分の成功の秘訣について本が書ければよかったと思う。

私の秘密の方程式を明らかにし、それを教えることで大金（この本の価格など比べものにならないような額）を稼げただろう。

そうすれば、誰もが「ああ、ジョー・ジラードなら聞いたことがある。〝成功の秘訣〟を発明したやつだろ。若返りの泉を生涯探し求めた冒険家のポンセ・デ・レオンみたいな」

と言うことだろう。しかし問題は、そんなものが存在しないということだ。若返りの泉も、ジョー・ジラードの成功の秘訣も。

この十三のルールの二番目において、私が繰り返し教え込もうとしているのは、ポジティブな姿勢の大切さと、なぜそれが有効なのか、という単純で基本的なことだ。私がまさにそうやったのだ。

ここに秘密や謎があるとすれば、ポジティブな人間になりたいという欲求を解き放つために必要なものがあなたにあるかどうか、それだけだ。

その答えはこの本の中にはない。あなたの中にある。あなただけが、その答えへの秘密の暗証番号を知っている。これのもっともいいところは、存在しない地図か何かを探し求める謎の旅に出なくていいことだ。

**求めているものはここにある。あなたの目の前に。**この章をもう一度読み返し、言われたとおりにすればいい。これ以上簡単なことがあるだろうか。

仮にこの本のどれかの章を再読するなら、この章にすべきだ。

ジョー・ジラードの十三のルールの二番目「ポジティブな姿勢を持つ」――これこそ、成功への階段に踏み出すために必要な基本中の基本なのだ。

Rule

# 3

Joe Girard's 13 Essential Rules of Selling

# 計画を立てる

一時間を無駄にできる者は、
人生の価値にまだ気づいていない。

チャールズ・ダーウィン（自然科学者）

前章では、十三のルールの二番目である「ポジティブな姿勢を持つ」ことの大切さと、それが成功に欠かせない理由について述べた。この姿勢がなければ、成功する意志と決意に欠けているということであり、失敗はほぼ確実だ。

**ポジティブな姿勢がもたらすエネルギーを生かす鍵となるのは、そのエネルギーを最大にするような計画を立てることだ。**その計画こそがこの章、ジラードの第三のルールである「計画的を立てる」のテーマだ。

ここでは仕事のことだけを言っているのではない。

この第三のルールの原則は、仕事もプライベートも含めて、人生のあらゆることにあてはまる。時間の使い方や目標の立て方、何にどう優先順位をつけるかという点に関わってくることだ。家庭に関する目標でも、仕事上の目標でもそうだ。

だから、これが仕事だけの話だと思わないようにしてほしい。私はバランスのとれた完全な人間になることの大切さを強調しようとしている。

それはつまり、**あなたのトータルな人生において、意味のあるものごとを優先させる必要がある**ということだ。

## ❖ 計画――混沌を成功に変えるもの

**まず最初に、自分にとって何が大切かを決めなければならない。**自分の人生における重要度に従って優先順位のリストをつくるのだ。

今までそういうものをつくったことがなければ、今すぐつくること。そして状況が変わるたびに何度でもつくりなおすのだ。リストの内容は人によって多少異なるだろう。

あなたのリストには、たとえば次のような項目が並ぶかもしれない。

1　自分の必要や欲求を満たせるだけの収入を得る
2　家族に安全で快適な家を与える
3　家族の健康のために適切な医療を与える

4　家族で旅行に出かける時間をとる
5　子供の教育や、スポーツ・音楽といった子供の興味を後押しする
6　配偶者とすごす特別な時間を確保する
7　自分の趣味のための時間を確保する

このリストに挙げたことの多くは、私自身の目標でもある。

私は靴磨きの少年でもひとかどの人物になれるということを世の中に見せつけてやろうと決意した。家族に自分のような貧しい暮らしを決してさせないと誓った。いつか閑静な郊外に立派な家を建て、家族にはできるかぎりのものを与えてやりたい、住む家のことや将来の進学のことで心配させたくないと思った。

また今でも、妻のキティと私は、ふたりで何にも邪魔されない休暇をすごす時間を確保している。

こういうリストをつくらなければ、真の生きる目的もわからないまま、あてもなくさまようことになってしまう。**目的を持って生きてこそ人生は特別なものになる。**

人生に意味を持たせよう。そのために優先順位のリストをつくろう。自分のためだけで

なく、家族のためにも。私はそれを実践した。

一番最初のリストには何も書く必要がなかった。何しろ、家族の明日の食料を手に入れることが唯一絶対の優先事項だったからだ。

しかし自動車のセールスを始める前から、いくつかの目標を立てて定期的にそれを更新するのが習慣になっていた。成功し、収入が増えるにつれて目標も変わっていったが、とにかく私には計画があった。

**あなたも今すぐ計画を立てることだ。これから何度も変えるつもりで、今現在の目標を決めるのだ。**

ところで、いい暮らしをすることを優先順位の一番にした人は、金だけを目的にするのでないかぎり、それは何も悪くない。むしろ、あなたと家族が人生において豊かな経験をするのに大いに役立つだろう。

もし財に恵まれたなら、その一部を恵まれない人々に分け与えることも忘れないでほしい。

第三のルール「計画的を立てる」ことがなぜ重要か、そろそろわかってきたのではないだろうか。

計画のない人生はカオスだ。仕事なら、それは火を見るより明らかだ。会社を経営したり、何か重要なことをしようとする人が、ただなんとなく来て座っているだけだと思うだろうか。

きちんとした計画を持たないというのは、要するにそういうことなのだ。

**どれだけポジティブでも、一日の計画がなければ、職場に足を踏み入れた瞬間から時間が敵になる。**今何をし、何に努力を向けるべきなのかを考えているうちに一日が終わってしまう。

その結果、何もできないまま一日を無駄にしてしまう。そういうことはすべて仕事が始まる前に済ませておくべきなのだ。

**職場に着いて挨拶をしたら、すぐその瞬間から活動を開始できなければならない。**準備万端、気合い充分でなければならない。

あなたには計画がある。それを実行に移すのだ。コーヒーメーカーの前で無駄話をしている場合ではない。

私は決して その〝仲よしクラブ〟の輪には加わらなかった。そのせいで同僚にうとまれてもいたが、私はもっと賢かった。そんなくだらないことをしている暇はなかった。あなたもそうだ。栄える者は友達が少ないと誰かが書いていたが、実際そのとおりだ。

アメリカンフットボールのチームが、スタジアムの歓声の中フィールドに姿をあらわし、キックオフを待っているとき、監督やコーチがサイドライン際に集まって作戦会議を始めるだろうか。

それはとっくに済んでいるはずだ。すでに相手を分析し、チャンスを見きわめ、味方の特長をどこで生かすかを考えているはずだ。分析と計画の時間は終わり、試合の戦術はできあがっている。あとはプレーするだけだ。準備はできている。

こうしたアプローチは、今日のビジネス界ではさらに顕著だ。製造業だろうとサービス業だろうと変わらない。

**成功している会社は常に前もって計画し、ごく早い段階から専門家が参加して、あらゆる工程に関与する。**予想外のサプライズなどない。

自動車産業では、競争の激化と通信技術の進歩により、フォードもゼネラルモーターズもトヨタもみな、研究開発から設計、試験、製造、マーケティング、販売計画をすべてアクセル全開で行わなければならない。

新しいモデルが企画されてから、最初の一台が生産ラインを出るまでに五、六年かかっていた時代もあったが、今ではそれが三十カ月に短縮されている（しかもさらに短くなりつつある）。

大手メーカーは、ほんの二十年前にかかっていた期間の何分の一かで作業を完了させられる、よりスピーディで信頼性が高く、費用効率に優れた方法を日々編み出している。スピード勝負の時代なのだ（技術や品質や収益性が確保されることが大前提なのは言うまでもないが）。

適切な計画と体制の構築、そして実行が何より重視される。とはいえ、ボーイングやゼネラル・エレクトリックやAT&Tでなくてもこのアプローチは採用できる。あなたの仕事にもあてはまるのだ。

## 会社の玄関に向かうときは、試合前にロッカールームを出てグラウンドに向かう選手の

**ようなつもりになれ。**

気合いを入れ、一日に向けてテンションを高めるのだ。

もう自分がこれから何をするのか考える時間ではない。この時点ではやるのみだ。計画はもう済んでいる。すべきことに一〇〇パーセント集中していなければならない。そうでなければ、成功に向けた計画は失敗だ。職場の玄関を入る前からもうその一日をしくじっている。

何より悪いのは、計画的な人生を送ることの大切さを理解もしていなければ、それに気づきもしないことだ。

**計画を立てる名人の中で、まず書きとめることをしない人は（私の知るかぎり）いない。**

手始めにやることのリストをつくるのはいい方法だ。こまめにメモをとるほうでない人や、手帳を持ったことがない人がいるかもしれないが、それはあなただけではない。

細かいスケジュール帳が必要ない仕事も中にはあるだろうが、予定表や手帳を使うべきなのに使わない人が世の中にはたくさんいる。

私はあちこちで講演するときには必ず、きちんとした計画の大切さを強調する。先日中国に講演旅行に行ったが、そこでも私がその話をしているときに熱心にメモをとる人々が何人かいた。

誰もが強みを、競争で少しでも有利になれる何かを探しているのだ。講演を聞いた人から、このアドバイスがとても役に立ったと感謝の手紙やコメントをもらうことは多い。

**きちんとした計画を立てることは、時間を効率的に使う上で欠かせない。そして時間の使い方こそ、成功への大きな鍵のひとつなのだ。**

計画の大切さを理解できなければ、効率的な計画の真の鍵である時間管理《タイムマネジメント》について自覚し、意識を高めることは決してできない。

私がどのように時間管理をしていたかを例に挙げよう。夜、家に帰り、家族で団らんした後は、くだらないテレビをダラダラと見るかわりに、ひとり静かにその日の行動を振り返る。

朝オフィスに足を踏み入れた瞬間から、電気を消して帰るまでにしたことをひとつひとつ思いだし、もっと生産性を高めたり、時間をより有効に使うためにできたことがないかと考える。その際には次のようなことを自問する。

・今日したことの中で、とても役に立ったことは何か？
・今日したことの中で、仕事の妨げになったことは何か？
・あることのかわりに別のことをしていれば時間を節約できたか？

仕事中の時間管理のしかたについて、この一日の終わりの反省から思いついて取り入れた改善点には、たとえば次のようなものがあった。

・オフィスのドアを閉めておくだけで、より仕事に集中でき、より生産的な時間の使い方ができることに気づいた。具体的には、ドアを閉めるだけで、誰にも邪魔されず一日に六件も余計に電話をかけることができた
・私は顧客をとても大切にしていたので、よく整備部門に出向き、私の顧客がきちんと対応してもらっているか、自分でたしかめるようにしていた。とくに、最近受けた対応について顧客から苦情があったときは必ずそうしていた。問題は、見込み客を見つけたり商談をまとめたりする時間の多くをそれに奪われていたことだ。顧客と密な関

係を保つことは大切だが、整備部門のスタッフをもっと信頼し、よりよいパートナーにしようと決めた。それは功を奏した。彼らを大切にした結果、彼らも私に敬意を払ってくれるようになった。信頼の絆が生まれ、彼らをチェックするかわりにセールスにより多くの時間を割けるようになった。その結果、顧客も、整備部門のスタッフも、私自身も幸せになれた。ウィン - ウィン - ウィンというわけだ

以上の例のように、**一日をくわしく振り返る習慣をつけると、意識と生産性が一段とアップした。**日一日とアプローチの完成度が上がり、よりよく、より強力なものになっていった。

反省の最後には、船の船長がするように翌日の針路を決めた。朝になって船出する前に、どこにどうやって向かうのかがわかっていた。

サプライズは何もない。それが私の日課だった。計画を立て、それを実行した。うまくいった日には、「よくやったな、偉いぞジョー」と自分を褒めてやる。それから神に感謝し、妻におやすみを言って眠りにつくのだ。

## ✣ 時間は貴重な授かりもの

人生で失った時間を取り戻すほど難しいことはない。それはほぼ不可能だ。貴重な時間を守るには、ふたりの憎き敵に気をつけなければならない。

それは怠惰と優柔不断だ。優柔不断とは、決めるべきことを決められず、ぐずぐずと先延ばしにすることだ。そのおかげで常に遅れてしまう。

**怠惰と優柔不断——このふたりの時間泥棒を近づけてはならない。**

ほとんどの営業マンには、ディーラーに着くと必ずする日課があった。

真面目な者も中にはいたが、多くは入ってきて上着をハンガーにかけるやいなや、まっすぐ〝仲よしクラブ〟の面々のもとに向かう。そしてコーヒーを手に、同僚の営業マンとゆうべの野球の話をしたり、くだらないジョークを言いあうのだ。

ある男など、ほぼ毎朝一時間近くも、前夜のデトロイト・レッドウィングスの試合のことをしゃべっていた。アイスホッケーはデトロイトの人気スポーツなので、話し相手には事欠かなかった。ジョージがおしゃべりを終えるころには（オフィスに戻っていく彼らの話し声がしっかり聞こえていた）、私はすでにその日最初の契約をまとめ、午後に向けて有望な顧客とのアポイントを少なくとも二件とっていた。

ジョージのデスクの後ろの壁には、レッドウィングスのチーム写真のカラフルなポスターが貼られていた。全米アイスホッケーリーグでも指折りの強豪チームの写真に一日中囲まれている男が、なぜ契約の一件も取れないのだろうといつも思っていた。

悲しいことに、ジョージ本人もその理由がわからなかった。彼はホッケーシーズンの終わりを待たずにいなくなってしまった。

この手の連中の多くは、ほぼ毎日のようにこういう日課を続けている。知らないうちに午前中が半分終わっている。

この手合いに計画できるのは失敗することだけだ。そしてほとんどが失敗する。

**私の言う計画とは、成功に向けた計画だ。**一日の時間はかぎられている。「時は金なり」という言葉を聞いたことがあるだろう。

私に言わせれば**「時は王なり」**だ。一番の優先事項なのだ。

私は時間管理を誰よりもよく理解していた。私には計画があった。そして毎日それを実行するのを何ものにも邪魔させなかった。私はすべてを掌握していた。私の計画の中では、時間は敵ではなく味方だった。

時間管理のことは次の章でさらにくわしく話すが、ここでは目標を達成するための計画を立てる上で、有効な時間の使い方が欠かせないことを覚えておいてほしい。

**人がその日にやると決めたことができない一番の理由は、整理ができていないことだ。**今この瞬間に必要なのに、どこにも見当たらないものを探して時間を浪費してしまう。気づけば情報を探し回って右往左往している。

前にも言ったとおり、私は向こうからアドバイスを求められないかぎり、ほかの営業マンのすることに口を出したり、何かをすすめることはほとんどなかった。

だが一度だけ、ある同僚に尋ねたことがある。どうやって必要なものを素早く見つけられるのか、と。ショールームの彼のオフィスを通りかかるたびに、デスクの様子に目を丸くしていたからだ。座っている彼の両側に研修マニュアルだのカタログだの請求書だのがうずたかく積まれていて、客の顔を見るのもやっとに思えた。

一体どうやって必要な書類を見つけ出しているのか、この散らかりようでよく仕事ができるものだと思ったのだ。

彼の答えはこうだった。オフィスに入ってきた顧客は、書類の山を見て感じ入り、彼がディーラー一忙しい、つまり成績のいい営業マンに違いない、だからこの人と取引したいと思うはずだ、と。

私が顧客だったらそうは思わない。私の目にはカオスとしか見えなかった。だが、私はただうなずいて立ち去った。

**先を読め。何が必要になるか予想し、準備しておくのだ。**デスクの上の書類の山を片づけ、必要なものがすぐに取り出せるようにファイルに整理するのだ。時間管理の話をしていることを思いだせ。

私のオフィスのデスクはいつも片づいていた。私はシステム手帳を使って一日の予定を管理していた。職場に着いてから一日のスケジュールを書き込んだり、その日の予定を立てることは決してなかった。

それは前の日にすべて済んでいた。ときには当日になって予定や約束を変更しなければならないこともあった。それは避けられない。

だが、きちんと予定を整理して把握していたので、そういうことがあってもあわてず対

処することができた。一日の仕事を終える前に必ずするのが、翌日の予定を整理すること
だった。明日の計画を立てることが毎日の最後の仕事だった。ディーラーが遅くまで営業
している日は、夜家に帰ってから、翌日の予定を整理して計画を立てた。
とにかく、その日の予定をきちんと立てていない状態で出勤することは決してなかった。
これは仕事を始めてかなり早い段階で身につけた日課だった。
私は何をするにも、次の二点を意識していた。

売り上げにつながることをなるべく多くする。
・見込み客を探す
・顧客とアポイントをとる
・既存の顧客に電話やダイレクトメールで接触する

売り上げにつながらないことはなるべくしない。
・書類仕事に時間を費やす（それは秘書にやってもらう）
・ほかの営業マンとつるむ（ランチに出かけるなら銀行の担当者や顧客など、一緒に時

間をすごす価値のある相手と行く）

私は前もって調査をし、翌日の生産性や効率が最大になるような仕事上の習慣や日課をつくりあげた。

・名指しでコンタクトをとるつもりの見込み客全員のリストをつくった
・すべての約束を前日までに確定し、確認した
・翌日に会う相手の身辺に関する情報を手元に用意しておいた（職業、収入、信用枠、家族、趣味など）
・必要なときに必要な情報をすぐに見つけ出せるよう、常にファイルを整理しておいた。何かが見つからないといってあたふたすることは決してなかった

人間のすることだから完璧ではなかったが、それに近かった。

私はすべてを掌握していた。**私の仕事ぶりは、きちんと油を差した機械のようだった。**

そして結果が証明しているように、そのやり方は正しかった。

ディーラーの同僚の中には、みな同じ車のカタログ、同じ色見本、同じ説明書やデータシート、同じ研修ビデオ、同じ競合商品との比較情報を持ち、価格も同じなのに、どうして私だけ飛び抜けて成績がいいのかといぶかる者もいた。

実のところ、情報の点で私と彼らに違いはなかった。だが、彼らは私が何か秘密のネタを持っていて、だからこんなに成功しているのだろうと思い込み、わが身を振り返るかわりに、私のことを探るのに夢中になっていた。

私はその種のことを耳にするたびに笑って首を振った。彼らの多くにとって、研修はまったくの時間の無駄だった。〝怠け癖を克服する方法〟の研修ビデオなどなかったからだ。彼らに本当に必要だったのは大きな鏡だ。それで自分の仕事ぶりを見て、いかに貴重な時間を無駄にしているかを知ることだった。その光景を目にするだけで、研修数時間分の価値はあっただろう。

何より面白いのは、私がなんの秘密の方法もアプローチも隠し持ってはいなかったことだ。

私はただ、基本的で常識的な考え——この本に書かれていることの土台になっている考え——に従っていただけだ。それがつまり十三のルールなのだ。私はそれをしていたにすぎない。

私はたしかに成功への強い欲求を持っていたが、同時に計画的でもあった。毎日の行動をきちんと計画するのを怠ったばかりに、成功したいという思いが裏切られることのないよう念を入れた。自分の時間のすべてに何らかの価値を持たせたかった。

私は何も計画や整理整頓の天才というわけではない。あたりまえだ。生まれつき計画や整理整頓が苦手な者のほうがむしろ多いだろう。

しかし、「はじめに」でも言ったとおり、「私にできるのだから、誰にだってできる」。**計画や整理整頓は、成長とともに学んで身につけるスキルなのだ。**どれだけきちんと計画を立て、整理するかは、たいてい自分で決めた優先順位や目標に応じて決まる。それが自分にとって大切なら、どうにかして計画を立てたり整理整頓する時間と方法を見つけるだろう。

必要に迫られてやむをえずするのであっても、人生の計画をきちんと立てておくべきだったと気づかされるような危機の訪れを待つよりはずっと楽だ。ここで言う危機とは、たとえば次のようなものだ。

・上司が前触れもなくあなたのデスクにやってきて、今日かぎりで解雇するといきなり告げられたらどうするか。当面の生活や様々な支払いは大丈夫だろうか
・親として、子供に高等教育を受ける機会を保証してやれるだろうか（奨学金はもらえないものとして）。その費用をまかなえるだろうか。子供にどんなアドバイスをするつもりだろうか
・家族の誰かが重い病気になり、保険でカバーしきれないほど高額の治療費が必要になったらどうするか。そのような場合への備えができているだろうか

厳しい例だということは認める。しかし、悲しいかなこれが現実だ。この種のことは実際に起こりうる。この三つのどれか（またはすべて）が、どこかの時点であなたがたそれぞれに降りかかる可能性は高い。私は身をもってそれを知っている。この機会に自分自身の例について（そうなったらどうするかも含め）考えてみるといいだろう。

**計画を立てることで、必然的に先のことを考え、不測の事態に備えざるをえなくなる。**

個人相手のセールスの仕事は、自動車業界にかぎらず離職率が高い。つまり、日々人生の

つらさを味わっている人がおおぜいいるということだ。

まさかのときに備えて何らかの計画を持たずに、どうしてやっていけるだろう。計画があれば、これからどうしようかとあわてたり騒いだりして膨大な時間を無駄にせずにすむ。

たとえ計画があっても、問題の解決には役立たないかもしれない。だが、その効果的な対処法がわかる確率は高まる。そして、それこそが決定的な第一歩なのだ。

多くの人はその一歩を踏み出さない。泳ぎ方も知らないのに深いプールの底めがけて飛び込んでしまう。

ときには、より急を要する、あなたの時間の優先順位を即座に決めてしまうようなできごともある。たとえば次のような場合だ。

・医者から電話がかかってきて、あまりよくない検査結果が出ているので病院に来てくださいと言われたら、絶対にその約束を忘れたりしないはずだ
・仮釈放中の男が、毎週金曜日の午前十一時に保護観察官と面会しなければならないとする。刑務所に逆戻りさせられるかもしれないという恐怖の前では、元受刑者も、驚

くほど計画的に、毎回きちんきちんと面会にあらわれるものだ

これに比べれば、生産性をアップさせるために一、二時間の時間をつくることなど急に簡単に思えてきただろう。私の言葉に耳を貸す気になってくれただろうか。時間の大切さがわかっただろうか。

**人生を振り返り「もっとましな時間の使い方をしていれば」と悔やむ人のひとりになってはならない。**それはほぼすべての負け犬の泣き言だ。

負け犬には「あのときああしていれば、こうしていれば」と考える時間だけはたっぷりある。年老いて後悔する以外に何もない、そんな人間になってはならない。「人生をよりよいほうに変える機会があったことに感謝している。つらいこともたくさんあったが、自分のしてきたことに一片の悔いもない」と言える人間になれ。

ありがたいことに、私は日々自分にそう言い聞かせている。成功に向けた計画を立ててからは、一度たりとも振り返らなかった。

今、何よりも嬉しいのは、私の本を読んだりセミナーに参加して人生が変わった、とい

う人から手紙をもらったり、言葉をかけられることだ。オーラル・ロバーツ大学で講演したときのことだ。

「この中でナンバーワンになりたい人はステージに上がってきて」と私は言った。

数人がこちらに向かってきたが、その中に両手を上げ、「ぼくがナンバーワンだ」とクラスメートに宣言しながらステージまで走ってきた若者がいた。

観衆は拍手喝采し、私は「アイ・アム・ナンバーワン！」と書かれた金のピンを彼のシャツにつけてあげた。

仕事で素晴らしい成功に恵まれてからは、受け取った手紙や誰かの瞳の輝きからポジティブな空気を感じるたびに、自分が人にインスピレーションを与え、誰かがよりよい人間になる手助けができることにかけがえのない喜びを感じる。

私にとって、それ以上に嬉しいことはない。

## ✣ 紙に書いて頭の中を整理しよう

手帳やスケジュール帳を持つのが怖いか、もしくはどうも気が進まない、という人がおおぜいいるようだ。余分な書類仕事を増やすだけの不要なものだと思っているのだ。

大切なことはすべて頭に入っているから、細々した予定の管理など必要ない、ときどきありあわせの紙にメモするくらいで、あるいは、コルクボードにメモをピンで留めるくらいで充分だと思っている。

もしあなたもそう考えているなら、この章のここまでの内容をもう一度よく読んで理解する必要がある。

**職場に着いてから一日の予定を立てるのではない。前の日に翌日の予定を立てておくのだ。**すべての予定がオフィスの壁にピンで留められていたり、たまたま手近にあった紙にメモしてあるだけだったら、どうやって翌日の予定を立てるのか。残業で帰宅が遅くなったらどうするのか。すべてのメモを集めて袋に入れて持って帰り、後で判読できることを願う?

翌日の予定を整理して計画を立てるより前に、メモを見て整理するほうによほど時間がかかるだろう。それが終わるころには夜もとっぷりふけている。誰がそのツケを払うのか。

**あなたが疲れようが知ったことではないが、犠牲になるのはあなたの家族なのだ。**

あなたは家族と夕食をともにできない。あなたの子供はあなたに話したいことがあったのに、あなたはそこにいない。そしてあなたの妻や夫はまたひとりで夜をすごす。

それもこれも、あなたが数時間前には終わらせているべきだった（そして終わらせることができた）仕事を夜遅くまでしているからだ。

私はこういうことをしている人の話を聞いたり、想像したりするだけで腹が立ってくる。こんなに自分勝手で浅はかな人間には、力になってやろうという気も失せる。

もちろん、仕事をしていれば自分ではどうしようもないことも起こる。それはわかっている。

終業間際になって、上司に「明日の朝までにこれやっといて」と言われるかもしれないし、顧客から断わりきれない緊急の依頼が入るかもしれない。

私にも覚えがある。私も夜遅くまで仕事をすることがあった。ディーラーが遅い時間まで店をあけている日が週に二日あり、それは売り上げを増やす大切な機会だった。

それでも、私の人生で家族が一番だということを家族はわかってくれていた。愛する人々への気遣いを忘れてはならない。そもそも、あなたが働いているのはなんのためか。

家族との時間を犠牲にしなければならない日は例外にすべきであって、日常にしてはならない。

計画を立てるときには正しい方法ですることだ。

**賢く計画を立てるには、時間を有効に使うこと、そして何をするにも必ず紙に書くことだ。**

それはふたつの点で有用だ。

・進捗がわかる
・うっかり忘れてしまうのを防げる

幸い、私はものごとを覚えておくのは得意なほうだったが、それでもまれに記憶から抜け落ちてしまうこともあった。

手帳に書き留めることのもっとも重要な点は、それをすれば絶対に忘れないということだ。

忘れるのは私にとって許しがたいことであり、とくに家族や顧客に関係することではそうだった。私は忘れていて約束をすっぽかしたことは一度もない。営業マンにとって、顧客とのアポイントをすっぽかすことは大罪だ。それは金が逃げていって、二度と取り戻せないことを意味する。

記憶やあちこちにベタベタ貼られた付箋に頼るかわりに、手帳を使えば、すべての約束を覚えておける。そしていざ相手が来たときにしっかり準備を整えておける。

その上で顧客とのやりとりに集中できる。そのほかの重要なことはすべて手帳に書かれているからだ。これについてはいくら強調しても強調しきれない。

**私の知るもっとも効果的な時間管理の方法は、仕事もプライベートも含めて毎日のすべての予定を手帳に書き込んでおくことだ。** すると、その日の目標を達成するのにどれだけの時間があるか、一目でわかる。残りの時間は自分と家族のための時間だ。

毎日の予定を整理するのに、**すべてを一冊の手帳にまとめて書くようにしよう。**

それに、手帳は持ち運べる。家に持って帰って一日を振り返ることもできる。私は毎晩寝る前にこれをやっていた。

私のやり方は見事なまでにうまくいった。十五年間自動車の営業マンをしていたが、うまくいきすぎて、三年目以降はジョー・ジラードから車を買うには予約が必要になった。顧客が私と会いたければ、予約しなければならなくなったのだ。

やがて膨大な仕事量をさばくためにアシスタントを雇うようになった（その費用はディーラーではなく私が払った）が、それまで何年も自分ひとりですべてやっていた。たぶんあなたがたの多くも自分ひとりでやっているはずだ。だからこそ、何をするにもきちんと計画し、整理しなければならないのだ。

すべては、かぎられた時間を最大限有効に使うためだ。

**紙に書いて優先順位をつけることが、効率的で整理された予定を立てる鍵なのだ。**

私の仕事では、一日中めまぐるしいペースでものごとが進んでいた。業種の性質上もあったが、私があえてそのようにしていた部分も大きい。

私は仕事が好きだった。忙しいのが好きだった。それを楽しんでいたし、そのペースが好きだった。ラスベガスのカジノにいるような気分だった。動いているのが好きだった。それで金を稼いでいた。

中国の偉大な思想家の孔子は言った。「好きなことを仕事にすれば、一生働かなくてすむ」――私の場合もまさにそうだった。

最高の気分だった。私は顧客と会っているか、顧客と電話しているか、顧客のことで整備部門の誰かと会っているかだった。いつも顧客のことだけを考えていた。

だからこそ、書き留めておくことが重要だった。すべて頭で覚えておけるとは思えなかった。非現実的だ。あまりに多くのことがあまりに早く起こっていた。そこで手帳が肝心になった。

まして今のこのデジタル時代に、必要な情報がすぐに取り出せないことに言いわけは通用しない。

きわめて正直に言えば、あなたが付箋を使おうと、手帳を使おうと、記憶だけに頼って一日の予定をこなそうと、じつはどうでもいい。

ただ、あなたが今、時間を有効に使えないせいで望みどおりの成功を逃しているのなら、当然今あなたが使っているツールやアプローチに何か問題があるということだろう。これは高額の小売商品の営業マンとして史上誰よりも成功した人間からのアドバイスだ。しかも、そのやり方や実際に使ったツールまで教えている。

どうしても合わないというなら、無理にとは言わない。だが、あなたも真似できるようこの本に書かれているのだ。とにかくやってみて損はない。

## ‡ 標的を定め、それをとらえられるよう計画を立てる

では、あなたの計画がきちんと整理されていることがどうやってわかるか。自分では充分のつもりでも、まだ足りない場合もある。目標の達成に向けて最大限賢く計画を立てているか、整理できているかどうかを知るには、次の二点を自問してみるといい。

**1　必要なときに必要なものがすぐに見つかるか**

**2　決めたことを決めた時間内に終わらせることができるか**

このふたつの質問の両方に「イエス」と答えられるなら、あなたはすでに自分に合ったいい方法やアプローチを持っていると思われる。

それでも自分の定めた目標を達成できそうにないと感じるなら、おそらく計画や整理が問題ではない。目標が現実的でないか、もしくは残りのルールのどれかにきちんと従っていないのだろう。

それなら、これから本を読み進め、残りのルールについて見ていくうちに、きっとあな

たの足を引っ張っている原因がわかり、適切な対策を講じられるから安心してほしい。

一方、このふたつの質問の両方に「イエス」と答えられないなら、おそらく元凶は計画や整理にある。あなたの計画や整理の妨げになっているものを探り、それを変えることだ。

私の場合は、失敗への恐怖がとても大きかったので、長じるにつれてすべてを前もって準備する本能が自然と芽生えた。

試行錯誤のすえ、最終的にたどりついたやり方は、**「必要なもの」と「それをするために必要な時間」のふたつに分類する**というものだった。

ものがいつでもすぐ使える場所に置いてあるか。

・プロジェクトの参考資料が、デスクの上やキャビネットに整理して（日付順やテーマ順に）まとめて置かれているか

・たとえば署名が必要な複数の書類がある場合、それらの書類が正しい順番で揃えられているか

・重要な書類や手順が抜けていないかダブルチェックしたか

何かをするために必要な時間を現実的に見積もったか。

・作業を終わらせたり、目標を達成するのに適切な時間で予定を組んだか。各段階で必要な時間を見積もり、それを全部足して現実的な時間になるか確認する

・期間と成果の点で期待すべき内容を顧客や同僚に伝えたか。実際には二、三時間かかるのに、一時間でできると相手が期待していないか。「聞いていない」ということにならないよう、こういうことは事前に話しあっておくこと

・顧客との面会中に相談したり確認をとったりする必要のある相手（たとえば経理や整備の担当者など）と、すぐに連絡をとれるか。いざ必要になる前からあらかじめ話をしておき、電話したらすぐに出てもらえるようにしておこう

こうやって**先々のことまで考える癖をつければ、突然のできごとに驚かされることはなくなる。**このやり方のおかげで、常に不測の事態（顧客が約束に遅れるなど）に備えて余裕を見ておくことができ、同時にきわめて効率的に行動することができた。

要するに、時間をもっとも有効に使っていたということだ。それにより、最小の時間で最大の利益を上げることができた。これこそ効果的な時間管理というものだ。

もちろん、会社組織の中で、多くの社員がチームとして仕事をする環境にあって、社内的な手順に何か問題があることに気づいたなら、上司に報告すべきだ。

しかし、誰かに文句を言う前に、もっと効率的に仕事をこなせるよう自分に何かできることがないか、まずは考えるべきだ。すぐほかの誰か（直属の上司など）に文句を言う人が多すぎる。もう少し賢く考えさえすれば、自分や自分のチームだけで容易に解決できる問題であってもだ。そのことに上司が気づかないと思わないほうがいい。

**解決策を見つけようと真剣に努力するまで、それはあなたの問題であり、あなたの責任だ。**

主体的にイニシアチブをとり、自分で自分を管理しろ。自分のことをほかの誰かが決めてくれるのを待っていてはダメだ。

**自分で決めろ！**

**ためらうな！**

**行動しろ！**

人生は、嵐がすぎるのを待つことではない。雨の中で踊れるようになることだ。

顧客が実際に車を買う前に、新車に乗って帰って検討できるようにしたり、顧客を喜ばせてリピーターになってもらうために、細かい修理の費用をポケットマネーで負担したりと、私が自分でイニシアチブをとってしたことはたくさんある。

どれも会社にはあまりいい顔をされなかったが、私には自分のしていることがわかっていた。信用を培《つちか》い、顧客との長期的な関係を築いていたのだ。これについては十一章でさらにくわしく述べる。

私は誰かの許可を待ったりしなかった。それが正しいと感じ、契約をとるのに役立つなら、リスクを負って自分の責任で決断を下すことを恐れなかった。

といっても、誤解しないでほしい。会社全体の運営に影響を及ぼすような大規模な変更を、適切なルートで話を通さずにやれとは言っていない。

あなたとあなたの世界の話をしているのだ。あなたの世界の次のステップをほかの誰かに決めさせたら、それは彼らの計画であり、彼らのやり方になってしまう。しかもそれはあなたの気に入らない解決策かもしれない。そのうえ、あなたは自分の世界のできごとをコントロールするチャンスを失ってしまったことになる。必要もないのに、外の力を招き入れてしまったからだ。

そして、あなたには自分で問題を解決するノウハウも計画のスキルもないので、教えてやらなければならないと知らせてしまった。それに気づかれないと思ったら大間違いだ。

**計画は絶えず見直し、更新しろ。**目標や状況は刻々と変わる。去年うまくいったことが今年もうまくいくとはかぎらない。

セールスの仕事を始めたばかりのころ、私は電話での営業にもっとも力を入れていた。やがて、ダイレクトメールにかなりの効果があることに気づきはじめた。家で受け取る郵便で、よりたくさんの人にリーチできる。その大きな効果を認識したのだ。

はじめは少なかったが、やがては毎月数千人にダイレクトメールを送るようになった。それが私の最大の武器のひとつになった。戦術を変えたのだ。ダイレクトメールのことは九章でも述べる。

標的は移動し、変化する。あなたのもそうだ。片時も目を離してはならない。変化した標的をとらえられるように、絶えず狙いを定めなおし、計画を練らなければならない。

たとえば、新しいもっと広い家を買いたいと思えば、金銭面の目標は劇的に変わる。あるいは、子供が学費の高い大学への進学を希望したり、結婚式の費用を援助してほしいと頼まれるかもしれない。

前もって向かう先を計画しておけば、必ずそこにたどりつける。計画しておかなければ道に迷ってしまう。

最初に個人的な目標を立てはじめたころ、費用を節約したり収入を増やすために一週間でできることを考えるほうが、二年も三年も先のことを予測するより簡単だと気づいた。当初は数年先どころか、数カ月先のことも考えなかった。目の前のことだけしか頭になかった。かつての私には、この先何日かの食料を手に入れることが目標だった。

まずは目先のことから考えることだ。自分にできることが具体的かつ現実的に想像できる。**小さな一歩から始めて、一週間でできることを数カ月分、数年分と積み重ねていくほうが目標を達成しやすい。**

たとえばマイホームを買うというような大きな目標を達成するのに、どれだけかかるかも把握しやすい。

## ‡ 目標に合ったツールを選ぶ

目標達成に役立つ計画のためのテクニックやツールはたくさんある。問題は、その中から自分の目標に合った適切なものを選ぶことだ。

これは聞こえるほど簡単なことではない。**うっかり適切でない計画を立ててしまうかもしれないし、知らず知らずのうちに細かすぎる計画を立ててしまうこともある。**たとえば、くわしく入念な計画を立てて、一日の行動をこと細かに決めたとする。

一見したところ、それは素晴らしく完璧に思える。だが一日の終わりに振り返ってみると、すべて計画どおりに行動したにもかかわらず、まるで目標に向かって前進していないように思えるのだ。

そこであなたは困惑し、落ち込みさえするかもしれない。自分では正しい計画を立てたつもりだし、それをすべて正しくこなそうと頑張ったのになぜだろう、と途方にくれる。

あなたの姿勢と努力は褒めてあげよう。しかしそれだけだ。実際に何が起きているかというと、あなたの立てた細かすぎる計画は、生産性をアップさせず、逆にその足を引っ張っているのだ。

どういうことか。

あなたは計画に手を縛られている。なぜなら、どんなちょっとしたことでも、まず手帳を見てたしかめてからでなければ何もできなくなっているからだ。

結果的に、あなたは前に進むための時間を自分で奪っている。失敗への道をたどっているも同然だ。

あなたのしたことは、自分の首を絞めるロープを丁寧につくったようなものだ。細かすぎる計画を立てれば、必ずそれが命とりになる。

それは成功に向けた計画ではない。**破滅の予定表だ。**完璧さと賢く考えることのあいだにちょうどいい落としどころがあるはずだ。ものごとはなるべく合理的かつシンプルに保つのがいい。

**計画を使うのではなく、計画に使われるようになっては本末転倒だ。**

よく整理された計画の目的はたったひとつ。**目標達成への道筋をつけて、そこからそれないようにすることだ。**それが計画を立てる理由のすべてと言っていい。計画を松葉杖にしてはならない。棒高跳びのポールにしなければならない。

まずは、具体的な目標をはっきりさせよう。

たとえば、会ったり電話をかけたりする顧客の人数、売りたい商品やサービスの数量などだ。あるいは、診察する患者の人数や、話をする生徒の人数かもしれない。それはあなたの仕事しだいだ。

私は常に毎日二十人以上の人と接触して、新車の購入について話をするという計画を立てていた。その日の予定や天気などによっては、その数が二倍、あるいは三倍になることもあった。それは功を奏した。もっとも成績のよかった年には、一日平均六台の新車を売っていた。

**いったんゴールを決めたら、次にその下地をつくる。それをどうやって達成するか、それにはどのくらいの時間がかかるかを考える。**

たとえば私は次のようにしていた。

・経験上、私は効果的な電話での会話にどれくらいの時間が必要かわかっていた
・重要な六つの項目を書いたリストを手元に用意していたので、見込み客について知る必要のある情報を十分間で無理なく手に入れることができた
・礼儀正しく会話をコントロールし、よくある断わりの口実をやんわり退けて、話を適切な方向に持っていく方法を知っていた
・会話が長引いた場合、それはたいてい見込み客が乗り気になっていて、もっと情報を知りたがっているといういい兆候だった
・また、顧客が車を買いに店にやってきてから、一時間以内ですべての手続きを済ませられることもわかっていた
・私は必要な書類も、経理部の担当者も、そしてもちろん車も（すべてチェックし、ピカピカに磨いて）すべてあらかじめ準備しておいた

時間管理についてこうした情報を知っているおかげで、一週間にだいたいいくら稼げるかも予測できた。私の金銭面の目標はこのモデルをもとに立てられ、整理されていた。週ごとにある程度の増減はあったが、全体として見ればかなり正確だった。

自分の目標と、それを達成するためにしなければならないことをうまく一致させられないなら、**投入する時間を増やすなどして生産性をもっと上げるか、設定目標を下げるかのどちらかが必要だ。**

**はじめのうち、立てた計画がすべてそのとおりにいかなくても落ち込まないこと。**経験を積むうちにだんだん賢くなり、より正確で現実的な計画を立てられるようになる。

「山を移さば小石から」という孔子の言葉もある。十二世紀の修道士アッシジのフランチェスコは**「まず必要なことをせよ。次にできることをせよ。そうすればいつのまにか不可能なこともなしとげていよう」**と言った。彼はそうやって徐々に成功への道を進んでいった。彼には計画があった。

成功は、それを計画する者のところに早くやってくる。電子手帳やスケジュール帳など、どんな手段を使うにせよ、それはあくまでもツールにすぎない。その使い方をコントロールするのはあなた自身なのだ。ツールを賢く役立てよう。

## ‡ 期待のハードルを上げる

**目標を設定するにあたって、少しハードルを上げようとする人は立派だ。**それこそ私の同類だ。いつも少し背伸びしなければ届かないところに目標を定めるのは、賢いことでもある。そうすれば、少しだけ目標に届かなくてもあまり落ち込まずにすむし、おのずと自分の成長や進歩を意識させられる。

自然と勝利に集中できるような行動計画を立てよう。ほどほどの目標なら誰でも達成できる。だからこそ、ほどほどの目標にはほどほどの報酬しかついてこない。

あなたはそれで満足だろうか。私は満足できない。

私は自分の人生に対してほどほどの目標を立てたことなど一度もない。いつでも最高のものを目指し、それを達成すべく努力してきた。それはうまくいった。あなたにも同じ考えを持ってほしい。

たしかに、最初はより達成しやすい短期的な目標を立てた。しかしそのすべてが、本当に目指すもの——自ら選んだ分野でトップになること——につながっていた。世界一の営業マンになってからは、負かすべき相手はもう自分だけになった。だからそれもやった。私が破った世界記録のほとんどは、私自身のものだった。私は決して同じ場所にとどまることをよしとしなかった。新しいゴールに到達するために、取り組みを見直し、手に入るあらゆるツールを利用した。

計画を立てる上でもっとも大切なことのひとつが、手帳の〝Ｔｏ‐Ｄｏリスト〟の優先順位づけだ。仕事の内容によって、あなたと私の優先順位は違うかもしれない。それでも、優先順位をはっきりさせておくことだ。

会社はあなたに何を求めているのか。あなたの仕事はどういう位置づけなのか。

ご存知のとおり、私は車を売る仕事をしていた。私のアプローチはごくシンプルだった。顧客を得たり失ったりすることに結びつく業務は常に優先させる。それだけだ。それを何ものにも邪魔させなかった。大事なのはディーラー内部の手続きだとかマーケティングだとか研修ではない。金だ。私の金がかかっているのだ。私にとってそれ以上にわかりやすいものはない。

顧客第一――私はそうやって一日の予定や手帳のスケジュールに優先順位をつけていた。

そのほかに会議や用事がある場合には、顧客との約束の合い間に入れる。どうしても予定がぶつかることもないではなかったが、可能なかぎり顧客を優先させ、それ以外を後回しにする姿勢は変わらなかった。

それが私のやり方だった。大切なことは何か、教えてもらう必要などなかった。何が大切かはわかっていた。そして、私にとって顧客が第一であることを、私の顧客もわかっていた。そこが重要なのだ。

自分の期待のハードルを高く上げるほど、効果的な行動計画をより意識しなければならなくなる。ハードルを上げておいてしっかりした計画がないのは、レースのスタート前からガソリンを切らしているようなものだ。

**目の前のタスクに集中し、準備ができていないからと余計な考えに気をとられていてはいけない。**自分のすべきことだけに集中し、ほかの一切を心から締め出すのだ。このことは、次の四章でもさらにくわしく話す。

## ✣ 成功している人のパターンを真似る

成功に向けた計画を立てる上で、手帳やスケジュール帳が頭を整理するための最高のパートナーになることがもうはっきりわかったと思う。

「はじめに」で、私が様々な業界の成功者のやり方を自分のアプローチと比べてみたという話をした。私は昔から、アムウェイの共同創業者であるリッチ・デヴォスとジェイ・ヴァン・アンデルを尊敬していた。彼らの決意と根性、そして成功への渇望に心を奪われた。彼らがしていて、ほかの誰もしていない、成功の秘密はなんなのかを知りたいと思った。だから彼らのやり方やアプローチを学んだ。

図書館や本屋で長い時間を費やし、彼らのような成功者のやり方についてできるかぎり読んだり調べたりした。かなりの労力だったが、その甲斐はあった。多くのことが学べた。デヴォスは著書『アムウェイのセールス哲学─愛・誇り・挑戦』（ダイヤモンド社）の中で、**自分を信じることが成功へのチケットだ**と説いている。

それはすぐに私自身のことになった。

もうひとつ、ずっと私の心をとらえて離さなかったサクセスストーリーと言えば、史上もっとも成功したエネルギッシュなビジネスウーマンのひとり、メアリー・ケイ・コスメティックスの創業者メアリー・ケイ・アッシュだ。

彼女には賢さとガッツがあった。会社の営業成績上位者には、ダイヤモンドと旅行とピンクのキャデラックをプレゼントした。男社会であるビジネス界で名を揚げようと奮闘する女性たちにとって、彼女は希望の光だった。彼女の強力なリーダーシップとモチベーション術によって、ごく普通の人々が億万長者になった。

それは私自身の成功への歩みとも重なったので、大いに共感できた。

もうひとり、キャリアの早い時期にいつもその言葉に刺激を受けた人物がいる。『積極的考え方の力―ポジティブ思考が人生を変える』（ダイヤモンド社）の著者ノーマン・ヴィンセント・ピールだ。

のちに彼と会う機会に恵まれ、やがて心から尊敬する友人のひとりになった。彼のほうも同じ気持ちだったのだろうと思う。というのも、逆境にも負けず成功してアメリカン・ドリームを実現させた人物に贈られるホレイショ・アルジャー賞に推薦してくれたからだ。

成功へのアプローチ法について、私が手本にしたいと思う人物には必ずふたつの特徴があった。

**1　みなポジティブな姿勢を持っていた**

**2　みな時間の価値と大切さを充分に知っていた**

現代のあなたには、私になかったふたつの利点がある。

第一に、私の時代にインターネットはなかったが、今のあなたにはある。時間を有効活用し、貴重な情報や人脈を手に入れるのに、インターネットはとても便利だ。使わない手はない。

第二に、あなたにはジョー・ジラードがいる。あなたに経験を語り、あなたの背中を押し、あなたが勝者となることを何よりも期待している人物が。

**ジョー・ジラードの声に耳を傾けよ。成功に向けて計画的な人生を歩むのだ。**

Rule

# 4

Joe Girard's 13 Essential Rules of Selling

# 働くときは とにかく働く

成功が努力の前にくるのは
辞書の中だけだ。
惜しみない努力と引き換えにしか
成功は得られない。

ヴィンス・ロンバルディ（プロフットボールコーチ）

三章の内容で、時間の大切さについての私の考えをわかってもらえたと思う。これは成功を決定的に左右することなので、もう少し話をさせてほしい。

浪費した時間は取り戻せない。現金化した後の小切手と同じで、なんの価値もない。**私は時間を黄金のように大切にしている。むしろ、黄金よりも価値があると考えている。**なぜなら黄金と引き換えに時間を買うことはできないからだ。だからこそ、私は邪魔が入ることを嫌う。ときにそれが起こることは知っているが、嫌いだ。

私の毎日の時間は四種類の活動に分けられていて、そのどれかをしているあいだは、ほかの何にも邪魔をさせない。

1　**働くときはとにかく働く。**仕事中に余計な邪魔が入ることは許さない。職場は食いぶちを稼ぐ場所だ。集中したいし、妨害されたくない

2　**寝るときは寝る。**私は熊にも負けないほど寝るのが好きだ。誰かに夜中の三時に叩き起こされて、安眠を妨害されたくない。緊急事態でもないかぎり、それは私の時

間だ

3　**食べるときは食べる。**食事中は食べることに集中したいし、邪魔されたくない。だから食事中は話しかけないでほしい

4　**遊ぶときは遊ぶ。**休暇中は誰にもわずらわされたくない。それは私と家族だけの時間だ。電話もしないでほしい。かかってきても出ない

これが私の時間管理の方針だ。あなたもこのやり方にならえば、日々の様々なことに使う時間が驚くほどあることに気づくだろう。それを理解するのは大切なことだ。なぜなら、人生はひとつのことだけではないからだ。

**あなたの人生は仕事だけではない。**バランスのとれた人生を生きるには、自分にとって大切なすべてのことに関心を向けなければならない。

私はそうしている。私のやり方はきっちりしていて、それがうまくいっている。いつ、何を求めるかがはっきりしている。誰でもそうかもしれない。

ただし私の場合、少し違う。仕事をするときは活動モードに入るのだ。立ち上がって動く。座っていては、時の砂に足跡を刻むことはできない。

## ‡　一日を最大限活用する

ジラードの第四のルール「働くときはとにかく働く」を守りさえすれば間違いはない。もちろんサボってはダメだ。一日八時間から十時間、みっちり働くのだ。

人々が悪しき習慣やけじめのなさのせいで、職場で無駄にすごしている時間について、一時間につき五セントもらえたなら、一日分だけでエンパイアステートビルの一階から最上階までコインでいっぱいにできるだろう。それどころか、ラスベガスのスロットマシンのごとく窓という窓からコインがあふれだすだろう。

私は大金持ちになれる。悲しいことだが、われわれはそれが真実であることを知っている。なぜなら見たことがあるからだ。職場で何もせず無為にすごしている人々を。

以前に、ミシガン大学が実施した時間に関する調査で、頭を抱えたくなるようなデータについて耳にしたことがある。

**一週間のうち、人が実際に仕事をしているのは平均で一日半ほどしかない**というのだ。

一カ月のうち一週間ほどしか働いていないということだ。一年になおすと、実際に仕事をしているのは約三カ月間だ。

三カ月！

ということは、**人は一年のうち九カ月は何もしていないということになる。**

多くの人は勤務時間中に仕事をサボれて得をしていると思っている。だが、本当は自分自身を欺《あざむ》いているにすぎない。彼らは、ほかの人の分まで真面目に仕事をしている人をお人よしのカモだと思っている。だが彼らに教えてやりたい。

「カモはどこにでもいる」というが、職場に来るだけで一日中何もしない連中こそ、真のカモなのだ。毎日を無為にすごし、物乞いが路上だけでなく屋内にも存在することを証明している。

よもや、あなたもそのひとりではあるまい。もしそうだとすれば、あなたのキャリアは仮釈放なしの終身刑を宣告されたも同然だ。一生牢獄に閉じ込められ、どこにも行けない。あなたは物乞いなのだ。ジョー・ジラードからの忠告だ。

**何もしない者は何も知ることができない。**
**何も知らない者は何も手に入れられない。**
**知識のない者は確実に失敗する。**

こういうふうに考えているのは私ひとりではない。古代ギリシアの偉大な哲学者ソクラテスも同じことを言おうとしていた。

ある日、若く熱心な弟子のひとりが、知識を得る秘訣について教えてほしいとソクラテスに乞うた。ソクラテスはいいだろうと言って、若者を近くの川に連れていった。「こうするのだ」と言うと、ソクラテスは若者を川に押し入れた。そして自分も川に飛び込み、若者の頭を水に入れて押さえつけた。

若者は手足をバタつかせて必死に抵抗したが、ソクラテスは離さず、弟子の頭を押さえ続けた。若者はいよいよありったけの力で爪を立ててひっかき、暴れ、ようやく自由になって水から顔を上げることができた。

するとソクラテスは尋ねた。

「溺れかけているとき、一番欲しかったものは何か？」

若者はまだ荒い息をしながら答えた。

「空気です」

ソクラテスはほほえんで言った。

「おまえが空気を求めるほど必死に知識を求めるなら、それを手に入れられるだろう」

これ以上の真実はない。

## ✣ 気を抜けば転落する

**どんなに綿密に予定を立てたところで、仕事に一〇〇パーセント全力で臨まずに手を抜いたら台無しだ。**この罠にはまるのは何もダメ人間だけではない。ごくまっとうな営業マンがこの落とし穴にはまるのを何度か見てきた。

ダニーという若手営業マンは、十二月半ばの時点で八十四人もの顧客から新車を買う約束を取りつけ、「俺はジラードより多く売る」と豪語していた。自分が記録を塗り替えられると確信した彼は、やや油断した。そして多額のボーナスを見込んで、妻と三人の子供へのクリスマスプレゼントに散財した。だが悲しいかな、実際に売れたのは、八十四人の見込み客のうちたった三人だけだった。
とらぬ狸《たぬき》のなんとやらで、もし彼がもっと慎重に抜かりなく見込み客のフォローをしていれば、さらに六、七割はクロージングに持っていけたはずだ。ダニーのような運命をたどった営業マンは、長年のあいだに何人も見てきた。

彼らは最初のうち、時間を有効に使って真面目に仕事をしている。だがしばらくいい成績が続くうちに、ある日突然、自分は優秀だから何もしなくてもうまくいく、と信じてしまう。成功とは、手を抜いて楽に生きられるチケットを手に入れることだと考える。そして一度の成功に味をしめ、自分が失敗などするわけないと思い込むようになる。そうするとどうなるか。努力しなくなる。思い上がり、怠けるようになる。そうなれば転落の一途だ。その姿が思い込みの虚像であり、真の実像ではなかったという現実に向けてまっさかさまだ。

**あらゆる偽りの先には失敗が待ちかまえている。**失敗はいつも人生の裏道にひそんで機をうかがっている。そして予想もしない瞬間にどこからともなく突然襲いかかってくる。

ひとつ言えるのは、**早すぎる成功を手にした者は、そこに至るまでの道のりや自分の出《しゅつ》自《じ》を忘れてしまったら、容易に転落しうる運命にあるということだ。**

私が九歳で靴磨きをしていたころの自分の写真をずっとオフィスの壁に飾っているのはそのためだ。決して自分の出自を忘れたくないからだ。その写真のおかげで、自分が大物だというような勘違いをしなくてすんだ。

プロスポーツ選手やハリウッドスターや人気歌手ら、自らのスターダムの犠牲になった人々がどれだけいることか。数えきれないほどだ。メディアがよってたかって彼らを持ち上げ、実像とかけ離れた虚像をつくりあげる。

何より悪いのは、彼ら自身もそれを信じるようになることだ。突然、自分は特別だ、世間のルールになど従わなくていいと思ってしまう。

彼らに何が起きているのかというと、成功の詐欺師——きらびやかな栄光——に思うままに操られ、自分でそれに気づいていないのだ。まばゆい脚光を浴びてどうすればいいのかまるでわからない。突然、自分の出自を忘れてしまう。ここまで来るために、山の頂にたどりつくためにしてきた努力を、肥大したエゴとドラッグ、アルコール、失敗した結婚、そして金銭問題と一緒にドブに流してしまう。夢が最悪の悪夢に変わる。

多くのアスリートのキャリアやイメージが、フィールドの外の行動によって汚され、傷つけられてきた。O・J・シンプソン、ジョン・デーリー、タイガー・ウッズ、マイク・タイソン、ピート・ローズ、ミッキー・マントル、バリー・ボンズ……数え上げればきりがない。

中には、あまりにも急激にスターダムに駆け上がって巨万の富を手にしたばかりに、悲しいことに寿命を縮めた者もいる。ホイットニー・ヒューストン、カート・コバーン、エイミー・ワインハウス、ハンク・ウィリアムズ、ジャニス・ジョプリン、マイケル・ジャクソン、エルヴィス・プレスリー、ジョン・ベルーシ、そしてマリリン・モンロー。

時の彼方に消えた夭折《ようせつ》のスターたち。

**なぜこんなことがしばしば起こるのか。多くの場合、それは油断したためだ。**スターダムの罠にはまってしまったのだ。余計なことに気をとられて成功から引き離され、失敗の流砂に呑まれてしまった。本来の自分を忘れ、自分でもわからない誰かになってしまった。なんと悲劇的な浪費だろう。それは偶然ではない。何度も目にしてきたことだ。

あなたはこれらの話をどう思うだろうか。あなたに同じことが起こらないよう、注意点を挙げておく。

1　**自分の出自を決して忘れない。**子供のころの自分の写真を見えるところに置いておく

2　**成功は自分ひとりのものではないことを忘れない。**セールスの仕事をしているなら、あなたの売る商品やサービスは多くの人に支えられている。その人々がいなければあなたの成功もない

3　人生には必ず山と谷がある。**山にあって感謝を忘れず、谷にあって謙虚さを忘れない**

4　**勝って傲慢にならず、まわりに感謝する**

5　**常に自分は二番、家族を一番にする。**あなたが働いているのはそのためなのだ

以上の五つを常に心に留めておけば、決して後悔とともに来た道を振り返らなくてすむ

はずだ。

## ‡ 目標に集中する

常にゴールを見据えておかなければならない。
先走ってはいけないし、うぬぼれてもいけない。職場に着いたとき、まだ何もなしとげていないことを決して忘れてはならない。その時点では、あなたはその他おおぜいと何も変わらないのだ。

**職場の玄関を入るときに意識すべきことはひとつ――あなたのもっとも貴重な財産は時間だということだ。**それを忘れてはならない。一日の時間を有効に使い、一時間たりとも無駄にしてはならない。一瞬一瞬に意味を持たせなければならない。

**ある日がとてもうまくいったからといって、その翌日に自分を甘やかして手を抜いてはダメだ。**昨日と同じようにするのだ。前日したことに効き目があったなら、やっていることは間違っていない。感謝し、経験から学べ。自分にご褒美をあげる時間は後でたっぷりある。

この章で最初から言っているように、私は職場に着いたら、ひたすら仕事をする。休暇をとったり旅行に出かけたら、ひたすら遊ぶ。ふたつを混ぜることはない。それはうまくいかない。仕事と遊びは相性が悪いのだ。

一日真面目に仕事をすれば、自分だけはたしかにそれがわかる。長すぎる昼休みをとったり、顧客ではなく友達と電話したり、仮病を使ってズル休みをしたりと、**ちょいちょいサボっていたら、ほかの誰にわからなくても自分にだけはわかる。**職場でそこまで厳密に監視されることはまれなので、この種の労働倫理上の問題は何カ月も、場合によっては何年もバレないかもしれない。

だが、あなたは会社を欺いているつもりでも、本当に欺かれているのはあなた自身だ。あなたは生産的に使えたはずの貴重な時間を盗んだ。システムの穴につけこみ、手を抜くことを選んだ。そのうちにそれがあなたの働き方になってしまう。やがては、ほかにどうすればいいのかもわからなくなってしまう。

そのとばっちりを受けるのは誰か。

会社、そしてあなたの家族だ。仕事の手を抜いてサボるたびに、あなたは自分の子供からよりよい（より金のかかる）教育を受ける機会を奪っている。あなたの妻や夫はもっといい家や休暇を楽しむにふさわしいのに、あなたはその権利を奪っている。

それで自分にどれだけ誇りを持てるだろう。

**そんな働き方をしているとすれば、あなたは負け犬であり、ペテン師だ。**職場にそういう輩がいるなら、避けて近づかないようにしなければならない。さもないと、彼らに毒されて変わってしまう。そのリンゴを一口かじったら最後、あなたは一生檻から出られない。

といっても、職場の人と友達になるなと言っているわけではない。成功するために世捨て人になる必要はない。ただ、自分の助けになってくれる人と仲よくしろと言っているのだ。仕事の内容によっては、それは必ずしも同じ部署の同僚ではないかもしれない。

**私の場合、ほかの営業マンとランチに行くことはなかった。**なぜなら、彼らに気に入られようが気に入られまいが、関係なかったからだ。彼らは助けになってはくれないからだ。かわりに、整備部門の人々と一緒にすごすようにした。車を買った後、私の顧客がやりとりをするのはおもに整備部門だ。私の顧客が車のオーナーとして最高の扱いを受けられるようにしたかった。

あなたが保険の営業マンなら、自分の仕事の助けになってくれそうな査定部門や請求受付部門の人と仲よくなるといいかもしれない。不動産の営業マンなら、名義書換代行会社の人と一緒にすごすといいだろう。契約をまとめる際の書類手続きで重要な役割を担うからだ。自分の会社の取引銀行とその担当者とも知りあいになっておくべきだ。自分の顧客のローンを承認し、処理してくれる相手だからだ。

ランチに行くなら、ゆうべの野球の話しかしない隣の席の同僚とではなく、こういう相手と行くべきだ。

回っている観覧車を想像してほしい。そこに乗っている顧客が一周しおわると、新しい車の買い替え時期だ。そのとき、あなたは真っ先に笑顔で出迎え、降りる顧客の手をとって、次の車を買う商談の席に案内したい。ディーラーのほかの部署への目配りを怠ったばかりに、契約を失ったりしたくない。

私は整備部門のスタッフをもてなし、感謝の気持ちをあらわした。常に自分のキャリアのためになることには、自腹を切って投資すべきだ。

**私は毎月第三水曜日には、整備部門のスタッフ全員を自腹で食事に招待していた。**全部で三十六人だ。〈スキアービ〉というデトロイトの人気イタリアンレストランで整備チームをもてなした。彼らの仕事ぶりに感謝し、私の顧客にしてもらいたいように、つまりジョー・ジラードらしく親切に愛情をこめて彼らに奉仕した。

毎月の食事会は、彼らにそのことを思い出してもらうと同時に、彼らに報いる機会だった。おまけとして、レストランのスタッフにも相当数の車を買ってもらえた。

ディーラーの経営者には、そんなことをするなんて頭がどうかしていると思われていた。だが、このときも私には自分のしていることがよくわかっていた。私が信頼して顧客を任せていることを整備部門の人々に知ってもらいたかった。彼らの知識や技術に敬意を払っていた。

何より、彼らが私と私の顧客にしてくれていることに感謝していた。彼らはひとり残らず、ジラードの〝セールスマシン〟の重要な部品だった。私と同じように成功を目指し、私の顧客のために毎回きちんと仕事をすることに集中してほしかった。

彼らはそれに応えてくれた。整備部門のスタッフやエンジニアが、私の顧客のために普段よりも遅くまで仕事をしてくれることが何度もあった。私のためなら、少々の残業は喜んでやってくれた。私が彼らに敬意を払い、もてなしたことに恩義を感じてくれていたからだ。

彼らはみな私のチームの一員だった。彼らを接待するのに月に五〇〇ドル以上かかったが（もちろん個人税の申告時に経費で落とした）、長い目で見ればその価値は充分にあった。

**士気の高いチームにバックアップしてもらいたければ、彼らへの思いやりを持ち、邪険にしないで親切にすることだ。やさしくされて嬉しくない人はいない。**

私がなぜそうするのか、その裏にある考えは単純明快だ。

私は顧客がディーラーのものだとは一瞬たりとも考えたことがない。顧客はジョー・ジラードのものだ。そして、私がほかの誰よりも行き届いたケアをすると顧客に知ってもらいたい。顧客がまた車を買いにきてくれるかどうかはそこで決まる。

もう一度言うが、単純明快なのだ。すべてはサービスと愛情にかかっている。

## ‡ ねたみと嫉妬

前の章では時間の大切さについて話した。同僚の営業マンたちはときに、連れ立ってランチに出かけ、かなり長い時間戻ってこないことがあった。彼らはそうすることで自分の首を絞めていた。自分の時間を盗んでいた。

私は昼に外食することはほとんどなかった。妻が用意してくれた昼食を家から持ってきていた。仕事中の時間をすごすのは収入を生み出せる場所、つまりディーラーでと決めていた。**ゆっくり食事を楽しむのは自分の時間にすればいい。**それに、どうせなら家族や親しい友人と、仕事を離れて食事をするほうがずっと楽しい。

私はディーラーの誰よりも時間の価値をよく知っていた。邪魔されることが何よりも嫌いで、同僚もみなそれを知っていた。私は意味のない雑談はしなかった。仕事に関係のあることで、そのときに重要と思われる話なら聞くが、そうでないなら礼儀正しくその場を辞した。

同僚がそこから何かを学んだか？　残念ながら大半は何も学ばなかったし、多くがそのせいで私を嫌っていた。

聞こえは悪いかもしれないが、私はよく、**職場でうとまれるようになったらこっちのものだ、**という話をする。同僚の誰も、成功のために時間をうまく使うという私の考えに、見習うべきところがあるのではないか、とは思わなかった。

私はおそらく業界一のお手本だったのに、多くはまったくそれに気づいていなかった。と言うと、私がうすのろばかりに囲まれていたように聞こえるだろうが、そうではない。中には真面目で向上心のある者もいた。だが少数派だった。ほとんどはダメだった。車を売るのは誰にでもできることではない。成功するのがかなり難しい商売のひとつだと保証する。競争は激しく、値段交渉は厳しい。落ち込むことだらけだ。だからこそ、自動車セールス業界の離職率はかなり高い。一年で三分の二を超える営業マンが辞めてしまうディーラーも珍しくないのだ。

車のセールスがこれほど厳しい仕事なのに、適切な時間の使い方も知らなければ、自分で自分に死刑を宣告しているも同然だ。「それならなぜ、彼らは仕事に集中しないのか」と訊きたくなるだろう。なぜなら怠惰だからだ。それだけだ。

そのことは給料が物語っていた。彼ら全員が確実に知っていたことがある。私の給料が彼ら全員分を合わせたよりも多かったことだ。ディーラーで時間の有効な使い方を理解しているのが私ひとりだということは火を見るより明らかだった。

二週間に一度、マネージャーが営業マン全員を集めて給料の小切手を配る（その後はゴルフに出かけてしまう）。とくに成績がよかったある日のことだ。

マネージャーはひとりひとりの名前を呼び、小切手を手渡しながらコミッションの額を読み上げていった。この人は三〇〇ドル、あの人は四五〇ドル、誰それは一七五ドル……。私の名前が呼ばれたのは最後だった。

「ジョー・ジラード――一六五〇ドル」

その瞬間の、ほかの営業マンの敵意に満ちた空気を想像してほしい。マネージャーはいい。自分でつくりだした最悪の雰囲気の中に私を残して、ゴルフに出かけてしまえるのだから。私ははっきりと憎まれていた。すぐさまオーナーのところに行き、二度とほかの営業マンの前で給料の小切手を渡さないでくれと言った。

ところで、私とほかの営業マンとの収入の差が誇張されているのではないかと思っているなら、大間違いだ。むしろ、それは意外でもなんでもない。**私は彼らがひと月で売る以上の台数を一日で売っていた。**一日で一八台の車を売った日のことははっきり覚えている。ライバルの営業マンの多くは、年に一七〇台売れれば大喜びだったろうが、私はひと月に一七四台売るという記録をつくったことがある。

私が世界一の営業マンだったことをお忘れではあるまい。じつにこんなデータもある。**私の新車販売台数は、アメリカの全自動車販売店（何人もの営業マンを抱えている）の九四パーセントの販売台数を常時上回っていた**――たったひとりで。これでもまだ収入を疑うだろうか。

私とほかの営業マンの給料にこれほどの開きがあった理由は、とくに重大な秘密があったわけでもなければ、私が何か複雑な分析をしていたからでもない。それは主として時間の問題だった。**私は働くときには働いていた。**彼らは違った。

ジョー・ジラードの平均的な一日のスケジュールはこんな具合だった。

午前七時四十五分
職場に着く（営業マンの中で一番乗り）

午前八時
すべての書類（購入契約書、保険やローンの書類等々）を揃え、その日の顧客との面会や電話の予定をスケジュール帳で確認する（顧客との面会中は秘書が電話をとるよう指示しておく）

午前九時〜十一時四十五分
顧客や見込み客に電話でのフォローアップを行い、新車を買いにきた顧客とオフィスで面会する（顧客との面会はたいてい一時間以内で済ませられた）。
毎日十五分を割いて、整備部門に顔を出し、車の修理や点検に来た顧客に挨拶して、困ったことがあればいつでも言ってほしいと伝える（整備部門のスタッフは、私の顧客が来るときは必ず事前に知らせてくれた）

午後十二時十五分
午前中にかかってきた電話のメモやアポイントの予定をチェックし、今後のフォローアップについて整理し計画する

午後十二時三十分
オフィスで三十分の昼休みをとる

午後一時〜六時
引き続き顧客や見込み客へのコンタクトやフォローアップをし、オフィスで顧客と面会して商談をする

午後六時十五分
午後にかかってきた電話のメモやアポイントの予定をチェックし、今後のフォローアップについて整理し計画する

午後六時三十分
スケジュール帳をチェックして翌日の予定や約束に間違いがないかたしかめる
午後六時四十五分
一日の仕事を切り上げて家族の待つ家に帰る

（注）ディーラーが夜九時まで営業している日（月曜日と木曜日）は、夕方に短い食事休憩をとってから仕事に戻り、さらに電話をかけたり、顧客と会ったりした。

この後の九章でも話すが、やがて私の売り上げの伸びに仕事が追いつかなくなった。自分自身の成功に溺れそうになってしまったのだ。手伝いが必要だった。さもないと多くの契約を失ってしまいかねなかった。そこでふたりのアシスタントを（自腹で）雇った。私の手伝いだけをし、様々な準備や雑用をしてくれるスタッフだ。集中力があり、士気が高く、忠実であることがとても重要だったので、報酬ははずんだ（車を支給して健康保険にも加入させた）。

それは魔法のように効いた。ふたりとも同僚の営業マンのほとんどより収入が多かった（この話は九章でさらにくわしく述べる）。そしてようやく、私はもっとも得意なこと――顧客とのやりとりの重要部分だけに専念できるようになった。

長時間働くことも珍しくなかったし、そういう日の終わりには疲れきっていた。だが、成功への強い意欲がエネルギーになった。勝っているときには不思議な力が湧いてくる。

どうすればそれができるか、簡単なアドバイスをあげよう。

**・生活に困らないためには一〇〇パーセントやれ**

**・その世界でナンバーワンになりたいなら一五〇パーセントやれ**

ほかの営業マンにもこれが理解できればよかったが、大半は決して理解できなかった。彼らの最大の敵は彼ら自身だった。彼らは負け犬だった。

悲しいのは、彼らが自分の勤め先にいる人物に刺激を受けて発奮するかわりに、ねたみと嫉妬にとらわれてしまったことだ。それは彼らの目を見ればわかった。

私を、とくに契約をまとめている私の姿を見るたびに、私の成功によって自分自身の失敗や短所を思い知らされているような気分だったのだろう。

私は彼らがなることのできないあらゆるものを体現していた。彼らは自分の失敗ではなく、私の成功ばかりに気をとられるようになった。私の存在が、彼らにとって刺激ではなく障害になってしまった。


はじめて国内トップの販売成績を上げて表彰されたときのことをよく覚えている。まだ営業マンになって三年だった。たった三年だ。根気と姿勢と勤勉さがあれば、それだけのことができるのだ。賞を受け取ったときには誰もが拍手してくれた。私にとっても偉大な成果だった。だが、二年連続でその賞をとった者は過去にいなかった。それが変わろうとしていた。

翌年、私はまた同じ賞をとった。今度も拍手があったが、ホテルの宴会場の後ろのほうからブーイングも聞こえた。気分が悪いなら、外に出て吐いてきたらどうか、と私はその声のほうに言い、会場に笑いが起きた。

三年目、私はまた表彰された。今度は部屋中からブーイングが沸き起こった。それから九年間というもの、毎年ブーイングされ続けた。毎年、それで私の意気をくじけると彼らは思っていた。私の姿勢を動揺させられると思っていた。

彼らは知らなかった。私がむしろそれを糧にするタイプだということを。彼らは私の情熱の炎に油を注いでいたのだ。気分がよかった。彼らのおかげでより強くなり、より決意が固くなった。

ゼネラルモーターズの最高幹部のふたり、副社長兼シボレーのゼネラルマネージャーのジョン・デロリアンと社長のエド・コール——私はどちらも大いに尊敬し、賞賛していた——も、私にトップセールス賞を授与するときにブーイングを耳にした。彼らにもわかっていた。ふたりもまたトップに立っていて、敵には事欠かなかったからだ。

十二年間トップを守った後の最後の年、私は会場を埋めつくす営業マンに向かって宣言した。「皆さんにお礼を言いたいと思います。私が今あるのは皆さんのおかげです。これまでずっと、皆さんのブーイングが気持ちを奮い立たせてくれました。今年は皆さんに特別なクリスマスプレゼントを贈ります。九カ月前、私はオーナーに伝えました。今年のクリスマスイブに、ジョー・ジラードにクリスマスプレゼントをあげるつもりだと。私のプレゼントとは、ジョー・ジラードにジョー・ジラードをあげることです。私は年内いっぱいで辞めます。皆さんひとりひとりに感謝します。皆さんがいなければここまで来られなかった。メリークリスマス。ごきげんよう」

その挨拶に、今まで見たこともないスタンディングオベーションが巻き起こった。だが、皮肉を返されたのは彼らのほうで、彼らにもそれがわかっていた。私は彼らの一味ではなかった。仲よしクラブの一員ではなかった。私はジョー・ジラードだった。

言うまでもなく、私が彼らの邪魔をしたわけではない。彼ら自身が彼らの邪魔だったのだ。私と彼らのやり方のもっとも明らかな違いは簡単なことだった。

私は働くときには働いた。彼らは違った。彼らの多くが早く帰った。私は早めに抜け出したり、会社に行かなくてすむ口実をでっちあげたりしなかった。それは自分を騙すことにしかならないと知っていたし、そんなことは望んでいなかった。

うまくいかない日に、誰かがうまくいっているのを見たら、あなたも嫉妬したくなるかもしれない。それは人間としてしかたのない部分もある。あなたが現状に甘んじていない証しでもある。それはいい。

ただ、それに支配されてしまってはダメだ。生産性が落ちる。自分を高めるよりも、誰かを引きずりおろすことのほうに注意がいってしまうからだ。それが高じれば憎しみになる。それはよくない。檻に自ら飛び込むようなものだ。

**自分と自分のゴールだけに集中するのだ。**

## ガムシャラに働くか、賢く働くか

仕事の成果やパフォーマンスを向上させる方法を探しているなら、仕事の量（つまり働く時間の長さ）だけでなく、仕事の質を考える必要がある。長時間働いているからといって、生産的とはかぎらない。

懸命に働いているつもりでも、じつは空回りしていないだろうか。

**成功するためには、ただ働くのではなく、賢く働かなければならない。**そこには大きな違いがある。ほぼすべてのケースで、賢く働くというのは、時間を有効に使うことを意味する。私のように人とのやりとりの多い仕事では、賢く考える必要がある。過去にうまくいったやり方を意識的に繰り返すのだ。過去の経験をもとに、**うまくいったことを重点的**

**にやり、うまくいかなかったことを避けるようにすれば、必ずいいパターンが見えてくる。**

ただし、真剣にやらなければならない。自分の業界で（あるいはほかのどの業界でも）成功している人のやり方を探れば、全員に共通するある点に気づくだろう。

それは職場では仕事をする、ということだ。仕事中に余計なことはしない。私の知るかぎり、**殿堂入りするような人々の中にサボリ屋はいない。**

そのうちに、ガムシャラに働くことが居心地悪く思えてくるかもしれない。すぐに望むような結果が出なければとくにそうだ。**成功への道のりには時間がかかるが、それでも諦めなければ、いつか必ずたどりつける。**粘り強く頑張り続けることだ。

この本は一夜にして成功する方法を説くものではない。あなたの生き方、働き方を今日から未来永劫にわたって変えるための意識づけについて説いている。あなたの人生について話している。

二十年間同じ生活をしてきたなら、忍耐の偉大さをすでに理解しているはずだ。それこそ、私が仕事では毎日毎時間集中しろと強く言っている理由のひとつだ。集中を切らした瞬間につまずいてしまうからだ。何かについ気をとられ、よくない考えが頭に入り込んでくるかもしれない。そして後知恵で悔やんだり、自分を疑いはじめる。

私にもそういうことがあったかって？　もちろんあった。私だって人間だし、家族に食べさせるという誰もと同じ難題を背負っていた。ただ、私にはほかの人にない切り札があった。

同僚の営業マンたちと比べて私に強みがあったとすれば、それはおそらく、子供時代から家でも街でも誰よりも人生のつらさを味わってきたことだろう。「もうあそこには戻らない」という思いこそが私の燃料になってきたのだ。

私は決して後ろを振り返らなかった。それこそが、成功への何よりも強いモチベーションになった。これはＭＢＡの教科書で学べるものではない。

**どんなものであれ、ネガティブな思考を近づけてはならない。**ポジティブに進み続けることだ。そしてもうひとつ、最低でも一〇〇パーセントの努力をすべき大切な理由がある。

## ‡ 一生に一度の機会

目的を持ち、常に集中して仕事をすれば、明らかにプラスになることは間違いない。成功するチャンスも、契約をとれるチャンスも、自分のやり方を改善するチャンスも、自分自身が向上するチャンスも、もっと金を稼ぐチャンスも増える。それはたしかだ。だからその日のゴールや目標がなんであれ、**賢く働けば、成功を手にできる確率は上がる。**要するに数字の問題なのだ。あなたがそう信じ、理解しているなら、それは正しい。議論の余地はない。

ただし、ジョー・ジラードの話はそこで終わらない。より深いレベルの認識と理解の話をしよう。働くときは働くべきだと常に私が考える理由は一言であらわせる。機会だ。といっても、契約をとる機会などという次元の話ではない。もっと大きな機会、ただ一度しかない機会のことだ。くわしく話そう。

あなたがどこの何者であろうと、われわれがみな平等に与えられているものがある。誰もが神から授かった貴重な贈り物、それは時間だ。

ある一日に、われわれはみな同じ贈り物を与えられている。みな同じだけの時間、千四百四十分を。これは二十四時間を分であらわした数字だ。それをどう使うか、浪費するか、粗末にするか、それがひとりひとりの差になる。時間だけをテーマに一冊の本が書けるほどだ。

私は時間の価値をキャリアの早い段階で理解した。私にとって、時間はまさに金だった。あなたにとってもそうであるべきだ。

**時間を大切にする姿勢と賢く働くアプローチは無敵のコンビだ。**ほかの営業マンは誰ひとりとして、私のように時間と金を結びつけることはなかった。人生の時間がかぎられていることを彼らは理解していないようだった。

問題は、あとどれだけの時間があるのかわからないことだ。あと何年働けるのか。家族を知り、愛する時間はあとどれだけあるのか。あとどれだけ生きられるのか。たしかなのは今このときだけだ。

今日、今、この瞬間。われわれにあるのはそれだけなのだ。

時間の価値をより深く理解してもらうために、長年、講演やセミナーの参加者に教えてきた方法がある。ストップウォッチとインデックスカードを用意して次の実験をやってみてほしい。これからわかるように、これはただのストップウォッチではない。あなたの良心だ。それがあなたを監視し、あなたに誇りや罪悪感をもたらす。それはいつも正直で決して嘘をつかない。やり方はこうだ。

職場で仕事をしていない時間（仲よしクラブでの雑談など）は、ストップウォッチを押す。朝の無駄話が終わったら、ストップウォッチを止めて時間をカードに記録する。ランチに出かけるときにもストップウォッチを押す。オフィスに戻ったら止めて、その時間をまたカードに記録する。友達から仕事とは無関係な電話がかかってきたら、またストップウォッチを押す。電話を切ったらストップウォッチを止めて時間をカードに記録する。午後にもまた仲よしクラブで雑談するかもしれない。そのときにもストップウォッチを押し、終わったら止める。

一日の終わりに、その日仕事をしないで無駄にすごした時間を合計する。どれだけの時間を無為に浪費したか知って仰天することだろう。ほんの短い雑談も、積み重なれば午前中に一時間、午後に一時間くらいにはなる。私はその二時間のあいだに一ダースの電話をかけるか、二台の車を売っている。一カ月にすれば、二四〇件の電話に四〇台のセールスだ。

平均的な一日を振り返ってみて、生産的なことをするより何もしない時間のほうが長くても驚くにはあたらない。一〇〇パーセント正直になれば、丸一日何もしなかった日もあることを自覚するだろう。それはもう取り戻せないのだ。

明日まで先延ばしにしたら、時計はそこで止まってしまうかもしれない。おどかそうとしているのではない。あなたが健康に百年以上生きられればいいと思う。だが、現実は現実だ。**今ある時間をどう使うか、それが重要なのだ。**

中には、過去の過ちを取り返すために、遅れを取り戻さなくてはとすでに焦っている人もいるかもしれない。それはいい。人生を正しい軌道に乗せようとしているのだから。あなたの注意を今、機会があるうちにこちらに向かせるためなら、私はなんでもするし、どんなことでも言う。

私の十三のルールとともに諦めず進み続ければ、必ず違いがあらわれる。それこそが本書の目的なのだ。本当のあなたを見つけ、解き放つことが。

## ✣ 今この瞬間に集中する

**一日みっちり働くのを妨げる最大の要因のひとつは、集中力を失うことだ。**あなたの職場も私の職場のようなら、まわりはガヤガヤと騒がしいことだろう。ひっきりなしに人の話し声がして、電話も鳴っている。自動車ディーラーとはそういう場所だ。

あなたの職場も似たようなものではないだろうか。それらをすべてシャットアウトすることを学ばなければならない。誰かがオフィスに入ってくることもある。ひょっとするとさしたる用件もなく、ただおしゃべりをしにきたのかもしれない。

それに対する私の対応はシンプルだった。決して無礼な態度はとらなかったが、緊急でないかぎり誰も話しかけないでくれ、と職場の全員にはっきり伝えたのだ。

それでもわからない人がいれば、「ボブ、悪いけど予定がいっぱいで忙しいんだ。大事な用件ならメモを置いていってくれないか。後で読むから」と言った。メッセージは明らかだ――「今話している時間はない」

だが実際にメモや伝言をもらうことはほとんどなかった。ということは、ただ雑談がしたかっただけなのだろう。また、基本的にオフィスのドアは閉めておいた。無礼にしたかったわけではない。その日すべきことに集中したかっただけだ。

**どんな理由であれ、仕事中に誰かに邪魔されたり、わずらわされたくなかった。**そのメッセージはみなに伝わった。それが私のやり方だった。そのせいで多くの同僚から嫌われていた。おそらく幾人かを怒らせもした。だが、私はそれを選択したのであり、その選択は正しかった。

私もみなと同じ、ごく普通の人間だ。誰だって人から好かれたいし、人に受け入れられたい。しかし、私にはそれを犠牲にする覚悟があった。**私は社交クラブに入るためにそこにいたのではない。生計を立てるためにそこにいたのだ。**それが最優先だった。それ以外にそこにいる理由などなかった。だからこそ成功できた。

一日が終わって帰路につくとき、私はいつも満足していた。最善を尽くし、たとえ思いどおりにいかなかったとしても、一日精いっぱい働いたという自覚があったからだ。

多くの人のように、ついサボってしまったことを悔やみ、自分にがっかりするようなことはなかった。そんなことが決して問題にならないほど、時間の大切さが身に染みついていたのだ。

**時間をごまかせると思ったら大間違いだ。あなたがごまかしているのは自分自身だ。**時間こそわれわれ全員の主人なのだ。

その引き返すことのない行進を止められるものはこの世にない。止められるのは神だけであり、それが起きるのは、あなたが退場を命じられるときだ。パーティが終わりを告げるときだ。そうなったらもう戻れない。

時間は夜盗《よとう》のようなものだ。知らないうちにすりとっていく。年をとって残り少なくなったときにそれを目の前に突きつけられて、はじめて盗まれたものに気づくのだ。

ありがたいことに、私自身はその後悔を味わうことはない。なぜなら、いくつになっても引退などしなくていいと考えているからだ。私がその生きた証拠でもある。

あなたにあるのは、この黄金の瞬間、すなわち今だけだ。たった今だけなのだ。

それをどうするのか。どうかその機会を最大限に生かしてほしい。この本はそれを後押しするためにある。

**働くときはとにかく働け。**

**これを最後のレースと考えろ。**
**人生の続くかぎり、アクセルを全開にし続けろ。**
ゴール地点で待っている。

Rule

# 5

Joe Girard's 13 Essential Rules of Selling

# ジラード流、絶対厳禁リスト

習慣の鎖の存在に気づくのは、
断ち切れないほど強力になってからである。

サミュエル・ジョンソン（文学者、詩人、批評家）

相手にどんな印象を与え、どんなメッセージを伝えるか。そのことが、相手にどう受け入れられ理解されるかに大きく響く。**あなたの癖や習慣はとくに重要であり、ビジネスの成功を決定的に左右する。**癖や習慣が相手に気づかれないなどということはない。

すべては第一印象にかかっている。誰かにはじめて会うとき、一言目を発する前からもう、相手にはあなたのことがわかる。あなたの見かけ。あなたの姿や物腰が相手の目にどう映るか。最初のコミュニケーションはすでに始まっている。

ぱっと見の印象がよければ、最初の関門をパスして次の段階に進める。実際に話ができる。だが、ぱっと見の印象が悪ければ、そこで終わりだ。次の段階には進めない。

その相手に関してはもう先がない。自己紹介さえしないうちにもうお役御免だ。それ以上は時間の無駄なので、さっさと次に行ったほうがいい。始まる前からもう面会は終わっている。その人に関するかぎり、あなたの見かけがその取引や機会を台無しにしてしまったのだ。

## ‡ すべてを台無しにする見かけ

ところで、私の言う「見かけ」とは、服装（これは次の章のテーマだ）や、ハンサムか美人か、背が高いか低いか、太っているか痩せているかのことではない。あなたの見かけが相手に何を伝えるか、ということだ。

「すべてを台無しにする見かけ」という見出しが何を指しているかというと、一言も口をきかないうちに取引を、あるいは重要な瞬間やチャンスを台無しにしてしまうような見かけや印象のことだ。

- **生意気そう、横柄そうに見えるか**
- **虫の居所が悪そうに見えるか**
- **ツキに見放されたり、落ち込んでいそうに見えるか**
- **自信に満ち、親しげで親切そうに見えるか**

言い換えれば、勝ち組に見えるか、負け組に見えるか。私の言う見かけとはそういうことだ。

常識のある人なら、場違いなことを言えば雰囲気をまずくするということは理解できるだろう。しかし、見かけも同じだということは必ずしもわかっていない。見かけなんて個人の自由であり、相手はそれを我慢すべきだと思っている人がたくさんいる。ありのまま、自分の好きな姿やふるまいをする権利があると思っている。それは間違いではない。あなたもそういうひとりだろうか。

しかし、あなたのイメージがマイナスに作用するかもしれない。たとえばタトゥー。たとえば女性の濃すぎる化粧や派手な髪の色。男性のピアスや長すぎる髪。あるいは、人目につく場所でタバコを吸っている姿（顧客を迎えるときにタバコのにおいをさせていたらどうだろう）。さらには、昼休みに一杯ひっかけて、息にアルコールのにおいがしたら。

この時代、とくに若い世代にとっては、個性を尊重するのがとても大切だということは理解しているつもりだ。私の言うことが気に入らない人もいるだろう。

だがわかってほしい。私はただ、契約をとったり、誰かに好印象を与える上で、見かけや癖がどんな影響をもたらすか、という話をしているだけだ。それらについての私個人の感想を語っているわけではない。それはこの本のテーマとは関係ない。

その違いがわかるだろうか。私は影響のことを言っている。あなたの見かけや癖が、あなたと接する人にどんな影響をもたらすかという話をしているのだ。

## ✤ あなたのイメージが語るもの

この点ははっきりさせておきたい。私がこの本を書いたのは、あなたの成功の手助けをするためであって、個人の自由や変化を呼びかけるためではない。

というわけで、これに関するジョー・ジラードの見解はこうだ。**ヒッピー界で仕事をしているのでもないかぎり、現代のビジネス社会のまっとうな人はたいてい、ホームレスに見える人間のことはホームレスだと思うものだ。**

なぜか。大部分の人は、あなたが本当は知的で感じのいい真面目な人物だということを時間をかけて知ろうとはしないからだ。かわりにぱっと見で判断する。みすぼらしく見える人はみすぼらしい。それだけだ。好むと好まざるとにかかわらず、そういうものだ。

## 見かけで判断される世の中である以上、結局はあなたの負けなのだ。

こう言っても、頑として見かけを変えようとしない人が中にはいる。あなたもそのひとりなら、そして人と接することが成功の鍵を握るような仕事をしているなら、あなたに言いたい。どうして今日仕事に来たのか？　なぜここにいるのか？　生活のためではないのか？　つまり金を稼ぐため、そうだろう？

**もしあなたの見かけや悪癖が成功の邪魔になるなら、変える必要がある。**身なりか仕事のどちらかを。難しい話じゃない。簡単に言おう。**あなたが彼らを必要としているのだ。彼らがあなたを必要としているわけではない。**だからイメージをよくしなければならない。

政治的な主張や世の中に対する意見はよそで言え。社会に訴えたいことがあるなら、休みの日に集会に行けばいい。

職場では、自分が世の中を変えにきているのか、生活の糧を得にきているのか考えるべきだ。個性の尊重を訴えるのが目的なら、よそに行ったほうがいい。あなたにとってもまわりの人にとっても時間の無駄だ。自分を誇示することに職場の貴重なスペースを使うぐらいなら、生きるために仕事がしたいほかの誰かに場所を譲ったほうがいい。

私は車のセールスの仕事をしていて、ショールームでの時間は自分のものではなく、顧客のものだといつも考えていた。私のことはどうでもいい。顧客がすべてだ。

なぜなら、顧客はいつでも好きなときに、びた一文も落とさず立ち去れるのだから。自分がディーラーにいるのはたったひとつの理由のためだとわかっていた。それはプロとして信頼できる、しかも温かく顧客を迎える雰囲気をつくりだし、顧客を居心地よくさせ、私とやりとりする体験を楽しんでもらうことだ。

私はそれで生活していた。私の言葉に耳を傾けたほうがいい。私は業界トップになった男だ。聞くに値する何かを知っているはずだ。

私は常に、商談をまとめる邪魔になるものを排除するか、最小限にしようと努めた。それには気を散らすもの、顧客が私から車を買うのを妨げうる一切のものが含まれた。

常にすべてをコントロールしておきたかった。**自分の派手な服装や気配りの足りなさのせいで契約を失うなど、あってはならないことだった。**自分の見かけやふるまいや癖が車を売る邪魔になるようなことは許さなかった。

契約をとれないとすれば、価格が折りあわないか（そういうことはほとんどなかった）、顧客の欲しい商品がないか（これもめったになかった）のどちらかしかなかった。見かけの問題がその原因になるなどありえない。馬鹿げている。

私個人の政治観や宗教観について言うなら、それは私の信条であって、私がそれらについてどんな意見を持っているかなど、ほかの人にはなんの関係もない。そういう個人的なことは職場に持ち込むべきではない。

それに、その手の話題を持ち出したところで、顧客があなたの意見に納得してくれる可能性はほとんどない。そしてその見解の溝ゆえに、決まりかけていた商談が簡単に引っくり返ってしまいかねない。わかるだろうか。これを理解できないとすれば相当ナイーブな人だ。

たとえば、ある顧客は狩猟《しゅりょう》を趣味にしていた。彼が下取りに出した車のバンパーステッカーを見てそれに気づいた。だが、私は自分の意見とは関係なく、狩猟の是非について議論しないよう気をつけた。ある日、彼が新型のトラックを見にきて、最近仕留めた立派な牡鹿《おじか》の自慢話を始めたときも、私は笑顔で握手をして祝福した。

なぜなら、それが彼にとって重要なことだったからだ。自分にとって特別なものを認めてもらったことに、彼が感謝しているのが伝わってきた。彼は打ち解け、まもなく新車の購入契約書にサインした。

もう一度言う。**顧客がすべてなのだ。彼らが私を必要としている以上に、私のほうが彼らを必要としていた。**私は常に用心し、意見の違う相手にまずいことを言ったり、愚かなミスを犯さないように気をつけていた。

**何も始めないうちから顧客をげんなりさせるようなヘマをしてはならない。**あなたがそこにいるのは、金を稼ぐためであり、相手とのやりとりをよい方向に持っていくためだ。これまで会った中でもっとも頭が切れて、もっともこざっぱりしていて、もっともポジティブで、そしてもっとも中立的な人物だという印象を与えなければならない。そういう人間になるつもりがないなら、仕事を変えたほうがいい。様々な人と会って話をする仕事には向いていない。きっと失敗する。

この章は、成功に向けて準備を整える上でとても重要だ。顧客や取引先と会うときにしてはいけない行動や癖について、きわめて具体的に説明しているからだ。

ところで、この章の内容は家庭にもあてはまる。あなたの家族、とくに子供は、あなたの行動や見かけをお手本にする。あなたは家族からどのように見られているだろう。

あなたは彼らに何を伝えているのか。何を教えているのか。

**してはいけないことを理解し、その落とし穴を知っておけば、バットを振る前にバッターボックスから追い出されてしまうような致命的なミスを避けられる。**というわけで、もしやったら契約を（場合によってはキャリアを）棒に振りかねない事柄のリストを挙げておこう。

名づけて「ジラード流、絶対厳禁リスト」だ。

この厳禁リストを見ていくにあたって、次の三つのポイントを頭に入れておくこと。

1 リストのどれがほかよりも悪いか、どれなら大目に見てもらえるかと考えない
2 リストの項目はひとつでも悪いが、その影響は積み重なっていく。二つか三つでもう致命的だ
3 何が顧客の気に障るかわからない。いつ思わぬ地雷を踏んでしまうかわからない。

なぜわざわざ契約をフイにする危険を冒すのか

この三つのポイントを胸に刻んでおけば、他者に好印象を与え、仕事がうまくいくチャンスが広がる。では、「ジラード流、絶対厳禁リスト」を紹介しよう。

# ‡ してはいけないこと

## 1 喫煙しない

第一に、タバコは健康に悪い。喫煙者が大幅に減った現代では、完全なるＮＧ行為と言っていい。さらに、あなたの判断力のなさ、常識のなさ、意志の弱さ、無作法さ、他者への配慮のなさなどの証拠にもなってしまう。あらゆる間違ったシグナルが点灯し、赤い旗が上がる。

この時代に営業マンがタバコのにおいをさせていたら、多くの人がオフィスに入ることさえ嫌がる。ましてものを買ってくれるはずがない。受動喫煙や副流煙の発癌性が心配なのだ。タバコの煙にアレルギーがあるかもしれない。あるいは、ただ服ににおいがつくのが嫌なのかもしれない。

実際、今ではアメリカのほとんどの州で、オフィスビルや公共の場所での喫煙が禁じられている。目を覚ませ。もう一九七〇年代ではないのだ。

この忌むべき習慣について、ちょっとした計算をしてみよう。

潜在的な顧客、つまりあなたが接する相手の八割が非喫煙者だとする。彼らの前でタバコを吸ったら（あるいはタバコのにおいをさせていたら）、すべての見込み客の八割をはじめから追い払っているも同然だ。

頑張って計画を立て、リストをつくり、接触してアポをとりつけ……その努力のすべてが水の泡だ。賢いやり方と言えるだろうか。あなたは残りの二割を相手に競争を戦わなければならない。負けは見えている。

**もし自分ひとりの力でやめられないなら、助けを借りることだ。**禁煙をサポートしてくれる場所はたくさんある。健康より大切なものなどない。今すぐ始めるのだ。

## 2　ガムを噛まない

喫煙ほど悪くないと考えている人が多いが、ガムを噛むのも相手からするとかなり気になるものだ。

顧客や取引先は、あなたの目や話ではなく、あなたの口ばかりに注意がいってしまう。音がうるさく感じることもある。相手はあなたが自分だけの世界にいて、のけ者にされているように感じる。そんなシグナルを送りたくはないはずだ。ひょっとすると、息のにおいや口臭を気にしてガムを噛んでいるのかもしれないが、それならミントキャンディのほうがいい。香りもいいし、相手も気にならない。

些細なことだと思うかもしれない。だが、些細なことがビジネスを台無しにするのだ。

気づかれっこないと思うような小さなことで契約を失ったり、悪い印象を与えることを異常なほど恐れるくらいでなければ、あなたは何が悪いのか、なぜ目標を達成できず、成功できないのかがわからないまま、頭を掻《か》いて一生を送ることになる。

懸命に頑張って、たかがガムで人生をしくじったとしたらどうだろう？　まるで笑い話だ。だが、それが事実だったと気づいた瞬間のつらさは想像がつくに違いない。そうならないよう、ガムは噛まないことだ。

## 3　強いコロンや香水をつけない

これは一瞬にして部屋の空気を悪くする。女性だけに言っているのではない。男性の中にも、ホストかと思うようなにおいを放っている者がいる。対面した瞬間に、顧客の注意がそこに向かうのは望ましいことではない。あらゆる赤い旗が上がる。あなたは思慮分別がなく、安っぽい香りをさせていて、自分だけにしか興味がなく、趣味が悪く、何よりも相手に偏頭痛をもたらしてしまった。

中には喘息の発作を起こす人もいるかもしれない。私がそうだ。笑いごとではない。おめでとう――これ以上完璧な失敗の台本は書こうとしても書けるものではない。

ジョー・ジラードは契約をとるまで決して部屋を出ない。だが、一度だけ出てしまったことがある。私は健康で体も丈夫だが、軽い喘息《ぜんそく》の持病がある。あるとき、車を買いにきた婦人とオフィス（決して広いとは言えない）で話していたところ、彼女の香水があまりにもきつくて、とうとう外の空気を吸うために席を外したことがある。

婦人の気分をそこねたくはなかったが、どうにも耐えきれなかったのだ。数分後に部屋に戻ったが、その後の商談はすんなりとはいかなかった。

しゃれたコロンや香水をつけたいなら、プライベートな時間にそうすることだ。アフターファイブのデートでつけるのはいい。

だが、仕事中はダメだ。常識で考えろ。これほどあたりまえのことがわからない者がいる、ましてセールスの仕事をしている者の中にいるというのは驚くしかない。

どれだけ頭が働かないのか。きつい香水の不快なにおいが文字どおり鼻先にあっても、自分ではそれに気づきもしないのか。もっと身のまわりのことに、**自分の姿が他人の目にどう映り、どんな印象を与えているのかに注意を向けることだ。**

## 4　汚い言葉を使わない

これは最悪だ。誰かの人となりや生い立ちについて知りたいなら、普段の会話の言葉遣いに耳をすませばいい。私はデトロイトの下町で育ったから、汚い言葉ならさんざん耳にした。それは決して聞いていて気持ちのいいものではない。たぶんだからこそ、私は言葉遣いが他人に与える印象に人一倍敏感なのだ。

顧客や初対面の人との会話で汚い言葉を使えば、あなたについてたちどころにいくつかのことが相手に伝わる。

第一に、あなたは他人にどう思われようが気にしない、育ちの悪い低レベルな人間だと宣言していることになる。

第二に、あなたは汚い言葉を聞かされた相手がどれだけ不快だろうと、自分のレベルまで下りてきて会話しろと相手に要求していることになる。

第三に、相手との会話でそういう言葉遣いを選んだということは、相手も自分と同じ低いレベルの人間に違いないと伝えていることになる。

最後に、あなたはそれによって契約を失ったり、相手との関係をよい方向に発展させられなくなるかもしれない、ということさえわからない馬鹿だと世間に言い触らしていることになる。

ディーラーでそういう場面を目撃したことはない。なぜなら、私はもちろん汚い言葉を使わなかったし、ほかの営業マンと顧客との会話に聞き耳を立てたこともないからだ。

だが、数年前に家具を買いにいった店で、自分の身にそれが起こった。私と妻が見ていたふたつの食器棚の質の違いを説明していた店員が、値段の安いほうをこきおろすために不必要な悪態をついたのだ。

店員の言葉は不必要だっただけでなく、それなりの高級店だったのでかなり驚いた。よりによって妻のいる前でそんな言葉遣いをされたことに腹を立て、その場で謝罪を求めた。

彼は謝罪し、当然ながら恐縮していたが、いい教訓になったことだろう。悪い印象を与えたら客を逃すかもしれない。彼の場合はそうなった。

悪態をつくことの倫理性をとやかく言うつもりはない。それは個人の問題だ。ただし、**人とのコミュニケーションにおいて悪態をつくことを選ぶのは、あなたが何に対しても敬意を払わない人間だと示すことだ。**それは何よりも多くを物語る。

そんな人と取引がしたいだろうか。態度も口も慎むことだ。

## 5　下ネタを言わない

下ネタは、私に言わせれば汚い言葉遣いと同類だ。それを言う人の人となりや、その人が他人をどう思っているかが伝わる。あなたが巷《ちまた》のクズやゲス――つまり負け犬とつるむのが好きだという証拠になる。

私の働いていたディーラーでは、下ネタが〝仲よしクラブ〟のお楽しみだった。見込み客を探すより、下ネタを言いあっている時間のほうが長かった。そんな時間の使い方をしている人間に成功は決して訪れない。下ネタは脳細胞の働きを鈍らせるには格好の方法だ。顧客がそんな人間に近寄りたがるだろうか。

ある女性客が経営陣に文句を言ったのを聞いたことがある。彼女が水を飲もうと給水器に近づくと（それは仲よしクラブの集まるコーヒーメーカーのそばにあった）、営業マンたちが女性差別的なジョークを言って笑っているのが聞こえたというのだ。

私はもちろんそんなことをしている暇はなかった。彼らは負け犬であり、それは傍目《はため》にも明らかだった。

そういう連中と一緒にいたら、やがてあなたも染まってしまう。あなた自身が汚れてしまう。そのうち家族にも本当のあなたを隠しきれなくなる。子供があなたの真の正体を知って誇りに思うだろうか。大人になれ。

## 6　アルコールのにおいをさせない

もしこれをしているならかなり問題だ。あなたは（今はまだ）アルコール依存症ではないかもしれないが、やけに長い昼休みの後にオフィスに戻ってきたあなたの息を嗅いだ人は、それを疑うに違いない。最低でも、イメージはかなり悪くなる。

念のために言っておくと、健康にも悪いし、車を運転すればあなた自身もまわりの人も危険にさらす。あなたの価値観にも、あなたの人生にとって大切な存在にも暗い影を落とす。顧客、同僚、家族、友人（そのうち元友人になる）など、あなたと接するあらゆる人に対して、人生の落伍者というマイナスイメージを与える。まもなくまわりから人がいなくなり、孤独になる。

だが、酒瓶だけはいつもそばにいてくれる。しかしそれは悪魔だ。事実上、あなたはもう死んでいる。まだ間にあううちに助けを求めるべきだ。

同じディーラーで働いていたふたりの営業マンにとっても、これは深刻な問題だった。ふたりとも酒の問題を抱えていて、やがてそれが業績にも影響しはじめた。

長い昼食に出かけては、見るからにだるそうな様子で戻ってきた。仕事の後もまっすぐ帰らずに遅くまで飲み歩いていた。当然翌日は二日酔いで、しょっちゅう遅刻してきた。おまけに業績も悪かったので、会社から最後通牒《つうちょう》を突きつけられた。

酒をやめるか、仕事をやめるか。

ふたりのうちのひとりは酒をやめた。苦労はしたが、どうにか立ち直った。もうひとりは二週間でクビになり、その後はどうなったかわからない。

## 7　ピアスをしない（男性限定）

これは一番微妙な問題かもしれない。昨今では男女問わずピアスが流行っているのは知っている。男性のスポーツ選手や映画スターの多くがピアスをしている。近ごろでは耳以外の場所（口や鼻や舌）にピアスをしている人も見かける。

だが、それを気に入る人はきわめて少ない。ごく単純な判断だ。計算してみればいい。ほとんどの男性はピアスをしていない（データにもよるがおそらく一割以下だろう）。

つまり、あなたと接する男性のほとんどはピアスをしていないのだ。その多くが、ピアスを趣味が悪いと考える。だから**個人的な意見はどうあれ、自分を表現したり、世間にアピールしたいからといって、なぜわざわざ潜在的な顧客の気分を害するような危険**

**を冒すのか。**

じつは、ピアスをしている男性のほとんどは、個性を引き立たせるために独自の考えでそうしているわけではない。友達や仲間がしているから、まわりから浮かないためにしているだけだ。目立ちたくないのだ。それは賢い考え方とは言えない。

私はむしろ目立ちたい。どうしようもない連中とはできるだけ距離を置きたい。私だけの独自のイメージ、独自の人生へのアプローチ、独自のサクセスストーリー、独自の価値観を持ちたい。安っぽい流行りのイメージをまとって、「おい、ジョー・ジラードだぜ。見かけも行動もみんなと同じだな」などと噂されたくない。それのどこが特別なのか。

ほかの誰かの望む自分ではなく、なりたい自分になるのだ。負け犬はあなたがなりたいあなたになることを決して望まない。あの手この手であなたを自分のレベルに引きとめておこうとする。だから連中は負け犬なのだ。

もしあなたがすでにピアスをしているか、しようと考えているなら、今度顔のどこかにピアスをしている男性を見かけたとき、思い浮かべてほしい。

そのピアスの輪が首にはまり、窒息しかけている自分の姿を。がっくり膝をつき、手を伸ばして空気を——もう一度人生のチャンスを——求め……そこで立ち上がり、輪を首から外してその場で誓うのだ。もしこれから先何者かになるとすれば、それは自分自身であり、一生自分自身以外にはならないと。

その変身はあなたにとって衝撃だろう。あなたは自分が何になれるかに——本当のあなたに気づいたのだ。

## 8　携帯電話の電源を入れたままにしない

いまや広く普及している様々な電子機器の中には、私が第一線でセールスをしていたころに登場しはじめたものも多い。そのひとつが携帯電話だ。

今では誰もが当然のように持っている。ショッピングセンターで独り言を言いながら歩いているように見える人は、よく見るとイヤホンマイクで通話している。携帯メールに生活を支配されている人もおおぜいいる。

**私はテクノロジーの進歩には大賛成だ。ただ、それが生産性の妨げになることがある。**

読み間違いではない。ジョー・ジラードの生産性の定義の問題だ。

私にとって生産性とは、仕事の効率のことだけを意味しない。ＩＴ技術や携帯電話を含む通信システムやインターネットのおかげで、より迅速かつ効率的に情報を手に入れられるようになって営業マンは大助かり、というような話ではない。

もっとずっとシンプルな話だ。生産性とは、一日の終わりにどれだけの金を稼げたかなのだ。顧客の前で携帯電話に出ることはおろか、顧客がオフィスにいるときに電話を鳴らして商談が中断されるようなことになれば、水の入ったバケツに携帯を投げ込んでやりたくなる。私が電子機器に夢中になっているあいだに顧客が席を立って帰ってしまったら、契約はとれない。そうなったら、ハイテクなオモチャになんの意味があるというのか。


**テクノロジー、とくに携帯電話は決して、ポジティブな対面のやりとりとそこから生まれる絆、優れた営業マンと顧客とのあいだで交わされる善意にかわることはない。**その関係は黄金にもまさる。値段のつけられないものだ。

私が世界一になれたのも、多くの顧客がリピーターになってくれたのも、それがあったからだ。携帯電話にそれはできない。携帯電話で助けを呼ぼうとしてもムダだ。あなたは負けたのだ。仕事中に携帯電話を使うのは、その本来の目的、すなわち緊急連絡だけにかぎるべきだ。

頻繁に携帯電話を使う必要のある仕事もあるだろう。だが、誰かと一緒のときに使うのはやめたほうがいい。とくに、今この瞬間は相手がこの世で一番大切なのだと印象づけようとしているならなおさらだ。失礼でしかない。

また、携帯電話をベルトにつけたり、カバンの中に入れている人は、着信があったら自分だけにわかるよう（半径十五メートル以内にいる人全員にマヌケな着メロを聞かせるのではなく）マナーモードにしておくべきだ。頭を使え。考えるのだ。

## 9　時間に遅れない

これをやったら致命的だ。**アポを守らないのは営業マンにとって大罪だ。**私にとって、アポを守らないというのは、何分か遅れるということではない。約束の時間よりも早く行って、顧客の具体的なニーズや欲求にあらかじめ集中しておかないことをいう。

私は時間を守ることをそれだけ真剣に考えていた。顧客が到着する前に、自分の戦略やアプローチを見直す時間が必要だった。売り上げが本格的に増えはじめると、新しい顧客とのアポも急激に増えていった。そこで手伝いが必要だと感じ、ふたりのアシスタントを雇った。

顧客が来たときにその場にいないなど、私にとっては考えられなかった。成功への強いモチベーションで、そんなことは一度も起こさなかった。

時間を守ることは、謝らなくてすむということだ。**何があったかに関係なく、約束に遅れていくのは、当選した宝くじを期限までに換金し忘れるようなものだ。**あらゆる思惑がフイになり、どんな機会も金を稼ぐチャンスも永遠に失われてしまう。

たった一件の契約と思うかもしれないが、それはあなたが集中していないか、計画的に行動していない証しだ。だとすれば、また同じ過ちを繰り返すだろう。

気づいていないかもしれないが、それがあなたの評判になるのだ。そして噂が広まり、ほかのチャンスにまで影響する。

今すぐ目を覚まし、考えを改めろ。もう一度三章を読みなおしたほうがいい。

以上が「ジラード流、絶対厳禁リスト」、決してしてはいけない九つのことだ。これらの罠を徹底的に避ければ、正しい方向を目指して、成功につながることに集中できるだろう。

## 成功のために利口になる

営業マンとしての長いキャリアを通じて、何人かの将来有望な営業マンが、この章で取り上げた悪い癖や習慣にはまってしまうのを見てきた。それらを放置すれば、必ず収入に響く。賢くなることだ。

前にも言ったことだが、もう一度念を押しておく。

私は何かについて、こんな考えを持て、こんな感情を持てなどと言うつもりもない。それはあなたの自由だ。

私が言いたいのはただ、どんな職業であれ、あなたが仕事で出会う、あなたの成功や失敗を左右しうる人々の中には、色々な人がいるということだ。

その中には心から好きになれる人もいるだろう。だが、正直言って好きになれない人のほうが多いだろう。中には嫌いでしかたのない人もいるかもしれない。それはどうしようもない。ある日、誰がドアをあけて入ってくるのかはわからないのだ。

**配られたカードで勝負する心構えをしておくしかない。誰に対しても偏りなくオープンに。その姿勢が何よりも大切だ。**なぜなら、相手はみな共通するあるものを持っているからだ。すなわち、金を。

そう、あなたは友達をつくりにきているわけではない。生活のために働きにきているのだ。彼らがあなたを必要としている以上に、あなたのほうが彼らを必要としている。

利口になれ。

相手のことが好きか嫌いかにかかわらず、人生のチャンスを最大にし、努力に見合った成功を手に入れられる方法を私は説いている。それがこの章の目的だ。簡単なことだ。

この章では、習慣や行動について、あえて「してはいけないこと」を挙げた。

次の章では、引き続き外見をテーマに、よい印象を与えるために「すべきこと」を説明する。

Rule

# 6

Joe Girard's 13 Essential Rules of Selling

# 適切な装いをする

自分の好きなものを食べていい。
だが、他人の好む服を着なさい。

ベンジャミン・フランクリン（政治家、発明家）

前の章では、見かけとそれが他人から見たイメージに及ぼす影響について述べた。そこで一番強調したかったのは、**してはいけないことに気をつけ、それを通じてよい習慣や行動の癖をつけるということだ。**

この章では、見かけの中でももっとも目につきやすい部分、すなわち服装と身だしなみに焦点を当てる。自分がどこに出ても恥ずかしくない身なりをしていると思うこと以上に、気持ちが前向きになって自信のつくものはない。

センスがよく上品な服装でイメージをアップさせよう。それは派手に着飾るのとは違う。趣味のいい装いをするということだ。

## ‡ 成功のための服装

残念ながら、ある種の小売業（中でも自動車と家具の販売店）は長年、セールス担当者（とくに男性）の服装の趣味が悪いというレッテルを貼られてきた。一目見ただけで偏頭痛が起きそうなけばけばしい色の上着に柄物のスラックス、という服装でイメージされてきた。そこに安っぽい金ピカのアクセサリーを加えれば、七〇年代のディスコ店員のできあがりだ。その格好で客にセールストークをまくしたてれば完璧だ。

昔はそういう人もいたことは事実だが、それを言うなら、当時はどの業界にもいた。ラリーという同僚はいつも白い靴にペイズリー柄のスラックスを履き、サイケデリックな柄のネクタイをしていた。顧客にイケてる印象を与えていると自分では思っていたようだが、私からすれば、『サタデー・ナイト・フィーバー』のジョン・トラボルタ役のオーディションにでも行くのかというふうにしか思えなかった。

この手のド派手な格好をした連中は一キロ先からでもよく目立つが、交番に連行して身体検査をしたところで、ポケットからまともな額の給与明細は出てこない。

彼らは成功者にはなれない。男女問わず、この手の連中を目指すべきではない。

では誰を目指すべきなのか。どんな身なりをすべきなのか。

私の家の玄関には姿見があって、その上に「今日、この人から買いたいか？」と書いたボードがかけてある。出勤前、最後に目にするのがこれだった。その鏡で髪型をチェックし、服装をチェックする。身だしなみがきちんと整っているかをたしかめる。

**鏡に映っているのは、私に会いにきた顧客が目にする姿だ。私にとってはそれがすべての出発点だ。**

ウィリアム・シェイクスピアは、はるか昔にこれを言い当てていた。「世界中が舞台であり、すべての男女が役者である。それぞれに登場と退場があり、ひとりの人間が一生のうちに多くの役を演じる」

**朝家を出る前に、鏡を見て自問してほしい。**「自分は今日演じる役にふさわしい装いをしているだろうか、人にどんなイメージを与えるだろうか」。より具体的には**「この人から買いたいと思わせる外見をしているだろうか」**。

何か気になるところがあったら、家を出てはいけない。ネクタイの柄がまずいか、ストッキングの色がよくないか……なんにしろ直さなければならない。あなたはまだ家を出る準備ができていない。

出勤する前に身なりを直さないと、とくにセールスを仕事にしている人は、見込み客から多くの「また」という言葉を聞かされる覚悟をしておいたほうがいい。

「また来ます」とか「妻（夫）と相談してからまた連絡します」とか。

だがその言葉の真意は、何か気に入らないものを見たり聞いたりしたということだ。往々にして、それは向かいに座っている人物、つまりあなたの全体的なイメージであることが多い。

何が歯がゆいかと言えば、それはあなたがどうにかできる問題だということだ。顧客と接し、顧客を知り、顧客に溶け込むのだ。**相手の望む自分になるのだ。**

私の顧客の多くはブルーカラーの労働者だった。だから、彼らを居心地悪くさせたり、もっと悪ければ嫉妬させたりしないため、華美な服装をしないよう気をつけていた。あなたの顧客も同じなら、ワニ革の靴やシルクのスーツは家のクローゼットに置いてくるべきだ。どちらかといえば、やや質素なぐらいがいい。

相手が気の毒に思ってくれるかもしれないし、それは損にはならない。質素といっても、穴のあいた靴下や靴を履けと言っているわけではない。最高級のデザイナーブランドのカジュアルウェアをこれみよがしに着たりしないほうがいいと言っているだけだ。それならいっそタキシードやイブニングドレスを着たほうがマシなくらいだ。
賢く装え。あなたの目的は、相手を気分よくさせ、契約にこぎつけることだというのを忘れてはならない。

一九七五年に出版されたジョン・モロイ著『ビジネスマン成功のための服装学』（ジャテックブックス）という本がある。仕事とプライベートの両面で人が成功するための服装の効果について探った本で、その中に書かれている示唆に富んだ指摘の多くが今でも有効だ。二年後には、女性向けの第二弾『キャリア・ウーマンの服装学』（三笠書房）が出た。
この二冊が**「出世のための服装《パワー・ドレッシング》」**という考え方を浸透させた。これこそ、身なりが本当に意味するものでもある。あなたがどう見えて、人にどんな印象を与えるか。その力《パワー》を自分の手に握り、コントロールするのだ。

**他者に与えるイメージは、常に他者からこう見られたいと思う人物像を反映していなければならない。**身なりに成功の邪魔をさせてはならない。演じる役柄にふさわしい装いで、まわりに差をつけよう。
私は店で買い物をするとき、いつももっとも身だしなみが整っていて、趣味のいい服装をしているスタッフに魅力を感じる。近づいてきて挨拶をした人物がいいスーツ（といい笑顔）を身にまとっていると、とても気分がいい。自信に満ちた成功者に見えるし、そういう人に対応してもらいたい。

逆に、すり減った靴を履いたむさくるしい人物からは最悪の印象しか受けない。すぐにその人物について、様々な悪いイメージをあてはめてしまう。色々なことに無頓着で、無知で、気の利かない人物に思える。そういう人からものを買いたいとは思えない。

わかってほしいが、**これは人を見た目で判断するとか、チャンスを与えないということではない。**取引の結果にプラスあるいはマイナスの影響を与えうる、目に見える材料に基づいて決断を下すということだ。すべては仕事のためだ。みすぼらしい見た目では勝てっこない。

最高に自信に満ちたスマートな装いのビジネス・エグゼクティブといえば、なんといってもシボレーの副社長兼ゼネラルマネージャーのジョン・デロリアンだ。

頭が切れ、スマートで、そのイメージと存在そのものが気品にあふれていた。彼が部屋に一歩足を踏み入れた瞬間から、自然と賞賛の的になった。彼ほど完璧に役を演じていた者はいない。ジェームズ・ボンドでも及ばなかっただろう。

## ‡ 成功のための身だしなみ

あなたが人の目にどう映り、どんな印象を与えるかに影響を及ぼす、同じく重要な外見的要素はほかにもある。中には個人的なものもあるが、重要でなければここに書いたりしない。ごく些細でどうでもいいように聞こえるものもあるかもしれないが、その理由を思いだしてほしい。

接するすべての人を望みどおりに動かすために、その妨げになる要因はひとつ残らず取り除かなければならない。

題して、「ジラード流、身だしなみの八箇条」だ。

### 1 毎日入浴する

あなた自身の見た目も気分もよくなるだけでなく、人に嫌悪感を持たせることもなくなる。昔、これに無頓着なひとりの営業マンがいた。ある日、誰かが（親切にも）匿名のメモを彼の机に置き、それ以後は状況が改善された。彼のオフィスに足を踏み入れたのは後にも先にも一度きりだ。

それだけ言えば充分だろう。

前の章でも述べたように、香水やコロンをつけるなら香りがきつすぎないよう注意すること。

## 2　髪に気を遣う

まず第一に、まめにシャンプーすること。フケは間違いなく印象が悪い。ヘアスタイルにも気を配ること。といっても、逆立てたり紫に染めろということではない。

ではどんな髪型にすればいいのか。簡単だ。あなたがレディー・ガガでないかぎり、髪そのものが目立ちすぎてあなたがかすんでしまうようなら、その髪型は間違っている。仕事で成功している人の髪型を参考にし、いつもきちんと櫛《くし》を入れて整えておこう。

自己主張の誘惑に負けて、髪型で潜在的な顧客を不快にさせ、取れたはずの契約をみすみす失ってはならない。頭を使い、その上に載っているものと、その下にある中身の賢さとを（いい意味で）釣りあわせなければならない。

### 3　化粧は控えめにする

女性は自然な顔立ちを引き立たせるような化粧を心がけよう。隈取りはアウトだ。あなたの目的は誰かにいい印象を与えることであって、相手を威嚇《いかく》することではない。芸者風の顔は美しいしエレガントだが、商談には向かない。

### 4　こまめにひげを剃る

これは男性向けのアドバイスだ。必要なら一日二回ひげを剃ろう。夕方に青々した顔をしているのはいただけない。ＮＦＬのクォーターバック風の無精ひげは、ビールのコマーシャルならいいが、現実のビジネスの世界では通用しない。

職場に電動シェーバーやカミソリを置いておくのは難しいことではないだろう。アフターシェーブ・ローションもきつい香りのしないものを選ぶこと。

### 5　定期的に爪を磨く

これは女性向けのアドバイスだ。マニキュアをするなら肌の色に合ったものを選ぼう。

真っ黒や真っ赤に塗った剣のように長い爪は、間違ったシグナルを送るだけだ。

### 6　爪を短く切り、清潔に保つ

男性なら爪を磨くか磨かないかは個人の自由だが、爪を短く切って清潔に保つのは必須だ。タバコのヤニや、昨晩のガレージでの作業で汚れた爪は、相手の気を散らせるもとになる。顧客とテーブルについて書類をやりとりするなど、手が目につきやすい場合はとくにそうだ。気を散らせるもとはすべて排除しよう。

### 7　すっきりした体型を保つ

この大切さについては一章で述べた。最高の自分を見せよう。運動していない人はすぐに始めよう。ＮＢＣテレビのお天気キャスター、アル・ローカーは、適切な運動と食生活で見事に痩せてみせた。

必要なら医者に相談し、安全に余分な体重を落とす方法を訊いてみよう。痩せればこれまでにないほど自分に自信が持てるし、何より重要なこととして、健康にいい。

人は、あなたが大切なこと（相手との取引など）にどんな姿勢で臨むかの証拠として見るだろう。

### 8　姿勢に気をつける

正しい姿勢を思いだす簡単な方法がある。勝者は、立っているときも座っているときも、決して背中を丸めない。

常に背筋を伸ばし、胸を張って腹を引っこめること。それは威張っているのではなく、自信に満ちているように見える。

**外見に関するこれらの簡単なアドバイスに従うようにすれば、あなたは常に気配りができて、自信に満ち、成功している人物に見える。**それこそが目標とするイメージだ。

あと必要なのは、そのイメージをふさわしい服で包むこと。それで準備完了だ。「でも何を着ればいいのか？」と訊きたくなるかもしれない。

服装について覚えておくべきもっとも重要なことは、**ＴＰＯに合った服装をすることだ。**鍋やフライパンを売るのにタキシードやイブニングドレスは着ない。

同様に、フォーチュン五〇〇クラスの大企業の幹部を前にして、ジーンズにTシャツにスニーカー姿でプレゼンはしないだろう。

あなたの好みは関係ない。それは常識の問題であり、そこにいる目的を思いだすということだ。これについては前の章でもくわしく述べた。信じられないかもしれないが、場にふさわしくない服装を選んでしまう人はとても多い。

誰でも場違いなほどラフな服装や着飾りすぎた服装の人を目にしたことがあるだろう。場合によっては笑えるほど滑稽なことさえある。ただし、笑われるのはそれを着てきた人・であり、その服・ではない。

アカデミー賞やエミー賞の授賞式にあらわれたスターの服装を見ていると面白い。ときにはタキシード姿の人を見つけるのが難しいことさえある。彼らの世界では、彼らがそれを選べばジーンズがルールになるのだ。

しかし、われわれの世界、つまり現実の世の中ではそうはいかない。

われわれはきらびやかな芸能界で仕事をしているわけではない。好むと好まざるとにかかわらず、**われわれの世界では、ほとんどの人が見た目――成功者に見えるか、失敗者に見えるか――で能力を判断する。**

不公平に思えるかもしれないが、それが現実だ。受け入れて足並みを揃えるしかない。悲しいことに、サクセスストーリーを夢見る人の多くが、なぜ自分が出世できないのかまるでわかっていない。私に言わせれば、彼らが問題を解決するために必要なのは、冷静な心と鏡だ。その次は、この本を彼らの家に送ることだ。

服の種類によっては、着る人で印象が変わる。男性なら、身長や体型によって、ある種のカットのスーツが似合う人と似合わない人がいる。それは一部の流行についても同じだ。流行は移り変わる。だから特定のスーツの襟の形やネクタイにこだわりすぎるのはよくない。気づかないうちに流行遅れになっているかもしれない。

流行りのものより、長く着られそうな定番のスタイルを選んだほうがいい。そのほうが財布にもやさしい。

## ‡ 一〇〇万ドルの外見

私にできる最高のアドバイス（これは男女ともにあてはまる）は、何を着るか、どんな身なりをするかを選ぶときに、次のガイドラインを念頭に置くことだ。

題して、「ジラード流、服装の八箇条」だ。

**1　なるべくいい服を買う**

質のいい服は値段も張る。それは事実だ。だが、安い服より見栄えがするし、長もちする。服を選ぶときは、それをキャリアへの投資だと考えることだ。**「この服はイメージアップにつながるか」と自問してみるといい。**

この服がいいと決めたら、必ず体に合ったものを買うこと。ぶかぶかだったり、ボタンがはじけ飛びそうなほどきついものはダメだ。もうルールはわかっているはずだ。気を散らせるもとはいらない。

**2　バランスよく服を揃える**

様々な場面に合わせて、仕事用の服、改まった席用の服、オフタイム用のカジュアルな服を揃える必要がある。

**質がよく、しかもほかの服と合わせて着回しやすいものを選ぶのが賢い方法だ。**お金を有効に使えて、服装のバラエティが増す。

## 3　TPOに合った服装をする

これについては少し前にも述べた。賢く常識を働かせることだ。とくに改まった席で、何を着るべきかよくわからないなら訊くことだ。

コーデュロイのジャケットにローファーで行く前に、礼装が必要な会でないかどうかたしかめたほうがいい。アメリカンフットボールの試合に行くなら、タキシードは家に置いてくるべきだ。

毎日の仕事着には、シンプルで落ち着いた、派手すぎない服を選ぶことだ。

ところで、「落ち着いた」というのはスマートで上品な服ということで、さえない服ということではない。

また、**服に着られるのではなく、服を着こなさなければならない。**鮮やかなオレンジ色の服を着るのは、よほど仕事の腕に自信がある人以外は、顧客の目をくらませるだけだからやめておいたほうがいい。

## 4　服をきちんとかける

どんなに質のいい服でも、型くずれしていたらあなたをよく見せてはくれない。質のいい服へのせっかくの投資を無駄にせず、ハンガーにきちんとかけよう。

これはスーツはもちろんセーター、ワンピース、スラックスやその他、形を保つのが大切な服にはすべて言えることだ。

## 5　服をこまめに洗濯・クリーニングし、アイロンをかける

服のシミやしわほど、あなたのイメージを簡単に損なわせるものはない。

ネクタイについたマスタードのシミで、昼食のメニューをわざわざ知らせる必要がどこにあるだろう。実際的な面でも、服をいつもきれいにしておくほど、劣化を防いで長もちにつながる。

## 6　気を散らせるのではなく、あなたを引き立たせるアクセサリーをつける

気を散らせるもとについては、すでに何度か述べた。これはとくにアクセサリーに言える。たとえば男性の場合、派手な柄のネクタイは気を散らせるもとになる。大きすぎ

るベルトのバックルや、太いストライプのシャツ、あるいは目立つ格子縞《こうしじま》のスーツなどもそうだ。

ぱっと目につくようなものは、仕事では身につけないほうがいい。商談をまとめようとしたり、相手を説得しようとしているときに、目の前の相手が話そっちのけでそれに気をとられていては困る。女性の大きな揺れるイヤリングもそうだ。それは土曜の晩にとっておくべきだ。また、女性のジャラジャラするブレスレットも、オフィスにはふさわしくない。

テレビのニュースやビジネス番組に出てくる人の服装に注目するといい。ほぼ必ずと言っていいほど、その人とその人の話す内容に自然と集中させるような服装をしている。彼らは、自分の服ではなくメッセージこそがもっとも重要であることを知っている。

**スマートで洗練された服装を心がけよう。成功者はみなそうしている。**だからあなたもそうすべきだ。

ところで、アクセサリーとは、しゃれたカフスボタンや大きなロレックスの腕時計、イヤリングやネックレスだけを指すのではない。私の辞書では、アクセサリーとは外面の目に見えるものだけではない。内面にあるものも含む。

どういうことか。**ぴかぴかに磨いた靴を履き、ぱりっとした身なりをしているなら、そこに瞳の輝きを加えてはどうだろう。**外見にあなただけの魅力を足し、ポジティブな姿勢と、見間違いようのない熱意を見せるのだ。さらに、そのあいだ、顔に笑みをまとってはどうだろう。

それこそ、あなたに一〇〇万ドルの勝者の外見をもたらす本当のアクセサリーになる。それであなたというパッケージが完成する。それこそ、顧客や取引先に見てもらいたい姿のはずだ。

## 7　服に合った靴を履く

男性は、仕事にはベーシックな黒か茶色の靴を選ぶこと。リゾート地のパーティにでも行くようなテカテカのエナメル靴はダメだ。たしかに注目はされるが、悪い意味でだ。**仕事用の靴、改まった席用の靴、休日用のカジュアルな靴を分け、それらをごっちゃにしないこと。**

女性は服に合った趣味のいい靴を履けば、身なりに気を遣っていることが伝わり、印象アップにつながる。

## 8　靴の手入れをする

質のいい靴にそれなりの金額を投資したなら、ぜひ型くずれを防ぐシューキーパーを使うべきだ。傷に注意し、かかとがすり減ったら交換しよう。

全員に言うが、どうか毎日（月に一回ではなく）靴を磨いてほしい。玄関で家を出る前に三十秒あればできる（靴磨きのベテランが言うのだから間違いない）。

以上の服装に関する八つのガイドラインに注意すれば、この人と取引したいと相手に思わせるのに、大いに役立つことだろう。

## ‡　自分に投資する

細かいことを言っているのは自覚している。だが、それこそ重要なのだ。人のイメージはひとつのことで決まるのではない。小さなことの積み重ねで、世間から見たあなたの人物像ができあがるのだ。

派手な柄のネクタイやジャラジャラしたブレスレットをつけるなと私が言うのは、「九九パーセント手中におさめていたチャンスを、なぜその小さなことひとつでみすみす逃すのか」という意味だ。

私とて完璧ではないが、その種の間違いは犯さなかった。多くのことを積み重ねてできた勝利のパッケージが私の成功のベースになった。あなたもそうすべきだ。**自分を頭のてっぺんから爪先までトータルに見て、なるべく売れそうなパッケージにするためにあらゆる手を尽くせ。**途中でミスをしてはいけない。


これは一晩でできるものだろうか。木曜日に変身し、金曜日には見た目も印象もまるで違う人間になれるものだろうか。現実的にはたぶん無理だ。

しかし、適切な服装をするというのは、あなたの成功を左右しうるその他のほとんどのことよりもずっと素早くできる。実際、すでに見てきたように、必要なことの多くは何も買わなくてもすぐにできる。ただ鏡を見て変えるべき点を変えるだけでいい。

私自身は、少年のころからずっと身なりを人一倍意識してきた。持っているものが少なかったからこそ、人の持ち物や身なりが余計に気になったのかもしれない。

そのおかげで、昔から人を観察するのが習い性になった。人の外見や癖を探った。誰かを見て、話しているのを聞くだけで、その人が本物かどうかがわかった。ほとんどの場合に、見た目で正体がわかった。

ゼネラルモーターズのジョン・デロリアンについて、彼の外見がどれだけポジティブなイメージを投げかけているかはすでに触れたとおりだ。逆もまた真なりで、私の仕事では、派手な服装をしている人間は（常にではないが、たいてい）見かけ倒しだと公言しているようなものだった。

その手の人々を知るにつれ、安っぽいアクセサリーで劣等感を隠そうとしていることもよくわかった。仕事ぶりも予想がついた。声が大きく、しゃべりすぎる。彼らは偽物だ。私から見ればそれが一目瞭然だったので、彼らの顧客とて気づかずにはいられなかっただろう。

私は長じるにつれ、成功と、勝者のイメージをつくりあげる外見とのあいだに、明確な結びつきがあると考えるようになった。それは私個人にとっての大きな原動力でもあった。当初は最高級の服は買えなかったが、いつも今月は先月よりもいい服を着ようとした。

服装は私の成功とともに進化してきた。**私にとって、いい服を着ることは、何かを頑張ったり目標を達成できたときの自分へのご褒美ではなかった。洗練された装いとイメージは、勝者の輪に入るために必要なツールだった。**

つまり、いい服と身だしなみは、自分への投資だった。誰かにはじめて会ったときの第一印象ほど大切なものはない。点を取りたいならまず塁に出なければならない。

私はこれまでのキャリアで何度も満塁ホームランを打ってきたのだから、参考になることを知っているはずだ。私のアドバイスに耳を傾けてほしい。

## ✣ まわりから浮き上がって見えるために

適切な服装をするというのは、出世したい人なら誰でも本能的にすることのように思えるかもしれない。だが、とくに現代では違う。こと身なりに関して言えば、われわれは自由で個人主義的な「なんでもあり」の社会に生きている。私の服装に対する考えが古いと思っている人もいるかもしれないが、まったく見当はずれだ。

中には、イノベーションを促すためにカジュアルでクリエイティブな雰囲気を奨励している職場もあるだろう。多くのハイテク企業がそれにあてはまる。代表的な例がアップルだ。その創業者にしてCEOであり、多くの人から天才と目されていたスティーブ・ジョブズは、いつもカジュアルなジーンズ姿で人前に出ていた。

しかし、会社を代表する立場にあるセールスやマーケティングの担当者、あるいは重役や幹部ともなれば、みなスマートなビジネスウェアを着ているものだ。アップルとて例外ではない。

**男女問わず成功している人をよく観察してみれば、医療、法律、教育、小売、サービス、建設など分野にかかわらず、ほぼ例外なく、みなひときわプロらしく有能そうに見える。**身なりがよく、自信に満ちた雰囲気をまとっているので目立つ。その場を仕切っていることが一目でわかる。

たとえば、成功している工場の経営者は、ラインにいる作業着姿の工員よりもこざっぱりした服装をしている。白衣姿の医者は看護師よりも目立つ。首にかけている聴診器だけのせいではない。**リーダーらしい雰囲気を身にまとい、立場にふさわしい見た目であることが、成功者をまわりから浮き上がらせているのだ。**

なぜか。それは彼らが勝者だからだ。

私があなたの頭に叩き込もうとしているのもそのことだ。**あなたもまわりから浮き上がろう。**

私は常に、自分が唯一無二の存在だと信じていた。私の売り上げ記録がその証しだ。外見はその重要な一部だった。それが成功できた理由のひとつだと思っている。

私はおかしいと感じるもの、おかしく見えるもの、足を引っ張るものはことごとく距離を置いてきた。私は人と違っていた。成功していた。そして何よりもその違いが気に入っていた。

服装や髪型へのこだわりや、今までつるんできた人との関係を捨てられない、それが自分らしさだから、というならそれでいい。今からでも遅くないので、本気で成功したいと思っているほかの誰かにこの本を譲ることだ。

人はみな同じではない。あなたにはもっと別の生き方がある。逆に、本気で自分のイメージを改善したいと思っているものの、どうすればいいのかわからないなら、まずは服装と身だしなみから始めるべきだ。

前にも言ったように、自分への投資と考えろ。**あなたのもっとも価値ある商品はあなた自身なのだ。わざわざ安っぽく見せることはない。**

誰かが非凡な才能に恵まれながら、それを一〇〇パーセント開花させるチャンスを逃し、一生その才能を発揮することなく無駄にしてしまうことほど悲しいものはない。その理由はといえば、自分がどれだけみすぼらしい身なりをしているか、説得したい相手にどんな印象を与えるのか、本人がまるで気づいていないからだ。それでは半分に折れたバットを持って打席に入るようなものだ。

近所の友人の家には、二十代はじめの息子がいた。彼は間違いなく優秀だった。高校でも大学でも成績はオールAで、卒業後はなんでも望みどおりの仕事につけたはずだった。だが、彼にはひとつ問題があった。身なりだ。裕福な家庭の出とは思えないほど、いつもみすぼらしい格好をしていた。トップクラスの大学を優等で卒業したようにはとても見えなかった。髪は伸ばしっぱなしで顔は無精ひげに覆われ、服はそれで寝たのかと思うほどよれよれのしわだらけだった。

採用試験ではことごとく面接で落とされた。両親がさんざん説得したにもかかわらず、自分の人生に口を出すな、古い世代の基準に従うなんてまっぴらだ、とはねつけた。

彼は大学在学中に、自己表現の美点を掲げる反体制的な学生グループとつきあうようになっていた。彼は自分らしく生きるかわりに、職につけなかった。道理を理解しようとせず、半端なアルバイトをして卒業後少なくとも二年を無駄にした。

今は世を拗《す》ねている。将来を嘱望《しょくぼう》された若者だったのに、本当に悲しいことだ。

ルネッサンス期の偉大な発明家にして芸術家のレオナルド・ダ・ヴィンチは言った。「愚かな人間たちよ、目を覚ませ！」。そして鏡を見ろ。

あなたは大半の人にアピールできるか、それとも、テーブルにパン一切れも載せられないような一握りの変人だけにしかアピールできないのか。それがあなたのターゲットなのか。頭を使え。

**あなたが完全な変身を遂げたとき、完璧な状況が生まれる。**すなわち、見た目をいいほうに変えると同時に、人生におけるものごとの感じ方も同じように変わるということだ。

私がその変身の生きた証拠だ。

出世や給料の額に響くからという実際的な理由で、職場での外面的な服装や身なりだけしか変えるつもりがないとしても、最低それだけはすべきだ。あなたがそこにいるのは、そこで求められている存在であるためなのだ。

はじめは服装だけだとしても、いつかあなたが目を開かされ、完全な人間への完全な変身を遂げる日が来るはずだ。ポジティブな人生観を持ち、職場で敬われ、友人に称えられ、何よりも家族に愛され尊敬される人間へと変わる日が。

## 適切な装いは出世の近道

どんな分野であれ成功するのは大変だ。セールスでもサービス業でもカウンセリングでも、成功できるかどうかは、様々な要素が合わさって決まる。

この本も、まさにその考え方に基づき、あなたが能力を充分に発揮して、仕事だけでなく人生でも成功するためのトータルパッケージを手に入れられるよう、注意すべきあらゆる重要なポイントをひとつにまとめている。

この本一冊にすべてが詰まっている。失敗の恐怖はいつもそこにあって、あなたを成功への道からはずれさせ、負け犬の住む路地に迷い込ませようとしている。そこで諦めて、平凡な人生で満足したくなるときもきっとあるだろう。

**だが、失敗は終わりではない。諦めたら終わりなのだ。それを決めるのはあなた自身だ。**

あなたたちの中に、人生で起こるあらゆることが運しだいだと――世の中には運のいい人間と悪い人間がいるだけだと――考えている人がいるのは知っている。それについて議論するつもりはない。ただ、ひとつ言っておく。

**賢い人ほど運にも恵まれる。本当だ。**

だから賢くなれ。自信をつけろ。

**適切な装いをすることが、成功者のイメージを身につける一番の近道だ。**自分が人の目にどう映るか、細かい部分にまで気を配れ。鏡を見て、人からどう見えるか想像してみるのだ。その姿に満足できるだろうか。それがあなたの外見だ。他人から見れば、あなたの外見があなたのイメージだ。そしてあなたのイメージがそのまま、彼らにとってのあなたという人間になる。

彼らにとってはそれだけがあなたであり、それ以外のあなたは存在しない。

**人に本当のあなたの姿を見てもらえるように、そのためにこそ、適切な装いをしよう。**

# 第二部　現場でのルール

Joe Girard's 13 Essential Rules of Selling

Rule

# 7

Joe Girard's 13 Essential Rules of Selling

# 聞き役に徹する

話すことは知識の領域であり、
聞くことは英知の特権である。

オリバー・ウェンデル・ホームズ・シニア（医師、作家）

ここまで（一〜六章）は、十三のルールのうち最初の六つ、すなわち、顧客や、家族、友人など自分にとって大切な人々と実際にやりとりする前に、どんな準備をすべきかについて説明してきた。

次の七章から十章で取り上げるルールでは、実際の現場でのやりとりにスポットをあてる。これまでに学んだ準備のスキルを実践に移す番だ。

こうすれば人とのやりとりが劇的に変わるというスキルを伝授しよう。それが成功と失敗とを分けるのだ。この章では、人とのやりとりにおいてもっとも重要な要素である「聞くこと」を取り上げる。

## ‡ 耳をすまし、口は閉じる

誰かとはじめて会うとき、真っ先に考えるのは、挨拶と自己紹介が済んだ後は何を話そうか、ということだろう。でもそれは間違いだ。やってはいけないことだ。**何も言うな。まずは聞くのだ。**自分から先に話さないようにすれば、失敗をやらかすリスクを小さくできる。人生で覚えておくべき教訓として、「耳が災いをもたらすことはないが、口は別だ」というのがある。

**どんな業種でも、トップの人々はたいてい、話すのと同じくらい聞くのもうまい。**中には、このことをなかなか理解できない人もいる。しゃべらずに好印象を与えられるなんて想像もつかないのだ。でも実際は、まったく逆だ。

自分を売り込む最善の方法は、相手におもにしゃべらせることだ。

私は相手が車について具体的な質問をするまで、どんな車をお探しですかと訊くこともめったになかった。まずは相手の好きな話題を振る。すなわち、その人自身のことだ。自分のことをよく知らない人はいないし、私も相手のことをよく知る必要がある。

・どこから来たのか
・家族がいるか

・仕事は何をしているのか
・旅行が好きか
・どんな趣味があるのか

自分がただの聞き役ではなく、会話の中心になっていると感じさせ、相手をいい気分にさせてやる。

相手が自己顕示欲の強い人物ならなお効果的だ。自己顕示欲の強い人は、話を聞いてもらうのが好きだからだ。顧客が話せば話すほど、相手の情報がたくさん得られる。

**顧客が求めているもの、必要としているものについてよく理解すればするほど、相手に適切なソリューションを提供できる可能性が高まる。**

何しろ、相手は金をくれると言っているのだから、話を聞かない手はない。今すべきことは、森の中で獲物を追うことだ。獲物の気配や痕跡を探るのだ。

賭け金の高いポーカーをしていると思うといい。相手に先に手の内をさらさせる。その後で切り札を出すのだ。

## ‡ 五感をとぎすませて聞く

気づいているかどうかわからないが、相手があなたと会話しているときに感じていることが、常に言葉で表現されるとはかぎらない。

むしろ、**もっとも重要なメッセージは、相手の口から出てくる音以外によって伝えられることが多い。**表情やしぐさに中心的なメッセージがこめられていることがある。それを理解することがとても大切だ。それができなければ、理由がわからないまま次々にチャンスをフイにすることになる。

耳だけでなく、五感のすべてを使って聞くことを学ばなければならない。それによってどんなことがわかるだろう。

まずは目を使おう。相手はどんな服装をしているか。

・裕福そうに見えるか、生活が苦しそうに見えるか

・不安そうだったり、イライラしていたり、自分の話に興味がなさそうな様子が見えるか

嗅覚が何か重要なことを伝えていないか。相手はあまり清潔でないかもしれない。

・香水をつけすぎていないか
・アルコールやタバコのにおいがしないか

触覚でわかることは何か。

・握手をしたとき、相手がしっかり握ってきたか、おずおずとした握手だったか
・手が温かかったか冷たかったか
・すべすべしたなめらかな手だったか、ゴツゴツした労働者の手だったか

観察が細かすぎるとか、そんなのは必要以上の情報だと思ったなら、大間違いだ。**五感のすべてを使って観察したあらゆることを総合すれば、相手についてより完全なイメージがつかめるし、相手が本当に「語って」いることがわかる。**

全体像がより明確になる。想像が実体を持つようになる。ひとつやふたつのことを知っただけで結論に結びつけてはいけない。

ある土曜日に（まだ土曜日にディーラーが営業していたころのことだ）、ひとりの客が入ってきた。二十代後半あたりの若い女性で、ぴったりしたジーンズにジャケット姿で、ハンドバッグを肩からさげていた。結婚指輪をしていなかったので、独身（あるいは離婚している）だろうと見当をつけた。かなり内気で口数の少ない女性だった。

あまりいい仕事についていないのかもしれないと思い、ひょっとするとローン返済に行き詰まる可能性もあるかもしれないと考えた。せいぜい売れるとしても安い小型車だろう。当然、中型車に比べればコミッションも安い。

頭の中で黄色信号が点灯しはじめた。そのうえ、相手はほとんどしゃべらない。

失礼ですが、あなたは銀行で車を買うためのローンを組めるんですか、それともただ見にきただけですか、とずばり訊こうかとも考えた。ぶしつけに思えるかもしれないが、私の勘が正しかった場合、時間を無駄にしないですむ。

だが、私はもう少し賢明だった。生活の糧にしていることでギャンブルをしてはいけない。絶対に。そうしなかったのは正解だった。それからの十分間、私はひたすら相手の話を聞いた。

するとわかったのは、ウェンディというその女性が優秀なグラフィックアートデザイナーで、ニューヨークから引っ越してきたばかりだということだった。人材斡旋《あっせん》会社の紹介で、デトロイトでも有数の大手広告代理店のクリエイティブ部門の幹部に迎えられたところだったのだ。その日はたまたま休日だった。

ようやくどんな車が欲しいかという話になったとき、彼女の心はもう決まっていた。

第一候補の色はなかったものの、第二候補の色ならすぐに用意することができた（そしてその日に契約するという条件で、かなり魅力的な価格を提示した）。

話がまとまり、ウェンディがハンドバッグをあけて（それは間近で見ると高級なグッチの革のバッグだった）小切手帳を取り出した。そして、その場で車の代金の八割を頭金として支払ったのだ！

その日の午後、ウェンディはすっかり納車の準備の整った車を取りに再びやってきた。そして様々なオプション装備をつけた白のコルベットに乗って、さっそうと走り去った。

私はその月最高額の一台あたりのコミッションを手にした。ところで、彼女の穿《は》いていたジーンズは、少なくとも二五〇ドルはする高級ブランド品だった。

この話の教訓は明らかだ。**常に観察を怠らないこと。念には念を入れること。結論に飛びつかないこと。**

私は靴磨きをしていた子供のころに、人をよく観察する癖が身についたと六章で話した。子供のころに学んだことを大人になってからも忘れなかったおかげで、正しく人を評価するすべが身につき、それが成功に大いに役立った。

ただし、やり方については誤解のないように。じろじろ相手を見たり、空港の探知機で全身を検査されているときのような居心地の悪さを相手に与えたりはしない。私の観察は常に、控えめにちらっと見るだけだ。

私はとても忙しかったが、それでも自分自身のスキルを磨くために、ときどきあえて時間をとって、ショールームで客の相手をしているほかの四十一人の営業マンを観察するようにしていた（ところで、当時の自動車ディーラーに女性のセールス担当者はいなかった）。

私のオフィスの窓は中から外だけが見えるマジックミラーになっていた。いつもドアを閉めていたので声は聞こえなかったが、観察すれば「聞く」ことができた。ほかの営業マンがしているあらゆることについて、正しいか間違っているかが言えた。

私にはいつのまにか第六感が備わっていて、それは自分の客に対してとくに役立った。同僚の営業マンの中に、五感のすべてを使って「聞く」ことを知っている者はほとんどいなかった。**みな頭から相手のことを決めつけ、それから闇雲に突撃して黄金のチャンスをフイにしていた。**

彼らのすることといったら、しゃべることだけだ。最初から一方的にしゃべり続け、顧客に口も挟ませない。顧客は自分の欲しいものについて、営業マンに伝えられない。なぜなら営業マンは、顧客がこれを買うべきだと決めつけ、それについて話すことで頭がいっぱいだからだ。

私がマジックミラーごしに見ていたものが彼らにも見えさえすれば、千の言葉より役に立ったはずだ。

思いだすのは、ある営業マンと顧客の会話を観察していたときのことだ。二十分が過ぎるころに気づいた。デスクの上の書類がまだ何ひとつ動いていない。カタログも価格表も、ペンや鉛筆も。商談が進んでいるようには見えなかった。

やがて、顧客が椅子に少し沈みこんだ。営業マンはさかんに身振り手振りをまじえながら、唾を飛ばさんばかりにしゃべっている。客はややそわそわしはじめた。帰りたがっているように見えた。そしてそうした。唐突に立ち上がって出て行った。何が起こったのかわからないという顔をした営業マンが後に残された。

私の目に映っていたのは、顧客が一言も口を挟めないほど一方的に話す営業マンの姿だった。私の見た光景を彼が見ていたなら、二度と同じことはしなかっただろう。私は自分に言い聞かせた。「ジョー、決してああいうことをしちゃいけない。**顧客に会話をリードさせるんだ。**しかるべきときがくれば、ちゃんと顧客のほうから話に入れてくれるから」

**人を観察し、細かいことまで見落とさない注意深さは、相手をよく理解するのに役立つ。**それがわかってからは、状況を正確に、しかも素早く判断する本能が勝手に働くようになった。

ときとともにこの能力が磨かれていき、やがて人を読むことが私の第二の天性になった。このスキルを生かし、努力を正しい方向に向けることで、手遅れになる前に愚かなミスを避けられるようになった。それは対戦チームの作戦会議の場にいて、敵の作戦ノートを読むようなものだ。

**私は耳だけで聞いていたのではない。五感のすべてを相手に集中させていた。**

私はまずじっくりと観察して、慎重に評価を下してからでなければ、どんな顧客のことも決めつけたりしない。ウェンディとの経験のようなことがあるからだ。

私が最初によく人の話を聞くようになったのは、子供のころのことだ。それはうまく話せなかったからだ。八歳くらいから、ひどくどもるようになった。

それが始まったのは、父に殴られるようになったのと同じころだった。その恥ずかしさは今でもよく覚えている。ついには、どもって注目を集めるより、ほかの子といるときにはあまりしゃべらないようにすることにした。

当時していた仕事では、とくにうまくしゃべれる必要もなかった。大人になるまでに色々なアルバイトをした。靴磨きの後は、新聞配達、皿洗い、港湾の荷役、ストーブの煙突の組立工、果物や野菜の行商など、様々な職を転々とした。

どの仕事でも、うまくしゃべれなくてもたいして困らなかった。もちろん、恥ずかしい思いをすることは別だ。唯一アドバイスされたことといえば、ゆっくり話すようにしろということだけだった。それは多少の効き目があったが、どのみち本気でなおそうとする動機もプレッシャーもなかった——営業マンになるまでは。そのとき、私は三十五歳になっていた。いよいよどうにかする必要に迫られた。

**自分が言おうとしていることに集中し、ゆっくりと注意深く話すよう心がけた。**集中し、練習するうちに、だんだん改善されていき、ついにはハンデを克服することに成功した。どもりをなおすために努力したことは、私の人生にとって大きな意味があった。

それは次のふたつの理由による。

1 おのずと何を言うかをよく考えるようになった。そしてより慎重に言葉を選ぶようになった

2 どもりをなおす過程で、コミュニケーションの基本となる、きわめて特別なことを同時に学び、それが私のキャリアにおいてかけがえのない貴重なものとなった。すなわち、聞くことだ。**聞くことはもっとも強力なツールとなりうる**

そう思っているのは私だけではない。神がわれわれにふたつの耳とひとつの口を与えたもうたのは、教えたいことがあったからに違いない。

**日々出会うほぼあらゆる人々が、何かしらあなたに伝えようとしているのを知っているだろうか。**人々は、あなたとの何らかの接触についてどう感じたのか、絶えずシグナルを送っている。

たとえば混雑した空港で、まったく見知らぬ者同士がすれ違いざまに一瞬目が合ったとき、おたがいにこんなことを「言って」いたりする。

・「あんたに興味はない」
・「あなたはなんて美しい（ハンサムな）んだろう。この三秒間だけで二度と会うことがないなんてじつに惜しい」
・「あんたの奥さん、すごい美人だな」
・「何見てるんだよ？」
・「いいスーツだな」
・「いつもそんなに化粧が濃いの？」

念を押しておくが、これらの例のどれでも、言葉は一言も発せられていない。実際の誰かとの一対一のやりとりでは、シグナルはもっと個人的なものになる。

・銀行の窓口係が、帰ろうとしたあなたにほほえみかけたとしたら、相手はこう言っている。「いつもご利用ありがとうございます（あなたがたいした額の預金をしていないとしても）」。あなたが窓口係にほほえみ返すとき、あなたはこう言っている。「親切に対応してくれてありがとう。よい一日を」

・駐車場で自分の前に割り込んできたドライバーがこちらをちらっと見たとき、相手はこう言っている。「これ以上待っていられない。あんたがどう思おうが、自分はここで入る」

・別のゴルファーとのマッチプレーであなたがパットを沈めたとき、相手のスポーツマンらしい笑顔の下から、隠しきれないメッセージが伝わってくる。「次は見てろ」

・大口のクライアントを前にした競合プレゼンでたしかな手ごたえをつかんだとき、クライアントの目に本当の気持ちが透けて見えることがある。クライアントが口では「ありがとうございました」とだけ言ったとしても、本当のメッセージは「素晴らしいプレゼンでしたね。さぞや時間をかけて準備したんでしょう」であり、あなたは「ご検討をよろしくお願いします」と言ったとしても、相手を見返す目と笑顔は「で、いつから始めましょうか?」と言っているのだ

相手が本当に言っていることを知りたいなら、五感のすべてを総動員して聞き、パズルのピースを組み立てなければならない。

これをうまくやれる人間はきわめて少ない。私にとって、**聞くことは常に、耳だけでなく五感のすべてを使ってする行為だ。**それが顧客についての宿題をするときに使う、もっとも重要な手法のひとつでもあった。

顧客が私のオフィスに足を踏み入れるずっと前に、相手のことをよく知り、理解することを自分に課していた。

**結婚しているか、子供はいるか、どこで働いているか、今どんな車に乗っているか、趣味は何か、今度の休みにはどこに行くのかまで、知り尽くしていた。**

どうやってそれを知ったのか。事前のリサーチや審査ももちろんだが、ほとんどは観察

によってだった。つまり、五感のすべてを使って話を聞くことだ。

たとえば、客が車に乗って店に来たら、その車をよく観察する。バンパーにどこかのリゾート地や、所属している団体やクラブのステッカーが貼られていないか。後部席にチャイルドシートがないか。その人について教えてくれるあらゆる手がかりを探す。

ある顧客は、車に貼っていたステッカーから、クラシックカークラブのメンバーだとわかった。そこでどんな車を持っているのかと尋ねた。すると、それが新車同様の一九五七年型シボレーだとわかった。私はその車が大好きだと言い、次に自動車ショーに出るときには見にいきたいから教えてくれと言った。彼はすぐに日程を調べはじめ、われわれの会話はもう望ましい方向に進み出していた。

その種のことを知っていれば、相手の話したがる話題に会話を持っていける。顧客はリラックスし、居心地のよさを感じる。すぐに何かを共有しあえる。

それが、私の商品と引き換えに顧客に金を出してもらう第一歩だ。それこそがゲームの目的であり、もっとも重要なことなのだ。**私は客のことをよく知っていた。**

ただし、人を知り、理解するには、心理学者にならなければならないなどという言葉を信じてはいけない。神から与えられた五感と直感、そして常識を使うのだ。

信じてほしい。

**その気になりさえすれば、今まで思ってもみなかったほど、人のことをよく知ることができる。**そして私のように勝者になれる。

まずは聞くことから始めてみよう。

自慢ではないが、私は鋭い観察眼を持つ探偵であることにかけては、これまでに会った誰にも負けない自信がある。

かのシャーロック・ホームズでも、「ジラードの虫眼鏡」にはかなわなかっただろう。

## 聞き役に徹する

聞くことに関して、何よりも覚えておかなければならない言葉がある。**「沈黙は金」**だ。

「何をお探しですか」と尋ね、あとは相手が話すまで黙っていよう。売り込みのタイミン

郵 便 は が き

料金受取人払郵便

渋谷局承認

1130

差出有効期間
2024年3月
31日まで

1 5 0 8 7 0 1

0 3 9

東京都渋谷区恵比寿4−20−3
恵比寿ガーデンプレイスタワー8F
恵比寿ガーデンプレイス郵便局
私書箱第5057号

株式会社アルファポリス
編集部 行

| |
|---|
| お名前 |
| ご住所 〒<br>TEL |

※ご記入頂いた個人情報は上記編集部からのお知らせ及びアンケートの集計目的以外には使用いたしません。

アルファポリス http://www.alphapolis.co.jp

ご愛読誠にありがとうございます。

# 読者カード

●ご購入作品名

●この本をどこでお知りになりましたか？

年齢　　歳　　　　　性別　　男・女

ご職業　　1.学生（大・高・中・小・その他）　2.会社員　3.公務員
4.教員　5.会社経営　6.自営業　7.主婦　8.その他（　　　）

●ご意見、ご感想などありましたら、是非お聞かせ下さい。

●ご感想を広告等、書籍のPRに使わせていただいてもよろしいですか？
※ご使用させて頂く場合は、文章を省略・編集させて頂くことがございます。
（実名で可・匿名で可・不可）

●ご協力ありがとうございました。今後の参考にさせていただきます。

グを間違えると、正しいタイミングで商談をまとめられるチャンスが減る。このことは、第十一章でもっとくわしく話す。

ここで覚えておくべきは、どれだけのキャリアがあっても、ベテランでも仕事を始めたばかりの新人でも、成功したいなら何よりもまず、聞くことを学ばなければならないということだ。

このアドバイスは、セールスの仕事をしている人だけにあてはまるのではない。教師でも医師でも弁護士でも、配管工や電気工でも、工場の組み立てラインで働いている人でも同じだ。

人の話を聞く能力は、指示を理解して実行したり、問題を解決するという形であらわれる。そのスキルや能力（またはその欠如）が、一緒に働く人々に、たちどころにあなたの正体を知らせることになる。話を聞き、注意を払わなければ、すぐに職場に居場所はなくなってしまう。

あるとき、私は家の一部を改築したいと考え、リフォーム専門の設計士に相談した。私と妻は、壁材や床材に至るまですべて具体的に希望を決めていた。設計士は私たちの希望を聞き終わるやいなや、自分がこうしたほうがいいと思うことを話しはじめた。そして、私たちの話など一切聞いていなかったかのようにしゃべり続けた。

ひょっとすると、私たちの案には設計上の問題があるとか、彼のすすめるとおりにすれば費用が大幅に安く上がると言われるのかもしれないと思ったが、結局そんなこともなかった。

彼は評判がよかったが、正直言って、彼の話をどう考えればいいのかわからなかった。要するに、彼のすすめる案はより値段が高い上に、私たちの希望とはまったく違うのだ。ジョー・ジラードがアンパイアなら、それでツー・ストライクだ。

それは今伝えた私たちの希望とは違う、ともう一度彼に言った。彼は少しいらだった様子で、自分の案に従ったほうがいい、このデザインなら何度も手がけているから、と答えた。その言葉に少々カチンときた。彼にとって簡単なことをするのに余計な金など払いたくない。私たちは自分の家をユニークで特別なものにしたいのだ。

ジラードは彼にスリー・ストライクでアウトを宣告した。

設計士が話を聞かなかったために起きたことは三つ。

1　彼は契約を失った
2　私は友人にも親戚にも彼をすすめられなくなった
3　私たちは振り出しに戻って、新しい設計士を一から探さなければならなかった（結果的には見つかり、その仕事には大いに満足した）

**もしあなたが口を閉じていられず、そのせいで人の話を聞いたり注意を払ったりできない人間のひとりなら、遅かれ早かれ、仕事をなくした理由を人に話す時間がたっぷりできるだろう。**

唯一の問題は、誰も聞いてくれないということだ。何しろほかの人々にとって、あなたはもう死んだも同然なのだ。

**自分自身のことをもっとよく知りたいなら、自分ではなく人の話を聞くことだ。**そこから驚くようなことがわかるはずだ。他人の目に映る自分の姿が見えてくる。それは大きな進歩だ。

**誰かから希望や要望を聞くときには、メモをとっている姿を相手に見せる**（たとえそんな必要がなくても）。相手の求めているものを本当に理解したいと思っている姿勢を示すのだ。コミュニケーションは言葉だけではない。相手を気にかけているところを示そう。相手が笑ったら自分も笑う。相手が落ち込んでいたら、同情し、励ます。相手の味方になる。**真剣に話を聞いていることが相手に伝われば、契約をとれたり、相手を説得できる確率がより高まる。**

簡単に言えば、話を聞くことは、あなたが自分自身よりも相手のことを気にかけていると示すことだ。

相手に一〇〇パーセントの注意を向けよう。このテクニックで相手を陥落させよう。相手のあなたを見る目はがらっと変わるはずだ。相手にとって、あなたはただ商品やサービスを売る人ではなくなる。悩みを打ち明けられる、信頼できる相談相手となり、自分のために骨を折ってくれた恩人となる。

あるいは、手本にしたい人物として尊敬してもらえるかもしれない。顧客とのあいだでこうした関係を築けたなら、それは信頼と継続性の種をまいているということだ。将来にわたって、繰り返し実りをもたらしてくれる。

ある日、ひとりの若い女性が小型のファミリーカーを買いたいとやってきた。シングルマザーで、ふたりのかわいい娘を連れていた。看護師としてきちんとした職についていたが、離婚してから日が浅いため、彼女自身には信用枠がほとんどなかった。残念ながら、この種のことでは、当時の独身女性は今より苦労が大きかったのだ。

私はなじみの銀行に頼み、なんとか彼女がローンを組めるように手を尽くそうと思った。いくつか電話をかけた結果、無事に彼女のローンの審査が通った。

翌日、車を受け取りにきた彼女の笑顔を見て、自分がこの女性の人生にちょっとした幸せをもたらせたことがわかった。私が協力しなければ、もうしばらく手に入らなかったかもしれない幸せを。

**聞くには、五感だけでなく心が必要なこともある。**

## ‡ 聞くことのレッスン

どんな業界であれ、リピーターの大切さは改めて言うまでもないだろう。私が営業マンとしてあれだけの成績を上げられたのも、リピーターの存在が大きかった。顧客にまた来てもらうことの大切さをわかっていたので、キャリアを通じて話を聞くスキルを磨く努力をした。

だが、私も手痛い経験をしたことがある。まだ比較的キャリアが浅いころ、一瞬ボールから目を離したばかりに契約を逃した瞬間のことは今でも忘れられない。だが、それは貴重な教訓になった。

ある日、有名な建設会社の社長が、フル装備の最高級車種を買いたいとやってきた。試乗を含めてすべての手順を踏んだのち、彼に購入契約書を差し出し、ペンを渡した。するると、彼はためらい、それから丁寧に断わって出て行ってしまった。私は何が起きたのかわからなかった。

「いったいなぜ契約がフイになってしまったのか」と自問した。

その晩、一日を振り返っているときも、その失敗のことしか考えられなかった。「何が悪かったのか」という疑問の答えを探し続けた。悶々とするうちにとうとう我慢できなくなった。電話に手を伸ばし、くだんの客、ドミニクにかけた。

今日の午後よりもいい営業マンになるには、ドミニクがなぜ買わずに帰ってしまったのか、自分の行動や発言の何がまずかったのか、どうしても知る必要がある、と訴えた。

「私の何が悪かったのか、どうか教えてくれませんか」

「真剣なんだな?」

「もちろんです」

「よし。私の話を聞いているか」

「聞いています」

「だが今日の午後は聞いていなかった」

それから、彼は話してくれた。車を買おうと決心した後、一瞬迷いが生まれて(何しろ安くない買い物だったのだ)気持ちを落ち着かせようと息子のジミーの話を始めた。医学部に通う自慢の息子で、成績優秀でスポーツ万能、高い目標を持っていると。彼がそう言うのを聞きながら、正直に打ち明ければ、私はその話を何ひとつ覚えていなかった。

明らかに、私は彼の話を集中して聞いていなかった。私があまり興味なさそうにしていることに気づいた(顧客だって鋭敏な感覚を持っているのだ)、とドミニクは続けた。商談がまとまった今となっては、もう彼の話に興味を示す必要などないかのようだった。たとえ、それが彼にとってとても大切なことであっても。その瞬間、ドミニクのほうも、私と私が売ろうとしている商品への興味を失いはじめた。自分は客ではなく、ただの小切手帳を持った男になったのだ、とドミニクは思った。

私が話を聞いていたのは、彼について探ろうとしているあいだだけで、というのも私にとって大切なのはそれだけだったからだ。じつは、ドミニクには車よりももっと切実に求めているものがあった。彼にとってより大切なもの、喜びと自慢の種である息子を褒めてもらうことを求めていたのだ。

私はそれをないがしろにした。つまり、私はヘマをしたのだ。

「なぜ息子の話を聞いたかどうかがそんなに大切なんだ？　彼の求める商品を適正な価格で提供できる、それこそが重要なことじゃないのか？　だって彼はそのために来たんだろ？」と思うかもしれない。だが間違いだ。

この本で繰り返し言っていることだが、**顧客が買うのは、何よりもまずあなたなのだ。**その日の午後、ドミニクが本当に買おうとしていたのは、車だけでなく私だった。そして率直に言って、その日の私は彼のお眼鏡にかなわなかった。

会話の終わりに、私はきちんと話を聞かなかったことを謝り、率直に言ってくれたことに礼を言った。それから、彼の息子が優秀なのも当然だ、自分のことをこんなに深く思ってくれる特別な父親がいるんだから、と言った。私の別れの言葉は、「もしできれば、もう一度チャンスをください。また車を買いにきてください」だった。

この経験からふたつのことを学んだ。ひとつめは、**注意深く話を聞くことの大切さをみくびると、契約を失うことがある**ということ。ふたつめは、この教訓を肝に銘じれば、もしかすると、失った契約を取り戻せることもあるかもしれないということだ。

その日以来、私はこの教訓を決して忘れず、同じ過ちは二度と繰り返さなかった。そして、実際に二度目のチャンスがやってきた。ドミニクが車を買ってくれたのだ。

私は失った契約を取り戻したのだ。

## ‡ 口を閉じる

誰でも、のべつまくなしにしゃべっている人に心当たりがあるだろう。その人が珍しく黙っていると、ありがたいとさえ思えてくる。

なぜ彼らは口を閉じていられないのだろう?

それが仕事やプライベートの人間関係を壊していることに気づかないのだろうか？

まわりの人がどれだけ迷惑しているかを察知できないのだろうか？

誰の目にも明らかなことがいったいどうしてわからないのだろう？

そこだ。ほとんどの場合、彼らは気づいていない。ずっとそうしてきたから、ほかの人の目にどう映っているかがわからないのだ。

ある人々が、普通の人ならしないような行動をとるのには、様々な医学的原因があるが、幸い、絶えずしゃべり続けるという癖をなおすのは難しくない。単純なアドバイスに従いさえすればいい。私はこれをジラードの必勝パターンと呼んでいる。

それは**「聞き、考え、それから話せ」**だ。

まず最初に相手の話を聞く。メッセージの細部に注意を払う。それから、そのメッセージを咀嚼《そしゃく》する。それがどんな意味を持ち、求めている結果にどんな影響を及ぼすのか、よく考える。その意味について考え、分析したら、それを評価して適切な答えを返す番だ。

返事をするときには、正確に、言われたことにきちんと答える。焦らず、早口にならず、落ち着いてはっきりと話すようにしよう。

**慎重に言葉を選び、必要最低限の言葉で簡潔に言うべきことを伝える。**ただし、口調は温かく。信頼感とやさしさ、人当たりのよさで、相手にいい印象を持ってもらうことが大切だ。笑みを浮かべるのもいいだろう。

「少ない言葉ほど多くを語る」ということわざがある。逆に、しゃべりすぎれば、失言してチャンスを逃す確率が高くなる。

私は常に、よき友人にして偉大な牧師であり、ベストセラーになった『積極的考え方の力』を書いたノーマン・ヴィンセント・ピールの言葉を忘れないようにしている。それは「話さないほどよく聞ける」というものだ。本当にそのとおりだ。

言い換えるなら、話していないあいだは聞いているのだ。あなたが真剣に話を聞いていることに相手が気づけば、あなたの印象はよくなる。あなたの沈黙が、相手に雄弁に語りかける。**「あなたに話す言葉が少ないほど、あなたに多くを語っている」**と。

あなたの敬意が相手に伝わる。そして相手はあなたと一緒にいたい、あなたと取引がしたい、あなたはそれにふさわしい人間だと思う。それこそが、「積極的に聞くことの力」なのだ。

口を閉じていられなかったばかりに、売った五分後にそれを「買い戻す」ハメになったセールスパーソンを何人見たことだろう。寸前で墓穴を掘り、契約を逃してしまった同僚の営業マンの姿を何回見たかも思いだせない。

水を飲もうとオフィスを出たとき、ある顧客が営業マンに向かって、最近釣った魚の大きさを自慢しているのが耳に入ってきた。営業マンは、それを褒めるかわりになんとこう言ったのだ。「そんなの、私が釣ったのに比べればたいしたことないですよ」

私が試乗から戻ってくると、別の客が誇らしげな顔で三歳の娘の写真を出して、営業マンに見せていた。営業マンは言った。「私の子供の写真、見ます？」

しごく簡単なことだ。あなたの釣った魚やあなたの子供のことはどうでもいいのだ、今ここでは。重要なのは、相手の釣った魚であり、相手の子供なのだ。

口を閉じろ。光が音よりも速いのはよく知られていることだ。だから口を開くまでは輝いて見える人が多いのだろう。

## ‡ 聞いてもらいたいという心理

ここまでずっと、商談で顧客の求めているものを理解するには、聞くことが鍵になるという話をしてきた。これはセールスにかぎった話ではない。

教師はよい教育のためには生徒の話に耳を傾ける必要がある。神父などの聖職者は、すがってくる者を慰めるために相手の話を聞く（私自身も、妻のジューンが死の床にあったときには、地元の教会の神父にかなり力づけられた）。弁護士は効果的な戦略を立てるためにも依頼人の話をじっくり聞く必要がある。もちろん政治家も、役に立つ法律をつくるために有権者の声に耳を傾ける必要がある。医者は患者の話を聞いて診断に役立てる。

たぶんもっともいい例は精神科医だろう。精神科医は、自分ではほとんど話さない。ひたすら患者の話を聞くのが仕事だ。精神科医のようにふるまっていれば、ずっとうまくやれたはずの人は多い。

**話を聞くことは、家庭生活においてもきわめて大切だ。**

妻や夫の話は重要だ。夫婦に影響を与えることなら、それは夫婦の未来にとって重要なことなのだから、きちんと聞かなければならない。支配するのではなく、分かちあい、共有するのだ。夫婦のどちらも「主人」ではない。

夫婦にはともに平等な役割がある。それを果たすことで、おたがいへの愛と尊敬が深まる。聞き、考え、それから話すのだ。

子供がいるなら、子供の話を聞くことはきわめて重要だ。子供はあなたに話したいことがあるし、質問したいことがある。色々なことを学ぶ上で、あなたの助けを必要としている。思いやりのある親にならなければならない。子供にふさわしい愛情と関心を示し、一〇〇パーセントの注意を向けて話を聞こう。

多くの子供が、父か母、またはその両方に話を聞いてもらえなかったばかりに、人生の早い段階で道を誤ってしまう。子供を叱るばかりで、子供の言葉には耳を貸さない。そのうちに、子供は自分が価値のない人間だと考えるようになる。そこから問題が始まるのだ。

私にはわかる。なぜなら、私もそういう子供のひとりだったからだ。父にまるで関心を向けてもらえなかったことは、今に至るまで私の心に傷を残している。母がいたことが救いだった。

自分にとってもっとも大切な相手にその気持ちが伝わっているとわかることほど、充足感をもたらしてくれるものはない。

**そして、愛と敬意をこめ、一〇〇パーセントの注意を向けて相手の話を聞くことほど、そのメッセージがよく伝わる方法はない。**

## ‡ うまく聞く技術

ハーバード大学のビジネススクールに招かれ、数百人の学生を前に話をしたことがある。私が招かれたのは、もちろん自動車の売り方を教えるためではない。複数の有名ビジネス誌に載った私の記事を読んで、私が人々の心をつかみ、そのニーズを満たす方法を知っているという噂が広まったのだ。

私が魔法の公式を知っていると思われていたようだが、私が彼らに話したのは、うまく聞く技術だった。

私のメッセージはすべて人々についてのものだ。人の心をどうやってつかむか、心の奥底の、人がすべての重要な決定を下す秘密の場所にどうやって触れるか。私はまさにその場所にジョー・ジラードの名を刻みつける。その瞬間から、相手は私のものだ。

相手のことがよくわかるのは、相手の話をよく聞くからだ。全身全霊で聞くからだ。だから、「いったいどうやったのか」「どうやって世界一の営業マンになったのか」と訊かれたら、こう答える。「まずは相手の話を聞く、そこから始めた」と。

結果はごらんのとおりだ。

では、よい聞き手になるにはどうするか。本当によい聞き手になるには、まず相手の言葉に心から注意を向ける努力をしなければならない。

余計なことをすべて頭から締め出し、メッセージに集中するということだ。

**多くの人がはまる最大の罠は、相手が話しているあいだは、次に自分がしゃべることを準備する時間だと思ってしまうことだ。**次に何を言おうかで頭がいっぱいで、今まさに投げかけられているメッセージをそっくり聞き逃してしまうのだ。重要なシグナルが発せられているのに、それに気づきそこねたら、悲惨な結果を招きかねない。

実際、発せられる言葉のうち、聞かれる（記憶に残る）のはわずか五割だという研究結果もある。なんてもったいないことか。地球上で語られることの半分が聞かれていないのだ。世界中の政治的・社会的な問題が尽きないのも無理はない。

史上もっとも偉大な政治家のひとりであるウィンストン・チャーチルの「雄弁は銀、沈黙は金」という言葉は正しかった。ちゃんと聞いているだろうか？

私にはチャーチルのような名言は言えない。聞くことに関する私のアドバイスはもっとずっとシンプルだ。**「何かを学びたいなら、口を閉じていろ」**

話を聞いてもらいたいなら、沈黙を守ることだ。私は人前で話をするときにはよく、観客のほうに近づいていき、ステージの端まで行って自分の耳をつかむ。そして観客の目をのぞきこみ、個人的にささやきかけるように、ゆっくりと言う。「これで大金が稼げるんですよ」と。そのままそこでじっとしている。

相手に伝わったことがわかったら、完全な同意と理解を込めておたがいにほほえみかわし、うなずきあう。それは相手に伝わったという証しだ。このコミュニケーションが行われているあいだ、私たちはおたがいの話を聞いていたのだ。

多くの点で、話を聞くことは愛に似ている。手をつないで公園や波打ちぎわを歩くカップルを見て、ふたりがおたがいに愛しあっていることがありありとわかったという経験があれば、五感を総動員して聞くことの力をすでに理解しているはずだ。

恋人同士は、目を、つないだ手を、笑顔を通じて気持ちを伝えあっている。おたがいへの特別な感情を伝えあうことに五感のすべてを使っている。ふたりは愛を語りあっている――一言もしゃべらずに。これ以上の効果的なコミュニケーションはない。

うまく聞くのも同じことだ。五感のすべてを総動員して、まわりと触れあう。感覚をとぎすませ、あらゆる細部に気づく。それがよい聞き手になるために必要なことだ。

ただ、誰かの言葉を聞くことを「うまく聞く技術」の域にまで高めるには、どんなステップを踏めばいいいか。

この章ではこれまで、そのいくつかについて説明してきたが、参照に便利なよう、ここにリストにして挙げておこう。項目は全部で十二個ある。

1　**口を閉じる。そして耳をすます**

2　**五感のすべてで聞く。**話の全体像をつかむ

3　**目で聞く。**アイ・コンタクトを保ち、一言一言に注目する

4　**体で聞く。**ボディ・ランゲージを使ってコミュニケーションする。背筋を伸ばして

すわり、少し前に身を乗り出す。気を抜かない

5　**鏡になる。**相手が笑ったら自分も笑い、相手がうなずいたら自分もうなずく。相手が顔をしかめたら、自分も（同意のしるしとして）顔をしかめる

6　**話をさえぎらない。**話している相手の思考の流れを中断させたり、いらだたせたりしない

7　**外部から邪魔が入らないようにする。**オフィスに顧客を迎えているときは電話が鳴らないようにする。または、邪魔が入らないところに場所を移す

8　**音の邪魔が入らないようにする。**携帯電話、ラジオ、テレビ、BGMなどを切る。相手への注意がそれてしまうようなものをそばに置かない

9　**視覚的な邪魔が入らないようにする。**窓の外の光景に気をとられて顧客への注意がそれることのないようにする

10　**集中する。**常に相手に注意を向ける。あくびをしたり、時計を見たり、爪を見たりしない。相手を居心地悪くさせたり、ないがしろにされていると感じさせるようなことは一切しない

11　**「行間」を聞く。**相手が言葉以外で何かを伝えていないか、シグナルに耳をすませ、

しぐさや表情を読む

12 「はじめに」で説明したような**「口ばかりで行動がともなわない」人間にならない。**

この場合の行動とは、注意深く聞くことだ

以上が、聞くためのレッスンの十二のステップだ。毎日の生活でこれらを心がければ、よく聞く習慣が身につく。すぐにうまく聞く技術をマスターできるようになる。その技術こそ、すべての成功者に欠かせない要素なのだ。

## ✣ 聞く力は神からの贈り物

「聴覚と視覚のどちらかを失わなければならないとしたら、どちらを選ぶか」と質問されたとき、大半の人が、聴力をなくすほうがまだ苦労が少ないだろうと答える。しかし、じつは目の見えない人のほうが、耳の聞こえない人よりも生活に適応しやすいという研究結果が出ている。

いわゆる「心の目」を発達させ、素晴らしい「見る力」を身につけた視覚障害者の話や例はたくさんあり、文学やスポーツ、音楽など様々な分野で素晴らしい実績を残している。

耳の聞こえない人の中にも、素晴らしい偉業をなしとげ、大きな成功をおさめた人はいる。だが、音が聞こえなくなった人は、外部と遮断された孤独な世界に置かれ、目の見えなくなった人よりも大きな苦労を強いられることが多いのだ。

「よく聞く習慣」は教えられるが、そもそも聞く能力を持つことは、教えたり学んだりできない。それは神から与えられた贈り物だが、当然のように思っている人が多い。

もし今後、相手の話を真剣に聞きたくないと思ったときには、話を聞ける能力が自分にあることに感謝しよう。

数年前、素晴らしい歌声を持つ青年と出会って深く感動したことがあった。ミュージカルの舞台を観にいったときのことだ。彼は満員の観客を前に数曲を歌った。彼の声はよく響き、情感がこもっていた。とても美しい歌声だった。観客は盛大な拍手で彼を称えた。最前列にすわるふたりの観客が、とくに熱心に拍手していた。

終演後、私は友人であるその舞台の演出家と話した。彼の話では、最前列のふたりはその歌手の両親だという。この特別な瞬間に立ち会えてさぞかし誇らしいだろうね、と言うと、演出家は答えた。

「たしかに特別だ。彼の両親はふたりとも、生まれつきまったく耳が聞こえないんだ。ふたりは神から与えられた息子の才能を耳にしたことがないし、これからも永遠に耳にすることはない。はじめてそれを聞いたときは、稽古の帰りに泣いたよ」

これには本当に驚いた。だが、私は今日まで信じている。ふたりは息子の歌声を「聞いていた」のだと。ふたりには息子の歌が聞こえた。なぜなら、五感のどれよりも優れた、もっとも偉大な感覚で聞いていたからだ。心で聞いていたからだ。彼らの息子もそれをわかっていたに違いない。

この本のはじめに、私の十三のルールは、仕事で成功するための土台をもたらすだけではないと言った。仕事もプライベートも、生活のすべての面にあてはまると。

私は、あなたがあらゆる点でより完全な、より健康で幸せな、より成功した人生を歩む手伝いをしたい。いつも前向きでいることの大切さをさんざん説いてきたが、話を聞かないことには、それを実践できない。

**話を聞かなければ、世界とつながれない。**流砂に呑まれたバスのように、タイヤが空回りするだけだ。あなたは毎度、無知に足をすくわれる。言われたことを本当に理解しないかぎり、決して成功への道に踏み出すことはできない。

**全神経を集中させてよく聞くのだ。**五感のすべてを駆使して聞くことで、しっかりと足場を固めるのだ。そして、それができることに感謝しよう。

Rule

# 8

Joe Girard's 13 Essential Rules of Selling

# 笑顔をあげる

世界は遠く離れた土地の集まりだが、
笑顔はふたりの人間の最短距離だ。

未詳

私のオフィスには、「笑顔を持っていない男に会ったので、私が笑顔をあげた」と書いたボードが飾ってある。

私はずっとこの言葉を胸に刻み、人生の大半を通じて、誰に対しても真っ先にそれをあげようとしてきた。たぶん、父がいるあいだは笑うことのできない家で育ったせいだろう。まるで笑いを禁じられているようだった。とくに私は。きょうだいとふざけあうことも、父がいるときは絶対にできない。

砂を噛むような経験をして育ったからこそ、笑顔をこれほど大切に思うのかもしれない。それを埋めあわせてくれる母の愛情があったことが救いだ。

靴磨きをしていた子供のころ、バーで会う大人たちも笑わなかった。彼らは自分の仕事が嫌いで、みじめな人生を酒で忘れようとバーに来る。だが、私は彼らの心をつかむ方法を学んだ。彼らが見たこともないようなとびきりの笑顔で笑いかけるのだ。

彼らは、私が世界一幸運な少年なんじゃないかと思いはじめ、気づくと自分も笑っている。それこそが私の狙いだった。ジョー・ジラードは当時から知っていたのだ。大きく笑うほど、チップの額も大きくなる。実際、靴磨きをしている九歳のころの私の写真でも、本当に満面に笑みを浮かべている。

私はその写真を見るたびに、私たちの来た道のりを思って〝小さなジョー〟に笑い返す。

そう、私は不幸せな子供だったが、バーにいる誰もそのことに気づいていなかった。私がどれだけ傷ついているかも、誰も知らなかった。

偉大なサイレント映画のスター、チャーリー・チャップリンが書いた〈スマイル〉の歌詞のように、**「心が痛いときも笑う」**のだ。私はそうやって育った。顔で笑い、心で泣いていた。当時を振り返ると、父はそうと知らずに私に贈り物をくれていたのだと思う。父は決して私に笑いかけなかった。

だからこそ、私はいつでも惜しみなく人に笑いかけようと心に決めたのだ。悲しいことに、それは父に欠けていたものであり、それ自体はまったく笑えることではないが。

## ✥ 笑いかければ、世界も笑ってくれる

笑顔は、神が人間に与えたもっとも偉大な贈り物のひとつだ。インフルエンザに伝染性があるというなら、誰かに笑いかけてみるといい。十中八九の確率で、笑顔が返ってくるだろう。興味とともに。相手は笑い返すだけでなく、いい気分になっている。すべてあなたが笑いかけたからだ。

笑いかけられた人は、自分が特別だという気分になる。尊敬され、認められているように感じる。同じことを言葉だけでやろうとしても、これほどうまく、しかも素早くはできない。**笑顔は心から出てくるもので、嘘がない。それは笑顔を向けられた側にもわかる。**

世界のどこに行こうと、変わらない真実がある。

**笑いかければ、世界も笑ってくれることだ。**言葉が通じなくたってかまわない。笑顔がすべてを語ってくれるからだ。誰かと心を通わせたりコミュニケーションをとるのが難しいと感じたら、思いだしてほしい。まずは笑いかけること。すべてはそこからだ。

私の笑顔がものごとを変えたことはたくさんある。ショールームに足を踏み入れた瞬間に、私の笑顔にひきつけられたと数えきれないほどの人に言われてきた。私と話してとても明るい前向きな気分になれたので、鮮やかな黄色の車を買うことにしたという夫婦もいる。

笑顔の値段や価値は上下しない。むしろ、あなたという人物の価値を上げる。笑うことは健康にもいい。顔をしかめるよりも笑うほうが筋肉の運動になる。笑ったほうがいい理由を数え上げればきりがない。

だが、日常において、笑うことにはどんな意味があるのだろう。

## ‡ 笑顔は成功への近道

なんの仕事をしているにせよ、私たちのほとんどは、誰よりも先に仕事の相手からよい結果を引き出そうと競っているはずだ。

それには、日々直面する課題に向け、準備が必要だ。それもひとつではない。多くのことを正しい順番でこなさなければ、ベストな状態にはなれない。身のまわりを整頓し、身なりを整えなければならない。そしてよく話を聞かなければならない。

だが、**顧客が何よりもまず最初に目にするものは、あなたの顔であり、そこに浮かぶ表情だ。**いつでも、そこからすべてが始まるのだ。

仕事で（そしてプライベートでも）大切な相手の前では必ず笑顔になる癖をつけられたら、それが成功への近道だ。顧客、クライアント、依頼人、患者、生徒……相手の呼び名がなんであれ変わらない。あなたが弁護士なら、相手は受刑者かもしれない。誰であれ、笑いかけられて嫌な人はいない。

よい第一印象を与えることが目標なら、まずはそこから始めるべきだ。

私もそこから始めた。顧客に与える印象が大きくものを言った。それは学校で学んだのではない。靴磨きをして学んだのだ。当時すでに、こちらから笑いかければ、相手も笑い返してくれることに気づいていた。その瞬間だけでも相手をいい気分にさせれば、余分にチップをもらえることにも気づいていた。

そのときから、それが私の作戦になった。笑顔を武器に敵を落とす。私は今でもこのテクニックを磨いている。

誰かと会うときは常に、「私を重要だと感じさせろ」という看板を相手が首から下げていると思うようにしている。重要だと感じさせることができれば、たいてい進んで買ってくれるし、ときには一番欲しいものではなく二番のものでもいいとさえ思ってくれる。相手によい印象を与えることに成功したと本当に実感できるのはそういうときだ。

これは難しい状況においてとくに大切だ。私は問題がやってくる前に向きを変えさせる名人になった。誰かが、商品やサービスのことで文句を言おうと息巻いてやってきても、心からの笑顔で相手の気分をほぐすことができた。

**相手のしかめ面にしかめ面で応えたところで何もならない。どちらも得をしない。**単純なことだ。彼らが私を必要としている以上に、私のほうが彼らを必要としている。それがわかっているだろうか。

あなたは友達をつくろうとしてるわけじゃない。しかめ面で顧客をひとり去らせるたびに、あなたの手からコインがこぼれ落ち、別の誰かの手に転がりこんでいるも同然なのだ。

言い換えれば、あなたは負けたのだ。

**何はともあれ笑顔から始めるべきなのは、笑顔は決して裏切らないからだ。**

人生では、ときにひどい手札が配られることがある。思いどおりにいかないときに笑うのは難しい。人がその時点でどんな悩みを抱えているのかはわからない。だから相手の状況がわかるまで、感情にまかせた反応は抑えたほうがいい。

自分で考えを整理するまで放っておいてほしいと思う人もいる。そういう人はそっとしておこう。

ある顧客が、新しい車を買いたいと私のオフィスにやってきた。彼が今乗っている車は調子が悪く、すぐに買い換えたほうがいいような気がする、という。

彼はつい最近、妻を病気で亡くしたばかりだった。その沈んだ表情から、彼がまだ悲しみを乗り越えられておらず、話にあまり集中していないのがわかった。別のことで頭がいっぱいのようだった。

私はすぐに彼に共感した。彼はデスクを挟んで向かいに座っていた。彼の手の上に自分の手を重ね、私もかつて妻を亡くしたことを話した。彼に笑いかけると、彼が笑い返してありがとうと言った。それだけで一〇〇パーセント理解しあえた。

私は新車を買うのを数週間ほど先延ばしにしてはどうかと提案した。今のトラックが壊れるのを心配しなくていいよう、試乗用の車をリースすると申し出た。翌月、新車を買いに改めてやってきた彼は、先月のあの日、私が彼に向けた心からの笑顔を見て、力になりたいと真剣に思ってくれているのがわかった、と言った。

私は会う相手が問題を抱えていれば、必ずわかる。不機嫌だったり、しかめ面をしていたり、下を向いてもぞもぞしていたりする。これだけあからさまだと、そばにいたがる人がいるのかと思うほどだ。多くの人にとって、それを招いているのは身の上の不幸ではない。うまくいかないものごとに対する暗い後ろ向きな姿勢が問題なのだ。始める前から負けているのだ。

**「今日、死亡記事に自分の名前が載っていないかぎり、笑うべきだ」**と私はいつも言っている。朝起きられることだけでも笑うに値する。それはほんの些細なことであり、当然だと思っているだろう。だが、愛と同じように、笑顔も当然のものではない。大切な宝物のように身につけ、惜しみなくまわりの人に与えるべきものだ。

誰にでも苦労や悩みはある。ただし、**成功する人は、自分自身を律し、コントロールするすべを知っている。**そして自分にある時間とチャンスを最大限に生かす方法を知っている。彼らにとって、生き残りは技術なのだ。

彼らは決してへこたれないし、諦めない。ひたすら前に進み続ける。それも、常に笑みを浮かべて。そこが違うのだ。

それ以外の方法で一日を始めるのは、目の前に不要な障害物をわざわざつくり出しているのと同じことだ。笑顔のない道を選べば、さんざんな一日の終わりに顔をしかめたくなることはいくらでもあるだろう。

では、うまくいかないときにどうやって憂鬱な気分を追い払うか。

「笑いたくなるようなことなんて何もない」とあなたは言うかもしれない。そこでこうするのだ。

1　自分の問題は自分だけに。吐き出さずにいられないことがあるなら、家で、ひとりきりの時間に吐き出すことだ。それはあなたの問題であって、あなたと接する相手の問題ではない。あなたのプライベートで何があろうと、それは相手には関係ないのだ

2　**「ほかの人の人生を楽しくすることが自分の仕事」と自分自身に言い聞かせる。**あなたは今、相手の時間をもらっているのだ。相手に心からの関心を示すこと（自分のことで頭がいっぱいなのではなく）、相手はそれをあなたに求めている。それを示すのに、笑顔以上に手っとり早い方法はない

ときには笑うのがとても難しい日もあるだろう。だが、ほかに選択肢はない。

人生は思いどおりにはならない。

だが、結局はそんな人生に感謝する日が来る。私が保証する。

## ✣ 心から笑う

ひとつ念を押しておきたい。私の言う「笑顔」は、表面的なつくり笑いのことではない。目の前の相手に会えて嬉しいという気持ちを伝える、心からの笑顔のことだ。

相手は必ずその違いを見抜く。**つくり笑いで成功することはできない。**「目は魂の窓、笑顔は心の窓」という言葉がある。笑顔は内側から出てくるものでなければならない。**本物の笑顔になれないなら、笑わないほうがいい。相手には必ずばれてしまう。**

私の昔からの特技のひとつに、本物の笑顔を見抜く力がある。顔を見れば、相手の正直さがわかるのだ。相手が笑ったとき、それがにせものの笑顔なら、本人が自覚していようがいまいが私にはわかる。

これまでに見た中でもとくに心のこもった笑顔の持ち主のひとりが、自動車業界でトップクラスの大物、ゼネラルモーターズ社長のエド・コールだ。数年前、テレビのトークショー番組のホスト、フィル・ドナヒューのいる場で、エドに紹介された。エドは私を世界一の自動車営業マンだと言ってフィルに紹介してくれた。エドの笑顔は温かく、明るく、鉄でも溶かせそうなほどだった。そしてもちろん、私は最高の気分になった。彼はゼネラルモーターズの社長であり、立場上は私の上司にあたるが、決してそういう接し方はしなかった。心からの笑顔で接してくれた。

悲しいことに、近ごろでは生産性のアップや通信技術の向上ばかりが重視され、人と人がつながる機会が減る一方に思われる。その結果、どの業界にももうエド・コールのような人物はあまりいなくなってしまった。

それでも、誰もが自分が重要だと感じたがっていて、心からの笑顔を求めていることに変わりはない。相手を重要だと感じさせるのに、笑顔以上によい方法はない。

あなたがシャイな性格でも、顧客の目を見て笑いかければ、誠実なイメージを与えられる。それこそが信頼のもとになる。

少々奇妙に聞こえるかもしれないが、口もとで笑顔をつくることだけが、相手に向かって笑いかける方法ではない（耳以外も使って「聞く」のと同じことだ）。私にとって、笑顔は相手をいい気分にさせ、自己肯定感を感じさせるツールなのだ。

それがうまくいけば、相手はいい気分になれたのが私のおかげだと思ってくれる。そして契約でお返しをしてくれる。

私は、顧客がプライベートや仕事でしたことを褒めたり、私が見せた中から顧客が選んだものを褒めたりすることで、相手に「笑いかける」。

顧客が特定のモデルのよいオプションを選んだら、必ず「賢い選択ですね。きっと中古で売るときにいい値段がつきますよ」と褒める。

顧客が自分の仕事のことを話したら、それがなんであれ、そんな仕事ができる人はすごいと褒めたたえる。

私の顧客の多くは中流の労働者だった。ある顧客は道路工事の作業員で、やけつくように暑い日も身を切るように寒い日も一年中外で働いていた。それだけの技能とスタミナのある人はなかなかいない、本当に感謝していると告げた。

「あなたのような人がいなければ、社会は止まってしまいます。あなたがいなければ、私たちはどこにも行けません」

彼は笑顔で私にうなずきかけ、「気づいてくれてありがとう」と言った。

**顧客に接し、笑いかけるときには、真摯な気持ちを示すことがきわめて大切だ。**嘘くさく見えたら、相手は居心地の悪さを感じるし、疑り深くなる。そこで終わりだ。だからリラックスして、正しい方法で、真摯に相手と向きあうことだ。

そして言葉や行動のすべてが前向きでなければならない。声も、目も、ボディ・ランゲージも。自分が賢く、特別で重要だと顧客に感じさせるのだ。

私の役割は、顧客の選択を手伝うことであって、無理やり買わせることではない。私は誰かに接するとき、必ず心からの笑顔で善意を伝える。

成功するために、何よりもまずしなければならないのはそれだ。報酬は後からついてくる。だがその前に、土台を築かなければならない。

そしてそのスタートは常に心からの笑顔なのだ。

## ‡ 笑顔でスマイレージを稼ごう

ふたつのライバル会社の価格や商品やサービスを比べたとき、それらがおよそ同等だったとすると、ほぼすべてのケースで最終的な決め手になるのは、接客の良し悪しだ。そこで失敗したら、いくらむこうの会社より価格が安くても、商談はほぼ失敗する。

今の世の中では、価格も商品もサービスもすべて優れていなければダメなのだ。中でも、サービスは笑顔に始まり、笑顔で終わる。

笑顔で「スマイレージ」を余分に稼ぐための七つのルールを教えよう。

## 1　笑いたくないときにも笑う

これは間違いなく、もっとも実行するのが難しいルールだ。だからこそ第一に挙げたのだ。つらいことや悲しいことがあったとき、笑うのが難しいのは誰にでも想像がつく。

デトロイトの自動車ディーラー協会が、土曜日のディーラーの営業を一切中止すると決めた後、最初の月曜日に出勤したときのことをよく覚えている。

そのころは私のキャリアの絶頂期であり、しかも土曜日はもっともよく車が売れる日だった。これほどの損失を受けて笑いたい気分にはとてもなれなかった。かなりの打撃だった。ほかのみんなと一緒になって、顔をしかめ、愚痴を言うこともできた。実際、多くの同僚がそうしていた。だがそうしなくてよかった。

私は前向きな姿勢にさらに拍車をかけ、失った一日を埋めあわせるために、さらに明るく盛大に笑おうと決めたのだ。それは実を結んだ。その年、私は生涯で二番目に多くの年間売り上げを上げた。

**どれだけ気分が落ち込んでいても、そのことに目の前の仕事の邪魔はさせないと心に誓わなければならない。**そして目の前の仕事とは、今この瞬間、あなたの前にいる顧客やクライアントの相手をすることだ。それ以外のことはどうでもいいのだ。

あなたのプライベートで何があったかなど、相手は知らなくていいことだ。顧客が抱くべき疑問は、「この人の笑顔の理由はなんだろう」であって、「この人に何があったんだろう、なぜこんなに暗い顔をしているんだろう」ではない。改めて言うが、顧客の気をそらさせてはいけない。第二章「ポジティブな姿勢を持つ」をもう一度読んだほうがいい。

笑うことにも同じ成功の原則があてはまる。**笑いたい気分でないときに笑うには、己を律する強い意志が必要だ。**だがそれは必ず報われる。笑顔の力を思い出したければ、素晴らしい笑顔を持つ人物のことを思い浮かべるといい。イギリスのウィリアム王子妃となったケイト・ミドルトンの笑顔には世界中が魅了された。あの輝くような笑顔は彼女の魅力と一体となっている。

あるいは、世界でもっとも有名な絵画である、レオナルド・ダ・ヴィンチのモナ・リザを思い浮かべてもいい。この絵を見るために、毎年世界中の人がパリのルーブル美術館に押し寄せる。人々はこの絵が持つ魔法のような魅力に一目触れたいと思うのだ。

それを見た人は一瞬で悟る。この絵に特別な魅力を与えているのは、筆づかいでも色づかいでもなく、うっとりせずにはいられないほほえみなのだと。

そして五百年以上たった今でも、モナ・リザの永遠のほほえみは見る者すべての心を動かし続けている。モナ・リザは決して裏切らない。あなたもそれを目指すべきだ。

## 2 明るい話題しか話さない

前向きで明るい話題だけ話していれば、友好的なムードをつくり出せる。一緒にいると楽しい人だというイメージを相手に植えつけるのだ。

**あなたが入ってくると、部屋がぱっと明るくなる、そういう人物になることが目標だ。**

あなたが何か言えば、必ず明るい気分やいい気分になれると思わせる。そういう評判を立て、そして本当にそういう人物にならなければならない。

明るいことだけを話題にしよう。ニュースでもスポーツでも天気でも、常にものごとの明るい面だけを見よう。楽天家になろう。後ろ向きの暗い話題ではなく、建設的な話題だけを取り上げよう。

意見の分かれる微妙な問題について議論はしないこと。話すことも考え方も前向きでポジティブな人物として、人にもそれをうつすのだ。楽しい気分やいい気分になれて、それがあなたのおかげだと顧客に認識させることだ。

もし、あるテーマについて何も明るいことやいいことが言えないなら、話題を変えるか、黙っていよう。

### 3　顔全体で笑う

心からの笑みを浮かべるとき、それは口だけではないはずだ。**一〇〇パーセントの笑顔とは、顔全体で笑うことだ。**

瞳の輝き、鼻に寄るしわ、頬のふくらみ……サンタクロースより整った顔立ちの人はたくさんいるだろうが、サンタの笑顔に勝てる人はなかなかいない。大きく口をあけた満面の笑みは、生まれたての赤ちゃんのように無邪気でチャーミングだ。サンタのように満面の笑みを浮かべれば、一言もしゃべる前から重要なメッセージが相手に伝わる。「私を信じてください。信頼してください。私はあなたの味方です」とその笑顔は語る。誰かとの関係を始めるのにこれほどいい方法はない。

## 4　しかめ面をやめる

子供時代を振り返ると、私は完全な人生の落伍者になっていてもまるでおかしくなかった。自分は変わる、前向きな人間になると決心していなかったら、父のように、世の中に腹を立てるだけの人間になっていただろう。どうしてもっといいカードが配られなかったのかと人生を恨んでいただろう。

だが、私は比較的幼いころに学んだのだ。**ものごとの明るい面を見て、自分に与えられたものに笑いかけることを覚えなければ、しかめ面が不幸を招き、やがては人生の失敗につながる**ということを。

あなたはそれが望みだろうか。毎日しかめ面ばかりしていたら、知らないうちにそれが顔に刻み込まれ、消えなくなってしまう。そして、世界中があなたの顔を見て悟る。こいつのそばには近寄らないほうがいいと。

笑えるようなことは何もないと思うなら、手がかりをあげよう。そもそも、先進国に住み、自由にチャンスを追うことのできるあなたは、圧制や貧困や病気に苦しむ地球上の大多数の人よりも幸せなのだ。

あなたは自分で思っているよりもずっと恵まれている可能性が高い。**自分のスタート地点に感謝できるようになれば、笑えるようなことがたくさんあるとすぐに気づくはずだ。** 扉はすぐそこにあって、あなたにあけられるのを待っている。

大人になるまでに、何度も目の前で扉を閉められてきた私は、自分がどこまで来られたか、来た道を振り返って見たときの気分を身をもって知っている。

成功の笑顔ほど素晴らしいものはない。その笑顔を一度手に入れたら、どんなものとも引き換えたくない。

だが、あなたが毎日しかめ面を続け、一度も笑ったことのない連中とつるんでいたら、その扉は永遠に閉まったままだ。

自分を変えろ。**足を引っ張る人生の落伍者たちと手を切り、幸せを呼ぶ表情を身につけるべく努力しろ。**

しかめ面をやめれば、人生が正しい方向に進み出す。今すぐ、身のまわりの世界を引っくり返すのだ。

## 5　ユーモアのセンスを磨く

人生にはつらいことや悲しいことがたくさんある。それは真実だ。テレビや新聞の見出しを見ればわかる。

だが、くよくよしてなんになるだろう。そんなことをするのは悲観的な人間だけだ。楽観的な人間は決してその罠にはまらない。楽観的な人間は、コップに水が「半分もある」と思う。悲観的な人間のように「半分しかない」とは思わない。

私は生まれ変わったら、明るいニュースだけを載せたり放送したりする新聞やテレビをつくりたい。**ものごとの悪い面ではなく、いい面を見ようと本気で努力すれば、勝つための姿勢を身につけるのに大いに役立つ。**

明るくなれる理由を探そう。そのためのもっともいい方法のひとつは、ユーモアのセンスを磨くことだ。誰かと笑おう。人を笑うのではなく、人と一緒に笑うのだ。といっても、人生で笑うべき理由を見つけるのに、ジョークの達人になる必要はない。自分がジョークのネタにされたら、怒ったりせず一緒に笑おう。肩の力を抜き、あまり深刻にとらえないことだ。人生には深刻になるべきことがもう充分にあるのだから。

## 6　腹の底から笑う

満面の笑みが究極の幸福をあらわすものだとすると、腹の底から笑うことはなんだろう。腹の底から大笑いすることは、究極の笑顔に等しいものだと思っている。これほど爽快な気分になれるものはない。笑いはとても伝染しやすい。

映画館でコメディ映画を見ているときに体験したことがあるだろう。誰かが笑いだすと、まもなく館内が笑い声で満たされる。あるいは、舞台上のコメディアンがオチを言った瞬間、客席がどっと沸く。悩みなんて忘れてしまう。

楽しく愉快な瞬間を人と分かちあえるのはとても素晴らしいことだ。そういう瞬間が途切れることなく続く毎日を想像してみてほしい。そんな生活を送りたいと思うことだろう。**腹の底から笑うことは健康にもいい。心にも体にも驚くほど効果がある。**自分の一日を、そしてほかの誰かの一日を輝かせられる。

さあ、腹の底から笑おう。

## 7 「チーズ」と言うかわりに「好きです」と言う

最初に人に笑顔をつくらせようとしたのがカメラマンだと聞いても、少しも意外ではない。ごく現実的な理由で、人を笑顔にさせる方法を見つける必要があったのだ。

何しろ、しかめ面の写真に金を払いたがる人はいない。「チーズ」と言うことで自然に笑顔になるというなら、私の意見では、「好きです」と言えばもっと効果がある。

なぜなら、**「好き」という言葉には、人を本当に笑顔にさせる意味が込められているからだ。**返ってくるのは無理なつくり笑いではなく、自然なほほえみだ。心からの笑顔だ。みんな、本当はそういう写真を求めているはずだ。

かつて、私に会いにオフィスにやってきた人全員に「好きです」と書かれたバッジを配ることにしていた。子供にも配偶者にも、全員にあげた。

中には少々驚く人もいたが、少し話せば、私がその瞬間、彼らを世界で一番大切に思っていることを伝えようとしているのだとわかってもらえた。彼らの顔に浮かんだ笑みから、それを喜んでいることがすぐにわかった。

子供にバッジをつけてあげると、私を見上げて笑った。面白いことに、どうして私の名前をバッジに入れないのかとある顧客に尋ねられたことがある。このバッジをつけてもらうことで、顧客にほかの人と笑顔や好意を分かちあってほしいから、というのが私の答えだった。

バッジに私の名前を入れることなんて重要ではない。ただし、ジョー・ジラードがきっかけになったということを覚えていてもらうのは重要だ。ディーラーの上層部の連中には、こんなものに金を使うなんておかしなやつだと思われていたようだ。だが、私には自分のしていることがよくわかっていた。

私は一台の車を売ろうとしていたのではない。生涯のお得意さんをつくろうとしていたのだ。彼らの財布ではなく、心をつかむのが目的だった。それさえできれば、結果は後からついてくる。

以上が、少し余計に「スマイレージ」を稼ぐための七つのルールだ。

どれも直感的なものだから、従うのはそう難しくないはずだ。一番大変なのはたぶん、何かがうまくいっていないときや、まったく見ず知らずの人に応対しなければならないときに笑うことだろう。

だがそれも克服できる。講演やセミナーで、座の雰囲気をほぐすためにいつも使っているテクニックがある。これを使えば、まったく見ず知らずの人同士でも笑顔になれるし、すぐに打ち解けられる。やり方はこうだ。

参加者全員に向かって、右隣に座っている人のほうを向き、「好きです」と言うよう指示する。その瞬間、右隣に座っている人に全神経が集中する。ほかのことは考えられなくなる。その日、そのときまでにあったことも頭から消えてしまう。人見知りもどこかへ行ってしまう。次に、今度は左隣の人に向かって同じことをするように言う。壇上から見ていても、参加者の顔に浮かんだ満面の笑みで、会場がぱっと明るくなるのがわかる。

興味深いのは、全員その笑顔をずっと内側にしまいこんでいたということだ。私はただ、それを表に出すきっかけを与えたにすぎない。みんなが隣人に向かって「好きです」と言える世の中になったら、どれほど素晴らしいだろう。ジャズ・シンガーのルイ・アームストロングの歌に〈この素晴らしき世界〉というのがあるが、まさにそのとおりだ。

## ‡ 幸せを呼ぶ顔を

よく見かけるもっとも有名な笑顔といえば、あの黄色い「スマイルマーク」だ。誰でも一度は目にしたことがあるだろう。ごくシンプルな図柄でありながら、もう半世紀近くにわたって人を元気にしてきた。

私も帽子やバッジ、Tシャツ、バンパーステッカー、はたまたスペアタイヤのカバーにあれが描かれているのを見ると、たとえ嫌なことがあった日でも、いつもたちどころに気分が明るくなる。

**どんなにものごとが悪く思えても、その気になりさえすれば、しかめ面を変えられるのだ**ということをあの顔は気づかせてくれる。これには誰でも共感できるはずだ。

人生で気に食わないことがあるなら、今すぐそれを捨てることだ。

そうしないと、それがあなたの首にかかった重石になり、いずれ愚痴の海に沈んでしまう。**人生が不公平に思えることがあっても、きっとあなたが思っている以上に、笑うべきことはたくさんある。**すべてはあなたしだいなのだ。

## ‡ 生涯の笑顔のために

ここまではあえて、笑顔があなたとその人生にもたらす効果のことだけを語ってきた。だが、あなたと接する人々に対してあなたの笑顔がもたらせるものは、相手にとって人生を変えるほど大きいかもしれない。

あなたがとくに大切に思っている存在、すなわち家族の笑顔ということになれば、その影響は絶大だ。家族には常に、しかめ面ではなく、笑顔で接するべきだ。威嚇や罰をもってではなく、愛と理解をもって、家族が刺激しあい、影響しあうべきだ。

私の場合、家に帰ったとき一番に目にするものは、妻のキティの笑顔だ。その笑顔の後ろには、私を動かす心と魂がある。妻は私が落ち込んでいるときに元気づける方法を、私がものごとを急ぎすぎているときに落ち着かせる方法を知っている。妻の心からの明るい笑顔を見ると、いつでも妻がついていてくれると安心できる。私はそのことに未来永劫感謝する。

長年のあいだに、私は多くの人の笑顔に心を動かされてきたし、私の笑顔も多くの人の心を動かしてきたと信じている。そこにはもちろん、車を売ったりサービスを提供したりした顧客が含まれている。

正確に言えば、それは一万三〇〇一個の笑顔であり、関係であり、握手と笑顔で結んだ絆だ。人生でなしとげたことを振り返るのに、自分がこれまで接した人をどれだけ笑顔にできたか、すべての顔を思いだすのもいいかもしれない。それはあなたの成功を測る面白い尺度になることだろう。

生涯に生み出した笑顔で記憶されるなんて、これほど素晴らしいことはない。

Rule

# 9

Joe Girard's 13 Essential Rules of Selling

# 連絡を絶やさない

最高のレベルに到達した人間こそ、
わがままであってはならない。
気さくで親しみやすく、
こちらから連絡を絶やさぬように
しなければならない。
人を遠ざけてはならない。

マイケル・ジョーダン（プロバスケットボール選手）

この本では、ここまで多くのことについて話してきた。

中でも重要なものは時間だ。時間をどう使い、どう管理するか。時間について考えるときは常に、ビジネスの相手のことを考えること。

ここで話題にしているのは、あなたの時間ではなく、彼らの時間だ。

あなたの時間は、家に帰ったときから始まる。彼らの時間は、あなたが職場に着いた瞬間から始まる。金を払うのは彼らなのだ。彼らがあなたを必要としている以上に、あなたのほうが彼らを必要としているのだ。

自覚していないかもしれないが、自分のことばかりで相手のことを考えていない人が多いのが現実だ。ビジネスの相手との時間を有効に使おう。

私の仕事ではそれは顧客だが、職種によって、連絡を絶やさないようにする相手は患者や生徒、あるいは取引先かもしれない。

いずれにしても、あなたは何らかの商品やサービスを彼らに提供している。つまり、実質的に彼らはみなある種の顧客であり、メッセージは変わらない。連絡を絶やさないようにすること。それがこの章のテーマだ。

## ‡ 相手の金、相手の時間

**人と接することの多い仕事やサービス業についている人はとくに、顧客や見込み客との連絡を絶やさないようにすることがきわめて重要だ。**それは時間を使うべき何よりも大切なことと言える。

率直に言って、もし一日中ひとつのことだけをしなければならないなら、すべきなのはこれだ。それだけ重要なのだ。何しろ生き残りがかかっている。あなたの生き残りが。

砂漠で喉が渇いて死にそうなとき、やみくもに砂に穴を掘って時間を浪費し、みすみす体力を消耗するようなことはしないだろう。まともな頭があって、生き残りの確率の高い方法を選ぶなら、すでに存在する、水をたたえた井戸かオアシスを探すことにエネルギーを使うはずだ。見つかったら、バケツを下ろして水を汲み、渇きを癒やす。よい顧客とはオアシスのようなものだ。一度見つけたら、とても貴重なのだ。砂漠の水のように生死を左右するものだ。あなたは必死に頑張って彼らを見つけ、自分のものにした。彼らを失ったり、連絡がとれなくなったり、まして誰かに目の前で「バケツの水」をさらわれたりしたくないはずだ。

たとえ両腕を切り落とされてでも、顧客を競争相手の手に渡したくはない。盗まれないための最大の武器は、泥棒たちが狙っている宝物、つまり顧客との連絡を絶やさないことだ。そのためには次の三つをしなければならない。

**1　相手が自分にとってどれだけ大切で特別なのかを知らせる**

**2　相手とのビジネスを当然と思っていないことを知らせる**

**3　頻繁にそれを伝える（今にわかるが、これこそがこの章の核心だ）**

母が愛と信頼で私を鼓舞し、ひとかどの人物にならせてくれたように、あなたに対する顧客の信頼も育つ。母は私がついに自分を信じられるようになるまで、毎日私を励ましてくれた。

ある顧客がほったらかしにされていると感じて離れていってしまったら、問題はひとりの顧客を失ったことだけではない。かわりに見つけなければならない顧客のことも問題だ。あなたはまた荒野に出て、すでに食べ物を探してうろついているオオカミの群れに加わらなければならない。

**新しい顧客を見つけるよりも、既存の顧客を維持するほうがずっとコストが安いことはよく知られた事実だ。**広告費や新しい見込み客のフォローアップにかかる時間を思えば、業種を問わず既存客の維持を最優先すべきだ。

あなたも顧客との関係構築を一番に優先させなければならない。顧客に何かを売ったらそれで終わりと考えているなら、大間違いだ。

**本当の営業は売ったときから始まる。**結婚のようなものだ。結婚式やハネムーンで終わりではない。これから一生続くのだ。愛する者を大切にしなければならない。そうしなければツケを払わされることになる。顧客も同じだ。

**顧客を失うのは、たいてい売った後だ。**私の仕事の場合、それはショールームではなく整備部門で起こる。だからこそ、最高のアフターサービスを提供しなければならない。私が毎月第三水曜日に、整備部門のスタッフ全員（全部で三十六人）を食事に招待していたのは何のためか。それは彼らが私の生死を握っていたからだ。だから全員を私のチームにしたかった。私の顧客を最優先してもらいたかった。彼らはそうしてくれた。私のために何でもやってくれた。それもこれも、彼らを手厚くもてなしたからだ。

新しい顧客を探すのは二番目にすべきだ（これについては後でまた話す）。なぜなら、既存の顧客こそ何よりも大切な資産であり、一番に優先させるべきだからだ。

1　彼らはすでにあなたのことを知っている
2　あなたが何をしてくれるかも知っている
3　すでにあなたのことを気に入っている
4　あなたのビジネスを拡大する助けになってくれる

**既存客こそ、あなたにとって最大の成長の足がかりなのだ。**だから彼らとの連絡を絶やさないようにしなければならない。定期的に連絡してフォローアップしなければ、砂漠の太陽にさらされたオアシスのように、いずれ乾いて消えてしまう。それは致命傷になりかねない。

もうわかっただろう。顧客との連絡を絶やさないという考えの裏にあるのは、きわめて基本的なことだ。彼らをつかまえておくためにそうするのだ。

電話したり、その他の方法で連絡するたびに、顧客との関係がいっそう強固になる。今は顧客に買うつもりがないとわかっていても、あなたが生きていて、彼らのことを考えていると知らせるのだ。**体系的な方法で顧客との連絡を絶やさないようにすれば、顧客のほうもあなたから離れる理由を見つけられない。**

私がどうやってそれをやっていたかは、これから説明するダイレクトメール作戦について読めばわかる。

私には何人か、私から新車を買うためだけに州外からやってくる顧客がいた。なぜかというと、はるばるやってくるだけの価値を私がもたらしていたからだ。遠くフロリダやカリフォルニア、アリゾナ、そしてそのあいだのあらゆる場所にお得意さんがいた。近くに住む家族や親戚を訪ねるついでに車を買いにきてくれた。

私は彼らにとって家族のようなものだったのだ。彼らがひいきにしてくれたのは、私が彼らを気にかけているのを知っていたからだ。私は顧客を維持するためなら、いつも人に与え、自分は少ししか取らなかった。人からはそんなことをするなんてどうかしていると思われていたが、自分のしていることはよくわかっていた。

ウォルマートの創業者サム・ウォルトンは、「人の望むものを――そしてそれ以上のものを与えよ」と言った。彼は私のアイデアを盗んだのだと思っている。私はウォルマートが全米規模のチェーンになるずっと前からそうしていたのだ。

ずっと**「少し与え、少し取る」**ことを信条としてきた。私にはもっと先の、もっと大きなものが見えていた。その顧客の次の契約だ。私のやり方をしているかぎり、彼らを一生ジラードの観覧車に閉じ込めたも同然だった。

前にも言ったように、彼らの乗った箱が一回りして戻ってきたら、私が下で出迎える。すると箱から降りた彼らは、次の新しい車を私から買ってくれる。

私は顧客ひとりひとりを、死ぬまで続く年金と考えていた。だから顧客には満足してもらわなければならなかった。私を信頼してもらわなければならなかった。「一度ジョー・ジラードから買ったら、国外に出ないかぎり彼からは逃れられない」と言われたものだ。私はそれを心からの褒め言葉と受け取っていた。

**人を尊重し、大切に扱い、連絡を絶やさないようにすれば、その人はいつまでも望むかぎりあなたのものになる。**私はキャリアの早い時期にこの考え方を取り入れ、それは功を奏した。のちの経済的成功のかなりの部分が、私が維持に力を注いだリピーターからのものだ。私もまれに顧客を失うことがあったが、それほど悔しいものはなかった。

そういうときには、わが身を振り返ってじっくり考えた。何をもっとうまく、もっと別の方法でやっていれば、その顧客を失わずにすんだのかと。

既存の顧客を失うほど腹の立つものはなかった。過ちを繰り返してなるものかという熱い意志と決意こそが、私の成功に大きく貢献したと思っている。

マイクロソフトの創業者ビル・ゲイツは、「成功を祝うのはいいが、失敗から学ぶことのほうがより重要だ」と言った。まったくそのとおりだ。
顧客をないがしろにしたばかりに失ったセールスのことは、何よりもよく覚えている。それは多くはないが、そこから学んだ教訓にはかけがえのない価値があった。

一度も実際に会う機会のないまま失ってしまった顧客もいる。忙しくなったある時期から、顧客が私に会うためには予約が必要になったが、それでも突然ふらりとやってくる顧客もいた。価格と満足の点で、私の評判はずば抜けてよかったからだ。そこで待つか出直さなければならないと知ると、彼らは別の営業マンのところに行くか、帰ってしまった。
ひとついいことがあったとすれば、少なくとも、私以上に切実に契約を必要としているほかの営業マンの力になれたことだ。とはいえ、私は彼らにおこぼれをあげるために仕事をしていたわけではない。増え続ける仕事を処理するため、手伝いの人手を雇おうと決めたのはそのときだ。教訓をしっかり生かしたのだ。

顧客との連絡を絶やさないようにするために、時間を大切にし、効率的に時間を使う（素早く、なるべく多くのことをこなす）ことを学んだ。顧客は私のすることをじっと待っていてはくれない。一瞬でいなくなり、どこでも好きなところに行けるのだ。

サム・ウォルトンはこうも言っている。**「ボスはひとりしかいない。それは顧客だ。顧客はただよそに金を落とすだけで、会長以下の全社員をクビにできる」**

顧客こそ支配者なのだ。

だから彼らのルールに従わなければならない――「黄金を手にしている者がルールをつくる」。彼らの持っているものを手に入れたいという気持ちだけで、モチベーションは充分だった。

彼らはジラードの手から逃れることを許されない。といっても、きつく握りしめていたのではない。やさしく、だがしっかりと、珍しい鳥のようにそっとてのひらで包んでいた。鳥は愛情を感じ、安心していた。彼らは私のものであり、彼らもそれを気に入っていた。

## テクノロジーにできないこと

顧客にメールを送るだけで、相手を気にかけていることを伝える充分なコミュニケーションだと多くの現代人が考えている。いったいなんの冗談だろう。マクドナルドのドライブスルーで買ったハンバーガーを優雅なディナーと言うようなものだ。スマートフォンで一日中メールやツイッターをして、全世界の人と光の速さでコミュニケーションできたとしても、それをいったい誰が真剣に聞くのだろう。

現代におけるデジタル機器や電子コミュニケーションの必要性と大切さは理解している。私も使っているからだ。インターネットやその他、現代の通信技術は様々な便利なツールをもたらし、瞬時にデータを手に入れられる。それはたしかだ。

多くの業界で、顧客も提供者側もこのような手段でのコミュニケーションに慣れつつあることもわかっている。

私がここで問題にしているのは、そのようなコミュニケーションのことではない。データのやりとりよりもずっと大切なことについて話しているのだ。

たとえば、あなたが心から気にかけていることを顧客に伝えたいとき、顧客との絆を深め、顧客の心を動かしたいとき、タッチパッドでそれができるだろうか。

今日のわれわれは、豊かな会話や人と人の個人的なやりとりの消滅を目撃している。それにとってかわりつつあるのが〝デジタル・ハラスメント〟だ。テクノロジーは人との距離を縮めるのではなく、逆に人を遠ざけ、自分の殻にこもらせる。

相手はあなたのことを知らない。相手にとって、あなたはただのスクリーン上のクリックにすぎない。それがテクノロジーの目的だろうか。

私は今、あなたの人生に差を生み出すような人との結びつきについて話しているのだ。

**迅速さこそが効果的なコミュニケーションだと思ってはならない。**顧客との関係はF1のサーキットの上で築かれるのではない。公園を散歩しながら築いていくものだ。

今も昔も、スピードの問題ではない。**関係構築とは、何よりも上質なコミュニケーションがすべてなのだ。**それは今も、これからもずっと変わらない。

コンピュータ脇のマウスは、誠意のこもった握手の温もりを伝えてはくれないし、モニターは決して笑い返してくれない。よい顧客は上等のワインのようなものだ。一息に呑みほすのではなく、少しずつゆっくり味わうものだ。

頭のある人間なら（あなたもそうだといいが）、個人的な（できれば対面での）接触こそ、よい関係を強化したりよみがえらせる方法だと知っている。それが肝心のポイントなのだ。あなたのキャリアに差をつける、人との連絡を絶やさないようにするための手段は三つしかない。顧客、クライアント、患者、生徒など呼び名がなんであれそれは変わらない。

1 会う。顔を合わせて話す。**常にこれがもっとも望ましいが、必ずしも現実的でないこともある**

2 電話する。誠意を声で相手に伝えよう。意見を交換し、相手の近況を聞く機会にもなる

3 手紙を書く。**個人的なメッセージを書いて送ろう。相手を特別な気分にさせよう**

これら以外の手段を使った場合、たいして大切ではないと顧客に言っているようなものだ。そんな暇はないし、その顧客が必要でもない、顧客はあなたのデジタルワールドの中のビット情報でしかない、と告げているのだ。

要するに「あっちに行け」と追い払っているも同然だ。そして、それは双方向だ。すぐに、顧客のほうもあなたを必要としていないことが伝わってくる。このやり方では自分で

自分の首を絞めているようなものだ。

**連絡を絶やさないようにすること。しかも適切な方法で、真心をこめてそれをすること。**

そのやり方を教えよう。

## ‡ ジョー・ジラードからの手紙

顧客が数人ならともかく、数百人、数千人の人々への連絡を絶やさないようにするには、賢い方法が求められる。私にとってのそれはダイレクトメールだった。

電子メールではなく、紙のダイレクトメールだ。なぜダイレクトメールなのか。

誰もが仕事を終えて帰宅したとき、玄関を入って最初に言う三つの言葉がある。

1 ただいま

2 子供たち（またはペット）はどうしてる？

3 何か郵便来てた？

妻や夫がそれに「またジョー・ジラードからカードが届いていた」と答えればビンゴだ。私はいち早くその家にいる。長い一日を終えて帰ってきた瞬間の彼らを待ちかまえていて出迎えるのだ。

私は狙いすましたように正確に、どこにでもいた。私は毎月顧客にダイレクトメールを送っていた。**キャリアの晩年には月に一万六〇〇〇通にもなった。**見間違いではない、一万六〇〇〇通だ。

「冗談だろ、いったいいくらかかるんだ?」と言いたくなるかもしれないが、冗談ではない。たしかにけっこうな費用がかかった。だが、ディーラーがそのコストの半分を負担し、私個人の負担額のうち半分は、税の申告時に経費で落とせた。だから自腹を切ったのは四分の一だけだ。そして、その価値は充分にあった。

「あんたはいいよ、ジョー。金があるから、いくらでも洒落たダイレクトメールを出せるだろう。でもおれたちはどうすればいいいんだ?」と言う人もいるかもしれない。その答えは簡単だ。最初にダイレクトメールを始めたころは、私も金がなかった。だから妻とふたりの子供に手伝ってもらい、カードを封筒に入れて住所を書いて送る作業をすべて家でやっていた。シカゴのダイレクトメールの会社に作業を頼むようになるまでそれは続いた。

ここで大切なことは、私がやらない言いわけやできない理由を並べ立てなかったことだ。私はやると決め、そしてやった。最初はわずかだったが、やがて大きく増えた。それもすべて、やろうとして手を打ったからだ。

あなたはどうだろう。**自分に何ができるかは、最初の一歩を踏み出すまで決してわからない。さあ、立ち上がるのだ。**

**私はすべての顧客、すべての紹介客、そして顧客になる可能性のありそうなすべての人の心に、なるべく頻繁に私の名前を刻みつけたかった。**既存の顧客も、私のことを決して忘れないようにした。

彼らが新車に乗って店を走り去った瞬間から連絡をとった。毎月のダイレクトメールで、彼らが一年を通じて三十日おきに必ず私からの手紙を受け取るようにした。

私の手紙は、封も切らずに捨てられてしまうような普通のダイレクトメールとは違っていた。必ず無地の封筒を使い、封筒の色やサイズもちょくちょく変えていた。あけるまで誰からの手紙かわからない。私の名前も封筒には書いていない。

**名前を書いてはダメだ。**ポーカーのようなものだ。勝負する前に手札をさらしてはいけない。封筒には住所だけ書いておけばいい。そして郵便料金の別納を利用せず、必ず一通一通に切手を貼った。

私はイラストと季節ごとのメッセージが書かれたオリジナルのカードをつくっていた。表には毎回必ず「好きです」と書かれている。カードを開くと、左側にオリジナルの手描きイラスト、右側にメッセージが添えられている。メッセージの言葉は常に短く明るいものにした。一月の「新年おめでとう」に始まり、二月は「楽しいバレンタインを」、そして十二月の「メリークリスマス」まで。

ちなみに、クリスマスカードは十一月に送った。誰のものより早く届くようにするためだ。顧客の誕生日や記念日には必ずお祝いのカードを送ったし、顧客の子供が大学を卒業したり、子供が生まれたときにもお祝いのカードを送った。

とくに何も祝うことがなければ、私がその理由をつくった。口実はなんであれ、私からの言葉を伝えることが重要だった。

**なぜこんなことをしたのか。簡単だ。相手がそれを予想していないからだ。**私が過去も現在も未来も彼らを好きだということを伝えたかったのだ。

会ったときも彼らが好きだったし、
今も彼らが好きだし、
明日の彼らはとくに好きだ。

私の名前を、その他おおぜいの営業マンの中に紛れさせるつもりはなかった。売れたらもうその顧客のことを忘れて次に行ってしまう――ジョー・ジラードはそういうやり方をしない。

私からの手紙が、顧客にとってその日一番嬉しいことだったということもきっとあるはずだ。その日、少なくともひとりの人間が、ジョー・ジラードが、彼らのことを気にかけている。そう感じさせることができるのもすべて、ただ「好きです」と書かれた、たった一枚のカードのおかげなのだ。

私は顧客とその家族の知りあいになろうと努めた。彼らの日々の暮らしの一部になりたかった。

子供も私を知っていた。郵便で届けられる私からの手紙やカードを見て、「またお父さんにジョー・ジラードからカードが届いた」と思う。子供たちに〝ジョーおじさん〟と呼ばれていても驚かない。家族の食卓に招かれるようなものだ。

実際に、ある夫婦が六歳の息子を連れて車を買いにきたことがある。ぼうやは二週間前に私が送ったカラフルなカードを手にしていて、それを私に差し出した。私はぼうやに笑いかけ、そのプレゼントを受け取って、かわりに「好きです」のバッチをつけてあげた。それはきっと彼にとって忘れられない瞬間になっただろう。それこそ私の目的だった。

**人々が私を忘れないこと。毎月「好きです」と言われ続けているから忘れられないのだ。**

すでに述べたように、私のカードはどれも、ある共通点があった。季節やお祝いのテーマがなんであれ、封筒をあけた瞬間に、カードの表に書かれた同じ言葉が目に飛び込んでくる。

「好きです」

しかも、毎年同じことを繰り返していたのではない。毎年八月にデザイナーと打ち合わせをして、翌年のカードの内容やデザインについて決めていた。

メッセージはいつも新鮮かつ誠実なものだった。私が一年を通じて顧客のことを気にかけ、好きでいるということを伝える、月ごとの十二種類の心のこもったメッセージだ。これについてもっとくわしいことが知りたいなら、ベストセラーの『私に売れないモノはない！』（フォレスト出版）を読んでもらいたい。ダイレクトメール作戦の詳細について、一章をまるごと割いてくわしく説明している。

もうひとつ私がやったことは、**定期的に宛先のリストをチェックして、常に最新かつ正確な送り先の情報を得るようにしていたことだ。**スタッフが定期的に郵便局に問い合わせて、送り先の住所が正しいかどうかをチェックしていた。また、毎月一日と十五日には決してダイレクトメールを発送しなかった。一日と十五日は、多くの人が各種の請求書を受け取る日だからだ。

顧客にはなるべく機嫌のいいときに私からの郵便をあけてもらいたかった。

多くの人は、時間とともにかかりつけの医者や保険外交員や銀行の担当者などをよく知るようになる。よく知るべきでもある。何しろ、彼らにかなりの金を使うのだ。だが、その誰かから、個人的な手紙やカードをもらったことがあるだろうか。年に一度のクリスマスカードや年賀状だけでなく、「好きです」とか「楽しいバレンタインを」などと書かれた個人的なカードを受け取ったことがあるだろうか。きっとないのではないか。

そんなことをする価値があったかって？　もちろんあった。キャリアの後年には、私のセールスの七五パーセントをリピーターからの売り上げが占めるようになった。これこそ、成功するビジネスへの賢いアプローチというものだ。

**このダイレクトメールの効果は絶大で、価格やサービスと並んで、私をギネスブックに載せる大きな要因のひとつになった。**ギネスのスタッフはじつに三日もかけて、私の売り上げの記録にインチキがないか調べ、顧客に電話をかけて、私が本当に一万三〇〇一台もの車を売ったのかたしかめた。そこには大口のまとめ買いもなければ、中古車も含まれていない。すべて新車で、私がショールームで顧客と顔を突き合わせ、一台一台売ったものだった。

それだけ多くの人が名指しで私から車を買っていったことも、ひとりの人間からものを買うためにそれほど行列したことも、彼らには信じられず、ただただ愕然としていた。

だが、それは事実だった。ギネスのスタッフは、会計事務所のデロイト&トウシュに三日もかけて記録を監査させた。デロイトはたまたま、私の勤めていたメローリス・シボレーが毎月の監査を依頼していた会計事務所でもあった。最後にはギネスのスタッフも驚いて首を振った。そして調査の結果、ついに私を世界一の営業マンと認めた。

## 小さなことがものを言う

ダイレクトメールを送るとき、カードの見かけや体裁にこだわらないようにしていた。私のカードは派手でもきらびやかでもなかった。ちゃちな見せかけで目を引くことは誰にでもできる。

**私のカードをその他おおぜいのものと分けていたのは、真心だ。**

顧客が封筒をあけたとき、そこにジョー・ジラードの内側を見てもらいたかった。顧客の心に触れ、魂に響かせたかった。

そのためには、買ってくれた人に、ひとりひとり手書きのカードで感謝の気持ちを伝えなければならない。**あなたが誠実で思いやりのある人間で、彼らを気にかけているということを知らせなければならない。**

それは、すぐに電話を折り返すというようなことにもあてはまる。これらをどれかひとつやったからといって、すぐに顧客がものを買ってくれるわけではない。ポイントはそこではない。

時間とともに、小さなことの積み重ねが大きな差になる。**個人的で心のこもった方法で顧客に連絡し続けるうちに、他人から見たあなたのイメージができあがっていく。**それこそが最後にものを言う。長続きする成功はそこから生まれる。私はそうやって成功した。

紹介客や見込み客に対する私のアプローチは、既存の顧客に対するものとほぼ同じだ。

ただし、当然ながら大きな違いは、まだ相手のことを知らないか、よくは知らないということだ。その場合、ダイレクトメールを出発点にする。

彼らに語りかけるというより、彼らとの関係を築くためのきっかけに利用する。そして電話や面会によるフォローアップにつなげるのだ。それでも、ダイレクトメールは相手に合わせた個人的なものにするよう心がけた。紹介者から彼らについての情報を得られることもあった。既存の顧客のためにした小さなことが、大きな結果になって返ってくるのはそういうとき——紹介客が本物の顧客になったときだ。

知人を紹介してくれた人には、紹介された人が実際に車を買ってくれた場合、少なくとも五〇ドルのキックバックを払っていた（今ならたぶんもっと金額を増やすだろう）。

さっきも言ったように、顧客のためにする小さなことの積み重ねが大きな差を生む。また、**小さな何かをしないことが、顧客を失うか、つなぎとめられるかを分けることも大いにある。**顧客が何か質問があるというのに、すぐに電話を折り返さなくていいとなぜ思えるのか。相手は自分の収入を直接左右しうる人物なのだ。なぜそこまで愚かになれるのかわからない。

ある日、私はショールームのグレッグという営業マンのオフィスを通りかかった。彼のデスクの上に、かなりの数のピンク色の電話のメモが重ねてあるのが目に入った。妙なのは、メモの量が昨日とほぼ同じか、やや増えているように見えたことだ。すぐに折り返し電話をしていないのは明らかだった。

また、グレッグがディーラー内のスピーカーでしょっちゅう呼び出されていることにも気づいた（たいていは整備部門からだった）。彼はそれを無視したり、〝仲よしクラブ〟との無駄話に夢中で、呼ばれてもオフィスになかなか戻ろうとしなかった。二カ月ほどで、グレッグの名前がスピーカーで呼ばれることもなくなり、デスクの上のメモも一枚きりになった。それは、もう来なくていいというディーラーからの解雇通知だった。

われわれはみな、顧客になる時間がある。食料品の買い物をしているときや、ガス会社やクレジットカード会社に電話したとき、あるいはデパートに行ったとき、誰もが無視されてイライラした経験があるはずだ。

それなのになぜ、それを他人にするのか。いったいなぜ？

あなたが会うあらゆる人に、少なくとも二百五十人の知りあいがいるということを意識すれば、私の言いたいことが伝わるはずだ。しかも、二百五十人というのは最低の数にすぎない。これは葬儀社の経営者から聞いて知ったことだが、亡くなった人の葬儀用に印刷する会葬礼状の数が二百五十通だという。それが平均的な葬儀の列席者数なのだ。

考えてみてほしい。ひとりの人が、葬儀にやってくるような二百五十人の知りあいに与える求心力や影響力を。しかも、その二百五十人のそれぞれに、さらに二百五十人の知りあいがいるのだ。嘘だと思うのなら、私はケータリング業を営む顧客からも、典型的な結婚式について同じ数字を聞いたことがある。私の著書『私に売れないモノはない！』では、一章をまるごと使ってこのテーマを取り上げている。

何が言いたいかというと、**それぞれの人が二百五十人もの知りあいに影響を及ぼせることを考えれば、たったひとりの顧客も粗末にはできない**ということだ。その人はあなたから受けた扱いを覚えていて、あらゆる知りあいにそれを話す。それが悪い印象や体験なら、あなたの名前とともに伝染病のごとく広まる。

これを「ジラードの二百五十の法則」という。

もちろん、必ずしも容易なことではない。顔にパンチを叩き込んでやりたくなるような顧客もいるかもしれない。

それでも、歯を食いしばって我慢し、笑顔で対応しなければならない。それを決して忘れてはならない。

次のことを今すぐメモすること。

## 1　顧客からの電話やメールやファックスには迅速に返事をする

これをしないのは、顧客との関係を断ちたいなら格好の方法と言える。

私の辞書では、「迅速に」というのは、なるべく早く、顧客の質問に答えられるようになりしだい、ということだ。

**すぐにやれ。たとえ緊急でなくとも、緊急のように扱え。**

二、三日後や都合のいいときではダメだ。顧客はあなたの対応のしかたからすぐに察する。顧客はあなたがどれだけ大切にしてくれているのかをいつも試している。がっかりさせてはならない。連絡を絶やさず、迅速に返事をするのだ。

## 2　約束に遅れたり、別の日取りを決めずにアポイントをキャンセルしない

アポであれ電話であれ、必ず時間を守ること。

相手とのアポや電話が、その瞬間はあなたにとって世界で一番重要なのだと顧客に知らせよう。それを行動で示すのだ。

## 3　顧客が予想していないものをあげる

ちょっとしたおまけで、心からの気持ちを伝えよう。思いやりを示そう。相手は必ずそれを覚えている。

私の顧客の四分の三近くがリピーターだった。私は彼らにちょっとしたもの以上のおまけをあげた。

たとえば下取り価格を上乗せしたり、車の色にあったフロアマットをサービスしたりした。私の好意が顧客に伝わり、そのお返しに私をナンバーワンにしてくれたのだ。

顧客をがっかりさせようものなら、ライバルたちが顧客を横取りしようと虎視《こし》眈々《たんたん》と狙

っている。顧客をないがしろにして、たった一度何かしただけで顧客が永遠に自分のものだと思い込んだりすれば、飢え死にしても当然だ。そんなことを考えるのは愚か者だけだ。あなたの仕事が私の仕事と違っていたとしても、基本は常に同じだ。顧客やクライアントや患者にまめに連絡し、小さなことを確実にやることだ。

ほとんどの自動車ディーラーは、タイヤやブレーキ、バッテリー、ショックアブソーバーなどの割引クーポンを顧客に送る。

よくある作戦は、町の修理工場よりもずっと安い、タダのような値段でオイル交換を提供することだ。その狙いは、いったん車を預かれば、整備部門のメカニックがほかにも交換の必要な部品を見つけるだろうというものだ。

また、たいていのファミリーレストランチェーンが、お得意さんに毎月のように割引クーポンを送っている。これも連絡を絶やさないようにするための手段のひとつだ。外食予算のかぎられた家族にとって、クーポンは決して馬鹿にならない。

企業相手の商売なら、顧客基盤は小売業とは異なるかもしれない。**自分の業界で成功している人を見て、顧客との連絡を絶やさないようにするためにどんなことをしているか探ろう。**その業界で効き目のあるどんな小さなことをしているのか。

成功している人には必ず理由がある。その習慣やパターンを探り、真似しよう。それを自分の日課に取り入れよう。

前にも言ったように、私が当初やったのもまさにそれだった。様々な業界で成功している人の習慣を探って、そこから自分の道を選択した。

## ‡ いいときも悪いときも

顧客との連絡を絶やさないようにするというのが、折々に時候の挨拶をしてご機嫌をうかがうだけのことなら、とても楽しい経験かもしれない。しかし、顧客から買った商品や体験しているサービスについての苦情を聞かされる場合もある。

こうなると話はまったく違ってくる。電話をかけてくるのは顧客のほうだ。顧客への対応については後の章でも触れるが、顧客にとっての問題が持ち上がったなら、「連絡を絶やさない」はもう礼儀の問題ではない。
対処を間違えれば未来のビジネスを失うことになる。

不満を抱えた顧客への対応のしかたについて、私はシンプルな哲学を持っていた。それは**なんとしても不満を満足に変える、**というものだ。

ときには、修理代を自腹で負担することもあった。ある顧客のために、ラジエーターホースとクランプの部品代として三〇ドル足らずをポケットマネーで払ったこともある。その顧客に対する私のメッセージは明らかだった——「お買い上げいただいたトラックの保証期間は切れていますが、あなたを喜ばせようとする私の情熱に期限切れはありません」

ジョー・ジラードの保証期間は一生なのだ。それで顧客の怒りがおさまっただけでなく、数カ月後に妻の車を買いにきてくれた。三〇ドルの価値は充分にあったと言えるだろう。

別の顧客は、パワーウィンドウを上げ下ろしするたびに小さなきしみ音がするといってカンカンだった。

彼がその車をとても気に入っているのはわかっていたので、整備部門（のお気に入りのチーム）に言って、修理にかかる部品代はすべて私につけてもらった（かかった部品代は四〇ドル足らずだった）。窓の桟《さん》には油をさし、チェックした。

問題は解決し、顧客は喜んだ。とくに、部品代を私が持つことをレジで聞くと、すぐに私のオフィスに礼を言いにきてくれた。その年の夏、彼は娘の大学通学用の新車を買いにきてくれた。


**私がなぜ自腹を切るのかというと、ネガティブな経験をポジティブなものに変えて相手を驚かせる安い投資の機会だと思っていたからだ。**顧客はそこまでの心遣いを期待していない。ディーラーの経営者はいつものごとく、そうやって自腹を切る私をいかれていると思っていたが、私には自分のしていることがちゃんとわかっていた。

それに、顧客はほかの誰のものでもなく、自分のものだと思っていた。私が彼らを喜ばせたいと思っていることを顧客は知っていた。だから彼らが私に電話してきたのは理由あってのことなのだ。私なら問題をなんとかしてくれると信頼してくれたのだ。

顧客が車やサービスに不満だということはそれほどなかったが、そういうときには、顧客をつなぎとめるために「少し与える」必要があった。

彼らが私に連絡してきたのは理由がある。私は「好きです」と相手に言ったのだ。どれだけ好きか、今こそ示さなければならない。

ただし、これは感謝のしるしとして今回だけすることだと必ず伝えるようにしていた。あなたにもこのアプローチは使えるはずだ。


すでに相手が与えてくれたビジネスに対する感謝と誠意を示す機会と考えるのだ。こうすることで、あなたはまたひとつ、今後もあなたとのつきあいを続けるべき理由を相手に与えたことになる。

つまり、あなた自身のコマーシャルのようなものだ。私はいいときも悪いときもずっと、末永くこの結婚を続けたいと思っていた。離婚はありえなかったし、その理由もなかった。価格と商品とサービスが揃っていたからだ。


私の職場環境は完璧にはほど遠かった。ディーラーの運営方針が気に入らないこともたしかにあった。しかし、私はその先を見ていた。数カ月おきに職場を転々とするほかの営業マンとは違って、私は一カ所に長くとどまろうと決めていた。**私は私の顧客に忠実でありたかった。**顧客も私に忠実でいてくれた。どこに行けば会えるかがおたがいにわかっていた。木がすくすくと育つのを見たければ、一カ所に植えておくべきだ。そうすれば木は実を結ぶ。地面から掘り出してあちこち移動させていたら、木はどこにも根づかず、育たない。決して実を結ばない。考えればわかることだ。

顧客への気配りで私にかなう者はいなかったし、顧客もそれをわかっていた。だからこそ、七五パーセントを超える顧客がリピーターになり、何度も買ってくれたのだ。

**顧客との連絡を絶やさないというのは、ただ言葉をかけることではない。死ぬまで面倒を見るということだ。**それを肝に銘じなければならない。

顧客に連絡するとき、相手の注意はほかならぬあなたに向かっている。あなたには支配力がある。それを独占するのだ。

ときには楽しくない話も聞かなくてはならない。失業や離婚、家族の死、子供の非行などについて聞かされることだろう。人生に不幸はつきものだ。

新しい車を買いにきて、ローンの審査に通らないと知るや、急に落ち込む人もよくいた。ある男性は、そういう状況で打ち明け話を始めた。自分には飲酒癖があり、そのおかげで仕事が長続きしない、だからなんとかしたい、と。さらに、それが夫婦生活にも影響を及ぼしていて、子供たちに対しても恥ずかしい、子供のいい手本になりたいのに、どこから始めればいいのかわからない、という。

私は彼の話にじっと耳を傾け（今日は車を売れそうもないとわかっていたが）、それから言った。「今すぐ始めたらどうですか、ハリー。このディーラーを出た瞬間から、あなたは生まれ変わるんです。あなた自身がそれを信じられるか、それこそが真の問題です」

そのときの彼の表情には、私のほうが少し驚いた。茫然自失の状態から急に目を覚ましたように、目を大きく見開いて私を見たのだ。いったいなぜ、営業マンが自分の愚痴を親身になって聞いてくれるのだろう、というように。

「ありがとう、ジョー。必ずまた来るから、待っててくれ」とハリーは言った。

それから一年近くかかったものの、彼はたしかにまた来てくれた。今度は満面の笑みを浮かべ、美しい妻のジーンも一緒だった。地元の工場の現場監督になった彼には難なくローンが下り、私は新車を売ることができた。

顧客との関係を築くなら、この種のことにもかかわる覚悟をしておかなければならない。**ときには顧客の相談役やカウンセラーになることもあるだろう。それをためらうな。**相手に信頼されている証しなのだ。あなたが情にあつく思いやりのある、よく気のつく人間だということを示すチャンスだ。

私は精神科医でもプロのカウンセラーでもないが、生い立ちからして、多くのものを持たずにやってこなければならなかった。だから持たざる人々の話を聞き、心から同情することができる。

何もすべてのことに答える必要はない。ただ相手の話をよく聞きさえすればいい。きっと損にはならないはずだ。

## フォローアップ

セールスの仕事を始めて三年がたつころから、私は成功の手ごたえを感じるようになった。だが、それには代償がともなった。体を酷使しすぎて健康に影響が出はじめていた。ワーカホリックになりかけだった。限界まで働き、仕事以外のことをする暇はほとんどなかった。何かを変えなければならないのはわかっていた。税理士から手伝いを雇うべきだとアドバイスをもらった。見込み客の選別や書類仕事、山のようにかかってくる電話の応対といった雑務を人に任せ、私のもっとも得意なこと、すなわち潜在的な顧客とのやりとりに集中すべきだというのだ。

私はこのアドバイスを受け入れることにした。それは私が今までにした中でもっとも賢い仕事上の決断だった。

まず、収支を合わせる（つまり新しく人を雇う費用をまかなう）ために、どれだけの売り上げを上乗せしなければならないか計算し、そこに利益を出すためにさらに上乗せすべき売り上げ額を足した。その結果、やはりそうすべき時期であるように思えた。顧客に会う時間がとれないばかりに逃している顧客がいるのがわかっていたからだ。ゴーサインを出す決断をするのは難しくなかった。

まずはひとりのスタッフを（自腹で）雇った。やがてふたりになり、彼らがフォローアップやダイレクトメールを見てかかってきた電話の応対をすべてやるようになった。

様々な下調べや審査もやってくれた。私の顧客にきちんと対応しているか整備部門の様子を見に行き、必要ならローンの承認までとってくれた。そのふたりのスタッフには、働きに応じて少なくない額の給料を払った。彼らを雇うことで大きく状況が好転した。さっきも言ったとおり、とても賢い決断だった。

「手伝いを頼むべきかどうかをどうやって判断すればいいのか」と疑問に思う人もいるかもしれない。答えは簡単、私のやったような計算をしてみればいい。答えがプラスの数にならなければ、あなたは少しフライング気味で、まずはもっと仕事を広げる必要があるかもしれない。

別の判断基準は、**働く時間を増やしても増やしても追いつかず、潜在的な売り上げや利益を逃していないか**どうかだ。私がそうだった。このことは会社の上司や経営陣にぜひ伝えたほうがいい。その主張を裏づけるような考え抜かれた評価や提案があればなおいいだろう。

もし、売り上げや利益を増加させる機会の喪失について価値を認めないような会社なら、そんな先見の明のない会社には見切りをつけてよそを探したほうがいい。

前に述べたように、私はディーラーの同僚とランチに出かけることはなかった。もし外食するなら（珍しいことだったが）、私の助けになってくれる人、たとえば銀行の担当者と行った。

それは持ちつ持たれつの関係でもあった。私も彼らの助けになれた。私は地元の銀行にかなりの仕事を回したので、私の名前を出せば死人でもローンの審査が下りただろう。

ジラードのチームは医師のクリニックのようなものだった。

〝ドクター・ジラード〟は常に手術中だ。十五年のキャリアのうち最初の三年を除く十二年間、ジョー・ジラードに会いたければ予約をとる必要があった。

それには、まず〝看護師〟による審査を受けなければならなかった。とはいえ、誤解しないでほしい。偉ぶったり、もったいをつけていたわけではない。

ただ、顧客（とこれから顧客になる人々）をうまくさばくための賢く効率的な方法を見つけようとしていただけだ。

そしてそれを見つけた。**見込み客が私に会いにきたときにはもう、スタッフによる審査と下調べが済んでいる。顧客の趣味も好みも欲しい車もわかっている。顧客について知るべきことはすべて、家族並みによく知っている。**

どんな仕事をして収入がどのくらいあり、子供は何歳でどこの学校に行っているのか、その誕生日や結婚記念日は、などなど。顧客全員の血液型まで知っていたので、必要とあらば輸血もできたほどだ。

顧客をさばくためにこのアプローチを取り入れたことが、私のターニングポイントだった。私が成功できたのは、ダイレクトメールと価格、そして顧客への行き届いたサービスのおかげだった。もちろん、ダイレクトメールにしても、顧客への対応のために人を雇うのも、私のようにするにはまず売り上げや利益を一定以上に増やさなければ採算がとれない。

さっき説明したように、自分の状況を評価することだ。また、ダイレクトメールは私の顧客に対する心遣いの一部にすぎないことも忘れてはならない。

新車のキーを手渡したときの顧客の表情を見るのが、私のもっとも好きな瞬間のひとつだった。売った後に「好きです」という気持ちを伝えるために、私は三つのことをするようにしていた。題して「ジラードの三つのキス」だ。

**キスその1**

車を買ってくれた顧客にスタッフがお礼のカードを送る。

そこには「よい選択をして素晴らしい車を買いましたね。万一ご不満な点があれば、ぜひお申し出ください。必ず満足に変えてみせます。あなたは今日、ジョー・ジラードを買ったのですから」と書かれている。

必ず相手があなたから買ってくれたことを褒め、よい選択をしたと褒めること。

**キスその2**

新車がディーラーに（たいていは契約の二日後に）納車されると、それは私のオフィスの窓の外に停められる（スタッフがそうしてくれる）。私は外に出て顧客を出迎える。グローブボックスの中に名刺を二十五枚入れ、どうかお知りあいを紹介してください、その方が車を買ってくれたら五〇ドルさしあげます、と伝える。

そして、「あなたの行くところにお供したい、そしてあなたに健康と幸せと成功を手に入れてもらいたい、それが私の望みです。どこに行こうと、ジョー・ジラードはいつもあなたと一緒です」と言う。

**キスその3**

納車の三日後に顧客に電話をかけて言う。

「車の調子はどうですか？　ご家族はお変わりありませんか？　お子さん（できれば名前で）は？　私は決して商品の後ろに隠れず、前面に立ちます。何があっても、ご満足いただけるまで奉仕します。『ご不満な点があればお電話ください。必ず満足に変えてみせます』とお伝えしたことをお忘れなく」

それから「ところで、新しい車を見て自分も欲しいと言っていたお知りあいはいませんか」と付け加える。その人物の名前を訊き、「もしその方が買ってくれたら五〇ドルさしあげます」と言う。

実際に紹介客を連れてきてくれたら、さらに上乗せ（六〇ドル）する。それは顧客と私の両方にとってウィン‐ウィンの提案だった。顧客は紹介料をもらえて、私は三年から五年おきに車を買ってくれる二人のお得意さん（最初の顧客とその紹介客）を確保することができた。

## 連絡を絶やさないようにするための五つのポイント

これまで話してきたように、私はセールス活動の一環として、ときにポケットマネーを使ってきた。

とはいえ、家の裏庭に金のなる木が生えていたわけではない。一〇セントでも使うときは、それと引き換えに得られる見返りを注意深く計算していた。**私は常に金を生むために金を使った。**この章のはじめに述べたように、私のようなやり方で顧客との連絡を絶やさないようにするには、費用がかかる。だが、それは自分と、自分の未来への投資だと思っていた。そうでなければやらなかった。

さらに、ディーラーと国（税の申告時に経費で落とすという形で）にその大部分を負担してもらった。かかった費用のうち最終的に自腹を切ったのは二五パーセントだ。これならあなたにもできるだろう。

ときには、かなり先の長い投資になるだろう。私のように長期にわたる忠実な顧客基盤を築こうと思うなら、これはとくに覚えておいたほうがいい。

**気長に待てば、必ず見返りがある。**

では、これまで触れてきた、私が顧客との連絡を絶やさないようにするために（そして口座の金額を増やすために）していた五つの取り組みをまとめよう。

**1　ダイレクトメール**

ダイレクトメールこそ、私が営業マンとして目覚ましい成功をおさめる鍵になったものだ。**ダイレクトメールによって、一万六千人の人々が毎月、私の名前を目にした。**相手があなたのことを知らないか、連絡を絶やしたためにあなたのことを忘れてしまって、その結果重要なチャンスを逃していないだろうか。

**2　サポートスタッフの雇用**

私はふたりのスタッフを雇い、ダイレクトメールへの反響の対応や、その他の事務を任せていた。そのおかげで、私自身は顧客との商談に集中できた。彼らがいなければ、書類の海に溺れて新たなセールスのチャンスを逃し、売り上げを失っていただろう。

あなたは時間を有効に使っているだろうか。使っていないなら、誰かに金を払って雑務を引き受けてもらう価値があるかもしれない。

**判断の鍵は、雑務に忙殺されて、上乗せできたはずの売り上げや収入を失っていないかどうか判断することだ。**

### 3　紹介料で顧客を増やす

紹介料を払うことで、多くの顧客を私だけの専属営業チームの一員にすることができた。顧客は、紹介した知人が私から車を買うと、五〇ドルをもらえた。

自分の仕事を手伝ってもらえそうな人を思い浮かべ、報酬を払う価値があると思えば、実施を検討してみるべきだ。

### 4　地元銀行員を接待する

私は定期的に地元銀行の行員を接待していた。デトロイトの最高級レストランに配偶者とともに招待し、女性には必ずガーデニアのコサージュを贈った。ローンの審査を通す（しかも素早く処理する）とき、彼らは私に受けた恩を決して忘れなかった。

前にも言ったとおり、勤務時間中にランチに出かけるなら、自分の助けになってくれる人と行くべきだ。友達との夕食は仕事が終わった後に出かければいい。

## 5　チームスタッフを大切にする

これはとても重要なことだ。**私はジョー・ジラードを支えてくれるチームの大切さを決して忘れなかった。**彼らこそ私の成否を握っていた。

月に一度、整備部門のスタッフ三十六人を高級レストランで接待したのは、彼らをどれだけ大切に思っているかを知らせる手段だった。本当に必要なとき、彼らは私のためならどんな無理も聞いてくれた。

**あなたも自分の仕事の成否を左右する人々を思い浮かべ、彼らに感謝の気持ちを伝えよう。**そうすれば、あなたが必要としたとき、彼らはそこにいてくれるはずだ。

これらのことをしたおかげで、私はキャリアに弾みをつけることができた。

注意してみると、この五つには共通点が三つある。金を投入していること、人を投入していること、そしてすべて個人税の申告時に経費として落とせることだ。使わない金をいくら持っていてもしかたない。

ところで、税務署も私との連絡を絶やそうとしなかった。私がそれほど効果的なシステムをつくりあげているのが信じられなかったようで、毎年のように調査にやってきた。私は売った車のすべての領収書を見せ、顧客に払った紹介料が嘘でないと証明しなければならなかった。彼らは私のしたことが信じられなかったのだ。

だが、私にやましいところなどなかった。嘘はひとつもなかったからだ。税務署から連絡が来るたびに、それを私の努力に対する賛辞だと考えることにしていた。

これらの取り組みの一部（または全部）が、あなたの仕事でも効果を上げる可能性はきっとあるはずだ。ぜひ試してみてほしい。

**集団からはずれることを恐れず、ほかの誰もやっていなくとも、独自に何かをすることを恐れないことだ。**私のしたことの多くに対して、ディーラーの経営陣は首を振るか、笑うかだった。だが、最後に笑ったのは私だ。

どんな業界でも、もっとも成功する人は決してその他おおぜいのようではない。だからこそ特別なのだ。私はその選ばれたひとりであることを誇りに思っている。

## ✣ 電話は必要にして充分なハイテク機器

ダイレクトメールならともかく、ひと月に一万件から一万四〇〇〇件もの電話をかけるのは現実的に不可能だ。

だが、ダイレクトメールを見た顧客からかかってきた電話（それは想像以上に多かった）に私が自分で出ることもあった。とくに、相手が車を買おうかどうか迷っていそうなときはそうした。

電話のいいところは、うまく使えばきわめて説得力のあるコミュニケーションツールになりうることだ。便利で手っとり早く、印刷代に比べればとても安い。それに、ディーラーの電話を使えるのだ。

実際、私がはじめて自動車のセールスの仕事を始めたとき、与えられたのは電話と机だけだった。私は一日のかなりの時間を、電話帳を見て電話をかけることに費やしていた。一日に少なくとも一五件の電話をかけたが、そのほとんどが飛び込みだった。相手のことは何も知らず、車を買う気があるかどうかもわからなかった。

ある日はブラウンさんにかたっぱしから電話をかけ、翌日はジョーンズさん、次はコワルスキーさん、スミスさんという具合だった。その日どのアルファベットに電話をかけているかで、何曜日かわかるほどだった。

あまり科学的な方法とは言えないが、それが私にとって最初の、潜在的な顧客との連絡を絶やさないようにするための努力だった。だから私が電話を重んじることには、ごく個人的な特別な意味があるのだ。

電話は昔からほとんど変わっていないが、顧客と意味のある関係を築く上では必要にして充分なハイテク機器だ。今でも顧客との連絡を絶やさないようにするための重要な武器であるべきだ。

電話は対面でのコミュニケーションにはかなわない。実際、私が顧客をオフィスに迎えたとき、最初に切るのが電話だ。来客中はすべての電話を秘書がとるという方針を貫いていた。前にも言ったように、気を散らせるもとはいらない。顧客には話に集中してほしいからだ。

しかし、顧客と会っていないときには、電話は次に有効な手段であり、依然として強力かつ個人的な影響力を及ぼせる。

あなたの声で、温かく愛想のいい口調で語りかければ、最初のアポイントを取りつけられるチャンスは大いにある。電子メールではダメなのだ。

私が成功するためにキャリアの中で利用してきた様々なコミュニケーションツールを振り返ってみると、それぞれに役割と価値があったことに気づく。

だが、真の成功をもたらしたものは、私が採用した方針であり、要するにこの本の各章で述べられている、私のしてきたことそのものだ。それがどんなときも顧客を特別な気分にさせてきたのだ。

たとえば、計画的な一日の使い方について話したことはすべて、顧客との連絡を絶やさないようにするために時間を有効に使う上で重要だ。

今日の私があるのもそのおかげなのだ。魔法など何もない。

**すべてはやる気と創意工夫、そして成功への燃えるような情熱しだいだ。**

## ❖ 大切な人との連絡を絶やさない

顧客との連絡を絶やさないようにすることが仕事の成功を左右するなら、家族や親しい友人との連絡を絶やさないようにすることは有意義な人生を送る上で欠かせない。その人と話したり会ったりするのがいつ最後になるのかもわからないのだ。

残念ながら、それだけは誰の手帳にも書かれていない。

家族や友人とすごす時間はどれほど貴重だろうか。もし相手のことを本当に愛し、大切に思っているなら、それに値段などつけられないだろう。その時間にはかけがえのない価値があるからだ。

私と家族にとってもそうだ。**顧客との連絡を絶やさないようにするためにすべきことを色々と話してきたが、家族に対してはそれを倍にすべきだ。**

彼らこそあなたが働いている理由なのだ。そう伝える機会を逃してはならない。

**相手の予想していないことをしよう。**とくに理由もなく妻に花を買って帰ったり、夫のために特別なディナーを用意したり、社会に出た若い息子や娘をランチに誘ったり、あまり会わない両親の家を訪ねたり……ちょっとした、だが特別なことをしよう。

そして何より、あなたの人生の基盤となる人々との連絡を絶やさないようにしよう。

彼らこそ、あなたに内なるエネルギーを与え、日々の生きる目的を与えてくれる存在なのだから。

Rule

# 10

Joe Girard's 13 Essential Rules of Selling

# 真実を告げる

真実を告げれば、
何も覚えておかなくていい。

マーク・トウェイン（作家）

この章は、十三のルールのうち相手とのやりとりに焦点を当てた四つの章の最後となる。ルール十「真実を告げる」は、本書の中でももっとも誠実さが問われる章だ。

## 嘘を生きる

好きこのんで汚名を着たいと思う人はいないだろう。中でもとくに避けなければならないのは、嘘つきの汚名だ。

**人生でたった一度でも嘘をついたら、あなたは嘘つきのレッテルを貼られてしまう。**たとえ一回こっきりでも、嘘をつくというのはそれだけ人から見てイメージが悪い。もう二度と信じてもらえなくなる。

嘘をつくことの何より悪い点は、いったん嘘をつきはじめたら、あとは急な坂を転げ落ちるしかないことだ。最初についた嘘がばれないように、第二、第三の嘘をつかなければならない。そうなったらもう、自分の嘘のせいで罪のない誰かが巻き添えになろうとかまってはいられない。やがては破滅の道へまっしぐらだ。あなたの言ったことが何ひとつ本当でないと気づかれるまでに、そう時間はかからない。中にはあまりにもどっぷりと嘘につかってしまって、それが真実だと信じはじめる人もいる。

だが、まず自分自身に正直にならないかぎり、決して他人に正直にはなれない。それこそが真実だ。嘘を生きるようになれば、あなたは詐欺師であり、ペテン師だ。取るに足りない小者だ。次の言葉を肝に銘じるがいい。

**いつも本当のことだけを言えば、ついた嘘を覚えておかなくていい。**

何年か前にラジオ番組に出演したときのことだ。「営業マンはみんな嘘つきじゃないんですか?」と司会者に言われて、私はこう答えた。「ほかの営業マンのことは知りませんが、私は違います。嘘をついたり事実をごまかさなければならないくらいなら、売れないほうがましです」

この方針のせいで失ったセールスもたしかにある。うまく嘘をつけば、今以上の売り上げを上げられていたかもしれない。だが、それはジョー・ジラードのやり方ではない。私には耐えられない。一生、毎晩ベッドに入るたびに自分が詐欺師だという思いにさいなまれるのはごめんだ。

実際の私は、毎晩安らかにぐっすりと眠れる。なぜなら、私の一万三〇〇一台の車のセールスがすべて公明正大なものだったと胸を張れるからだ。その数字が今日に至るまで破られていない世界記録だということよりも、むしろそのほうが誇らしい。

**何をしようと、それが真実に基づいていないなら、決してよい結果は生まれない。**

これを信じられないなら、この章を読んで目を覚ましてほしい。嘘をついて、しばらくばれずにいることは可能だ。だが永遠にではない。いずれはばれる。

なぜなら、嘘は忘れられないからだ。遅かれ早かれあなたは追い詰められ、家族の前で恥をかかされ、一生嘘つきのレッテルを貼られる。嘘をつくぐらいなら死を選んだほうがいい。

本当の真実を理解したいなら、まず身のまわりの悪いものに目を向けることだ。悪いものを見ると、その印象は長く残る。そして急いでまともになろうとする。

これは私には効き目があった。スラム街で育った子供時代に忘れられないものをたくさん見た。嘘の魔力にとりつかれてしまった大人たちを。

・地元のバーで靴磨きをしていた九歳のころ、大の男たちがアルコールで正体をなくしたり、暴れたりするのを観察した
・同じ通りをいつもうろつき、ゴミ箱をあさっているホームレスたちの姿を見た
・知っている人が器物破損や窃盗や喧嘩で警察に捕まるのを見た
・毎晩家に帰ると、私のポケットに小銭がいくら入っているかにしか興味のない父が待っていた

ものごとの暗部を知ると、善良さや真実の力がわかるようになる。それは人生のあらゆることにあてはまる。間近で人が死ぬのを見た戦地帰りの兵士に訊いてみるといい。目の前で親友の命が一瞬にして暴力的な死により奪われるのを目にしてから、それまであたりまえだと思っていた命がどれほど大切に思えるようになったか。

チャールズ・ディケンズの小説『クリスマス・キャロル』で、主人公のスクルージは、過去の亡霊に自分の悲惨な人生の末路を見せられてはじめて、善良さや哀れみや真実の大切さに気づく。そのときはじめて本当に目を開かされ、自分のこれまでのみじめな人生の真実を悟る。

スクルージには第二のチャンスが与えられたが、それは物語の中の話だ。**われわれの人生には一度しかチャンスがない。しかもそれは現実の世界だ。**

## ✣　手痛い教訓

子供のころ、私は地元のカトリック教会の日曜学校に通っていた。そこで、ソレイナス・ケーシー神父から真実の大切さを教わった。

ケーシー神父は私にとって特別な存在だった。とても情け深く求心力のある修道士だった（彼はおそらくカトリック教会の聖人として祀《まつ》られることになるだろう）。私が問題の多い少年時代をすごしていたので、たぶん日曜学校もサボりがちだったと思うかもしれない。若いころに何度か道を誤ったのは事実であり、神父の教えを毎日忠実に守っていたとも言えないが、彼はたしかに私の人生を変えた。

ケーシー神父は、真実について一生忘れることのない教えを授けてくれた。自尊心を保つこともそのひとつだ。私はそのことに深く感謝している。


真実を話すことの大切さを最初に学んだのは、営業マンになる前のことだ。私はエイブ・サパースティーンの下で働くようになった。それははじめてついたまともな仕事で、エイブはデトロイトで住宅建築業を営んでいた。商売上手で、町のあちこちに土地を買っては、小さい格安の家を建てて売っていた。決して豪華ではないが、値段は手ごろだった。

「はじめに」でも触れたように、エイブは立派な人物で、私を息子のように可愛がり、面倒を見てくれた。多くの点で、彼こそ私の父がわりだった。基礎の掘り方から始めて、作業員への指示の出し方まで、エイブに手とり足とり教わって、一から仕事を覚えていった。

やがてエイブが引退すると、私がオーナーになった。それほどの儲けは出なかったが、見通しは明るかったし、新たに得た大切な三人の家族——妻のジューン、息子のジョーと娘のグレース——を食べさせるには充分だった。

だが残念ながら、エイブに教わらなかったことがある。それは適切なビジネス上の判断と信頼とのバランスをどうとるか、ということだった。

私はすべての人を信頼した。誰かが何かをしてくれると言えば、それを信じた。ビジネスで嘘をつく人などいないと思っていた。当時はなんと世間知らずだったことか。契約書や証文を交わすこともなく、口約束と握手だけで済ませていた。悲しいことに、このお人よしな性格のおかげで大金を失うことになった。ペテン師同然のある営業マンに騙されたのだ。

それは、五十軒ほどの家を建てられそうな区画が格安で売りに出されているのを見つけたときのことだった。私は興奮した。何軒かの家をまとめて建てれば、建設のコストも安く抑えられる。

ところで、その土地が格安だったのには理由があった。下水道が整備されていなかったのだ。トイレが汲みとり式の家を買いたがる人などいないので、それは大問題だった。

その土地の営業マンは、自分で役所に行って調べてきたと言った。下水道は翌春までに、つまりあと二、三カ月ほどで整備されると私に請けあった。それは素晴らしい、と思った。土地を買ったらモデルハウスを建てて販売を始められる。そこで、かなり利率の高いローンを借りてその土地を購入した。すぐに返せると思っていた。金が舞い込んでくるイメージしか思い浮かばなかった。だが現実は違った。

**私は営業マンを信じ、信頼し、見事に裏切られた。まるで人を見る目がなかった。**モデルハウスを建てて看板を立て、広告を出し、かなりの購入希望者がやってきた。みな家を気に入り、価格も手ごろだった。

だが、異口同音に言った。「下水が整備されたらまた来るよ」。私は来る日も来る日も待ち続けた。実際に家を買いにくる者は誰もおらず、下水工事にくる者も誰もいなかった。まずい状況だった。

まもなく矢のような催促が始まった。土地代も建築資材代も借金していたが、すぐにいずれの返済も滞るようになった。借金取りに車を持っていかれないよう、夜のあいだ家から離れたところに駐車しておかなければならなかったほどだ。

もはや収拾のつかない状態で、私は窮地に立たされた。

とうとう、下水工事が遅れている理由を知ろうと、自分で役所に出かけていった。もう予想がつくだろう。その区画に下水道が整備される計画などなかった。今もこの先もずっと。私は見事に騙されたのだ。それは私自身のせいだった。

営業マンの話を自分でたしかめようともしなかったし、書面を交わしもしなかった。タダ同然の土地に六万ドルを払った。

しかもそれだけではなかった。二軒のモデルルームと私道をつくるのにさらに四万ドル使っていた。合わせて一〇万ドルの授業料を払わされたのだ。たいした額ではないと思うかもしれない。だが、一九六二年当時の一〇万ドルは、今の価値になおせば七二万ドルだ。あなたなら落ち込まずにいられるだろうか。


高校を中退した私にとって、その授業料は決して安くなかった。それだけあれば、当時ならハーバード大学に行った上に大学図書館を買い取り、その残りであの騙して売りつけられた土地に建てるはずだった家もすべて買えただろう。

それまでの十年間、必死にやってきたことがすべて水の泡だった。今にも崖から落ちようとしているトラックの気分だった。

**私と家族には大きな重圧がのしかかった。家は差し押さえられ、私たちは追い出された。**
私と妻の車はともに取り上げられた。テーブルに食べ物をのせることさえ難しくなった。私は妻とふたりの子供とともに無一文で放り出されたのだ。

昨今の住宅ローン問題をめぐって、おおぜいの人が差し押さえで家を失ったという記事を読むたびに、当時の悪夢のような日々を思いだして、たくさんの家族に心から同情せずにはいられない。あのとき、誰も私たちを助けてはくれなかった。自力でなんとかするしかなかった。

私はバスで仕事を探しにいった。家族に食べさせる食料を買うことだけが望みだった。その事実に向きあうのはつらかった。人を信じた見返りが、何もかも取り上げられて無一文で家族とともに放り出されることだったのだ。そんな経験をすれば、正しい行いをすることに対して苦々しい思いを抱かざるをえない。騙されていたと気づいた瞬間のことは決して忘れないし、あのペテン師の顔も永遠に忘れないだろう。

誰かにそんなふうに記憶されたいだろうか。もし誰かに、中でも顧客に嘘をつけば、相手はあらゆる知りあいにあなたの悪口を触れ回る。ジラードの二百五十の法則があなたの破滅を招く。あなたはもう死んだも同然だ。

正直に言えば、下水のことで私を騙した男をつかまえてとっちめてやろうと思わなかったわけではない。だがありがたいことに（彼にとって）、そうしなかった。そんなことをすれば、母とケーシー神父の思い出に泥を塗ることになると思ったのだ。

それはふたりが示してくれた手本とは違う。ひどく不当で間違ったことに思えたものの、私は愚かな自分を責めた。そして深く落ち込んだ。

当時は想像さえできなかったが、この嵐の後、ジョー・ジラードの人生には虹が待っていた。

## 信じることをやめない

ひどい目にあったが、このできごとがすべての始まりだった。私は復讐心に凝り固まったりはしなかった。ただ、これからはもう少し賢くならなければならないと学んだ。

それはうまくいった。あとはご存知のとおりだ。人生で一度も車を売ったことのない人間が、たった三年で世界一の営業マンになった。


ここでの教訓は何か。私にとって**真実とは、信頼と人格を抜きには語れない。**この不動産の件で破産に追い込まれて、人がどれほど不実になれるかを知った。

だが、そのことで自分自身と他人を信じる心をなくしたりしないと決意した。それこそがここでの教訓だ。

むしろ、絶対に成功してやるという決意がより強まった。「逆境に遭遇するまで本当の自分には出会えない」というが、私はあの日の役所でたしかに本当の自分に会った。

**よりどころにしていたあらゆるものが嵐に吹き飛ばされても、必ずひとつのものだけは残る。それは人格だ。**

人生は突然思いもよらぬほうに転がり、予想外の機会を運んでくる。

人はそれを運と呼ぶが、私はジラードの運命と呼ぶ。それは起こるべくして起こったのだと信じる。

「ひとつの扉が閉まれば別の扉が開く」ということわざは本当だ。私の場合はたしかにそうだった。あの悪夢がなければ、今のような成功はなかったかもしれない。あの経験にもかかわらず、私は自分自身と他人を信じるのを決してやめなかった。

**たったひとつのできごとに人生を支配させてはならない。**

顧客や取引先など、自分の人生に差をもたらす人々（家族や友人は言うまでもない）を信じるのをやめてしまったら、棺桶に片足を突っ込んだも同然だ。

終わりの日は近い。その道を選ぶのは負け犬だけだ。

**人生が公平だと誰が言ったのか。自分の短所を世の中のせいにするのはやめろ。**重要な約束ごとは必ず書面にする知恵を身につけるのだ。失敗から学び、前に進むのだ。

多くの人にはそれができない。自分を欺き、嘘をついた連中に仕返しする方法を考えることで頭がいっぱいになってしまう。そうなったらおしまいだ。やがて正直さや信頼が復讐心と憎しみに変わる。

これがあてはまるなら、おめでとう——あなたは悪魔との契約書にサインしたも同然だ。

## ❖ 脚色することと騙すこと

「嘘をついてもいい場合があるか」という問いは誰でも耳にしたことがあるだろう。だが、答えるのはそう簡単ではない。正直さも程度による場合はたしかにある。

たとえば、相手のためを思って、または相手を守るためにちょっとした罪のない嘘をついたり、真実を一部黙っているのは、とくに命に関わる状況において、あるいは純粋な親切心や思いやりによるものであれば、必ずしも悪いことや間違ったことではない。

私自身も、真実を少々脚色しなければならない状況になったことはある。

たとえば、オフィスにやってきたある夫婦に「かわいい息子さんですね」と言ったことがあるが、実際には垢抜けないごく平凡な子供だった。このように、常識が勝つこともある。

だが、少々脚色することと、人を騙すことはまったく違う。騙すというのは、誰かを欺いて何かを奪おうとすることだ。要するに盗みと変わらない。

何年か前にイタリアのピサの斜塔を訪れた女性からこんな話を聞いた。

ある男が、近くに車を停めた観光客に紙片を手渡していた。男は各ドライバーに何がしかの金を要求していた。観光客は駐車代金を払っているつもりだったが、その女性はイタリア語ができたので、渡された紙片をよく見てみると、男がじつはピサの斜塔が倒れて車が破損したときの保険を売っていたことがわかった。

それは違法ではないかもしれないが、男は明らかにイタリア語がわからない観光客につけこんでおり、その自覚もあった。

**どれだけうまくやろうと、どれだけ口ざわりのいい言葉でくるもうと、嘘は嘘だ。**

欺瞞には多くの顔がある。とくによくある欺瞞は、短絡的で賢いとは言えないビジネスのやり方でありながら、きわめてありふれたものだ。信じられないかもしれないが、ちょっとした価格の水増しはどんな小売業でもごく日常的に行われている。なるべく得をしようと思っているのは顧客だけではない。だが私のアドバイスに耳を傾けてほしい。

ケチな水増しをして、一回の取引で顧客から一円でも多く搾り取ろうとするより、もっと高所に立った見方をしてはどうだろう。想像力を働かせ、目の前に広がる本当の機会に目を向けるのだ。顧客の忠誠心を手に入れ、今後リピーターになってもらうことを目指すのだ。

これはたんなる良心の問題ではない。ビジネスセンスの問題だ。

考えてみてほしい。売るのは一度だけで、それ以降は心をこめて相手に奉仕することがすべてなのだ。

顧客はあなたとの体験を、その印象をすべての知りあいに話す。これこそ「ジラードの二百五十の法則」が働く典型的なケースだ。とりわけ、顧客に払ってもらう金額を少しでもごまかすようなことをすれば、大金を失うことになりかねない。

あなたの評判は地に堕ち、挽回するには（できるとしても）長い時間がかかるだろう。**顧客を欺き、見ていない隙に皿から食べ物を盗むようなことをすれば、すぐにそれが世間に知れ渡る。**あなたはそんな評判を立てられたいのだろうか。考えればわかることだ。

ところで、私はビジネス上の判断のことだけを話しているのではない。道徳的に正しいことと間違ったこととの違いについて話している。

新しい薄型テレビを買いにいって、誰かがその価格を水増ししてあなたからいくらか騙しとろうとしたら、どんな気がするだろう。逆の立場になって考えてみれば、いい気がしないことはわかるはずだ。私に土地を売りつけた男の話を覚えているだろうか。あなたが誰かにしようとしているのもそれと同じことだ。

顧客への不誠実な対応の中でも、価格を水増しする（相手の金を騙しとる）ことは、わざと不良品を売りつけるのと並んで最悪だ。それは嘘つきのペテン師のすることだ。なぜ人にそんなことができるのか。

眉ひとつ動かさずこういうことをし続けている人間の話が毎日のように耳に入ってくる。史上最悪の詐欺師であるバーナード・マドフは三十年ものあいだそれをやっていた。欲に目がくらんで嘘をつけば、苦労して登ってきた山を一気にふもとまで転げ落ちることになる。

そう、これは良心と思いやりの問題だ。新約聖書のルカによる福音書にもこう書かれている。**「あなたがたは自分の量る秤《はかり》で量り返される」**

私は陸軍に入っていた十八歳のころ、兵員輸送トラックの荷台から誤って落ち、背中を痛めた。何週間ものあいだ、腋《わき》の下から腰までを包帯でぐるぐる巻きにしていた。このときに負った怪我について、誇張して言うこともできた。軍医に事故について訊かれ、入隊するまで一度も背中を痛めたことはないと嘘をつくことも簡単だった。

だが、私は真実を話した。その三年前に学校のプールで飛び込みの練習をしていて、飛び込み台に背中をぶつけて痛めたことがあったのだ。そのプールでの事故について黙っていれば、たぶんばれることもなく、障害年金つきで除隊できたことだろう。

だがそのかわりに、一生自分の嘘を抱えて生きていかなければならない。

毎月ポストに小切手が届き、その封筒をあけるたびに、「ジラード、これがおまえの銀貨三十枚（注：キリストの弟子ユダがキリストを売ったとされる代価）だ」という声をはっきり聞くことになるだろう。

私は短期間で陸軍を傷病除隊することになったが、幸いにして年金はつかなかった。何かをもらうよりも、もらわないほうがいいこともある。だが手に入れたものもある。死ぬまで正直に生きるという誓いだ。それにははかりしれない価値があった。

真実を話すのがなぜ正しいことなのか、その理由はいくらでもある。いくつかは明白だ。あなたが立派な人格の持ち主であることが伝わり、周囲の人の尊敬を得られる。だがむしろ、嘘をつくことによってもたらされるマイナスの結果のほうが、真実を話すモチベーションとしては大きいかもしれない。

**嘘は、昇進や金や友情を簡単に奪う。**身の危険さえ招きかねない。嘘をつきたい誘惑に駆られても、ばれたときのことを考えると、危険は冒さないほうがいいと思うものだ。

普通の頭があれば、誰でもそれに気づいて真実を話すようになると思うかもしれない。しかし残念なことに、誘惑にあらがえない人もおおぜいいる。そして嘘のプロになる。いかにももっともらしい嘘をつけるよう腕を磨く。それがどんなふうに聞こえるか、どれだけ本当らしく、説得力があるかをあらゆる角度から考え抜く。半面の真実が完全な真実のように見えてくる。こうなると欺瞞も芸術だ。

過去にも、実業界や金融界を舞台に大規模な欺瞞が暴かれ、大きな注目を集めたケースがある。大陪審の審理で、企業重役たちが宣誓証言で堂々と嘘をつき、彼らの悪行によって投資家や真面目な一般市民が仕事や年金や老後の蓄えを失い、被害額は数十億ドル規模に上った。

## 真実を黙っているのも嘘のうち

ときには、何を言うかではなく、何を言わないかで、真実を話しているかどうかが決まることもある。たとえば、誰かの言っていることが真実でないと知っている場合だ。重要なことが都合よく（あるいはわざと）省かれているかもしれない。明らかに真実でないことを正さないのは、間接的に嘘をついていることになる。

じつは、これはかなりよく起きている。誰かが嘘をついているのを耳にしても、いざこざを避けたいとか仕事を失いたくないという理由で、臆病風に吹かれて黙っている人がたくさんいる。あるいは、自分が得をするチャンスに目をつけたのかもしれない。

たとえば、上司が期末にボーナスを配っていて、うっかりあなたの分を少し多く計算してしまったり、誰か別の人のボーナスをあなたに渡したとする。それを黙って受け取るのは、嘘をつくのと同罪だ。

私の陸軍でのこともそうだ。もし軍医に何も言わなかったとしたら、私が嘘をついていないことにはならない。沈黙も嘘になりうるのだ。私には実際に起きたことについて空白を埋める義務があった。

われわれはみな人間であり、ときにはそのほうが都合がいいから、あるいは得をするからという理由で、少しだけ真実をごまかしたい誘惑に駆られることがある。すべきこと、すべきでないことの例はいくらでも挙げられるが、賢明なあなたにわかりきったことを言う必要はないだろう。

そこで、まっすぐで狭い正直者への道を踏みはずさないよう、いくつかの道しるべを示すにとどめておこう。

## ‡ すべき四つのこと

### 1　自分に正直になる

他者を好きになるにはまず自分を好きになる必要がある。自分を知ることは、自分に正直になることだ。自分のことを好きになれれば、自尊心が持てる。

**自分自身に嘘をついて生きていたら、決してこの先には進めない。**

### 2　口に出す前によく考える

何かを口に出す前によく考えること。「これから言おうとしていることは真実か」と自問し、真実だと思ったらはじめて口を開いて言葉に出すようにしよう。

私は若いころにどもる癖をなおそうとして、このテクニックを覚えた。それはどもりにも効果があったし、真実を話す上でも効果があった。

**まず考えるようにすると、後で悔やむようなことをぽろっと言わずにすむ。**つまるところ、あなたの言葉があなたという人間をあらわすのだ。

### 3　別の言い方を考える

職場では、とくに仕事の状況が厳しいときに、明確で率直なメッセージを誰かに伝えなければならないことがある。これをするときのひとつの方法は、その相手についてポジティブなことを言うことだ。

**ポジティブに励ますようにすると、相手からの抵抗ではなく変化を引き出しやすい。**

このアプローチなら、嘘をつくことも避けられる。

### 4　思いやりで真実をやわらげる

あなたが告げようとしている真実が相手を傷つけたり恥をかかせるようなものである場合、**傷つけずにメッセージを伝えるポジティブな方法を見つける。**

相手がデリケートな人ならなおさら、相手の気持ちや感情を慮《おもんぱか》ること。けなしたりすれば、なおさら相手をくじけさせてしまう。

## ‡ すべきでない四つのこと

**1 誇張しない**

誇張と嘘のあいだにはわずかな差しかない。真実とはありのままに尊重すべきものだ。**あなたが真実を誇張する人だという噂が立てば、何を言っても疑われるようになり、信用してもらえなくなる。**

**2 誰かをかばわない**

誰かをかばうために嘘をつくことを求められることがある。**だが、それをしてはいけない。**断わりづらいこともあるだろう。上司や目上の人からの頼みならとくにそうだ。そこで正直さを貫き通せば、見直してもらえるかもしれないし、あるいは間違った会社で働いていることがわかるかもしれない。

子供をかばって嘘をつくのは、親が子にすることの中でもおそらく最悪だ。悪い手本を示すことになるし、何をしても責任をとらなくていいという印象を与えることにもなる。子供はそれを誰から学んだかを決して忘れない。

とりわけ、嘘がばれて仕事（もっと悪ければ結婚）を棒に振ることになったときに思いだすだろう。子供に自分のそんな姿を覚えていてもらいたくないはずだ。

### 3　誰かにかばってくれと頼まない

誰かをかばうべきでないのと同じ理由で、**誰かにかばってくれと頼んではいけない。**多くの点で、こちらのほうがなお悪い。あなたのほうが相手より上の立場の場合はとくにそうだ。それは臆病な卑怯者のすることだ。

真実を話すのだ。電話に出たくないなら、今は電話に出られないと伝えるよう秘書に言うことだ。出張中だなどと嘘を言わせてはならない。

法を犯したり道徳に反するようなことをしていないかぎり、嘘をつく必要などないはずだ。

### 4　「罪のない小さな嘘」をつかない

嘘にならないように何かを伝えるには、常識を働かせる必要がある。その例をいくつか見てきた。だが誤解してはならない。

**「罪のない嘘」などというものはない。**

偽札が本物の札にはなれないように、**嘘は決して真実にはなれない。**危険なのは、「小さな嘘」がだんだん大きな嘘になってしまうことだ。そうなったらもう止められない。あなたの人格は堕落する。やがて鏡を見ても誰だかわからなくなってしまうだろう。

以上が、真実をめぐるすべきこととしてはいけないことの要点だ。

**真実は信頼につながり、信頼は成功につながる。それを忘れないことだ。**

## ✥ 言葉には名前がついている

この章は、人とのやりとり、つまり顧客や取引先、その他の人生における特別な人々とのコミュニケーション法について述べた三つの章の最後になる。そしてこの「真実を告げる」の章は、私の十三のルールの中でもおそらくもっとも重要だ。

このルールにどんな反応を示すかが、あなたという人間の倫理性やモラルを何よりはっきりと物語る。

どんな職業でも、まわりを一歩リードしたいなら常に真実を話すことだ。

**「真実を話せば決してばれることはない」ということわざこそ、すべての人に贈りたいもっともシンプルなアドバイスだ。**

何も悔やむことなく毎晩ぐっすり眠りたいなら、正直に生きることほど心の平安をもたらしてくれるものはない。本来誰かのものだったはずの何かを騙しとったことで、夜ごと悪夢にうなされずにすむ。

もうおわかりかもしれないが、私にとって「真実を告げる」ことは、この本の中のたんなる一章ではない。ごく個人的な問題でもある。おそらく、これまでの人生で何度も騙されたりごまかされたりしてきたために、それが特別な意義を持つようになったのだろう。

真実を話すということは、その人物の人となりの核心を表すものだ。誰かが誰かに嘘をついているのを聞くと腹が立つ。誰かに嘘をつかれると、冒瀆《ぼうとく》されたような気分になる。真実とはそれだけ神聖なものなのだ。

世の中にはびこるおおぜいの嘘つきやペテン師とは別に、正直でいるという義務を決して裏切らない人もたくさんいる。まわりにそういう人がいるなら本当に幸運だ。その人々こそ、未来への希望を体現しているからだ。

私自身も、私を信頼してくれる三人の人々と知りあう機会に恵まれた。

フィットネスの父ジャック・ラランヌは、私にずばりと正直な言葉をかけ、それ以後健康的な生活に改めるきっかけをつくってくれた。

『積極的考え方の力』の著者であり神学者のノーマン・ヴィンセント・ピールは、私のポジティブな姿勢と他者を助ける能力を信じてくれた。

世界的に有名なニュースキャスターにして作家であり、冒険家でもあったローウェル・トーマスは、私の講演を聞いた後、本を書くようにすすめてくれた（そのすすめに従ってこれまで五冊の本を書いた）。

この三人は、私の人生において進むべき方向を指し示してくれた特別な人々だ。

彼らのインスピレーションと励ましと正直さに大いに助けられて、私は人生の道を切りひらき、真実と誠実さに基づいて実りある、成功したキャリアを築き上げてこられた。

**常に真実を話すためにすべき重要なことは、まわりを見回して、正直だったおかげで手に入れられたものや経験できたことを振り返ることだ。**

それは真実がくれた贈り物だ。

たとえば正直に真面目に働いて手に入れた車や家かもしれない。こつこつ貯めた資金で行く家族旅行かもしれない。だが何よりも、人との関係を考えてほしい。妻や夫、子供、特別な親友……信頼しあい、おたがいに正直でいることで築いた関係、どちらかが金や力を持っているからではなく、おたがいを尊重しあうことで生まれた関係について思いだしてほしい。

それこそ、真実があなたの人生にもたらしてくれるものだ。誠実さが運んできてくれるご褒美であり、贈り物なのだ。自分が持っているすべてのものを見て、正直になったことで手に入ったものや関係を思いだしてみるといい。

また、恵まれない人に自分の幸運を分けてあげることも忘れないでほしい。他人に分け与えられるものなどないと思う人には、あなたの持つとても貴重な、そして今すぐ人に分けてあげられるものを教えよう。

いつでも人に与えられて、しかも守ることができるもの、それは言葉だ。

それを大切にしよう。そこにはあなたの名前が書いてある。

# 第三部　クロージングのルール

Joe Girard's 13 Essential Rules of Selling

Rule

# 11

Joe Girard's 13 Essential Rules of Selling

# すべてのチャンスをものにする

チャンスの窓がひらいたら、
ブラインドを下ろしてはならない。

トム・ピーターズ（『エクセレント・カンパニー』著者）

ここまでの十のルールでは、準備とやりとりに焦点を当ててきた。以下の二章では、私の十三のルールの第三部、クロージングに注目する。

前にも述べたように、「クロージング」とは必ずしもセールスに成功することだけを意味しない。求めている何らかの結果を手に入れることを意味する。

それは友人や親類や顧客との関係をよくすることかもしれないし、何カ月か棚上げにしていたプロジェクトを完了させることかもしれない。

**仕事かプライベートかを問わず、目標に定めたことを達成できたなら、それはクロージングに成功したということだ。**

## ❖ クロージング

この章では、「すべてのチャンスをものにする」方法をお教えする。これは、仕事やプライベートで目標に定めたことをなしとげるのに、もっとも有利な位置につけるということを意味する。

人生で目標と定めたことをなしとげるのが、どれほど満足感の得られる重要なことか、誰でも知っている。

私は営業マンとしてのキャリアを通じて、記録をつくってはそれを破ることを繰り返してきた。それができたのは、世界一になってからも決して気をゆるめなかったからだ。最初の一台を売ったときから常に変わらぬ心構えを保っていたからこそ、機会をものにすることができた。

一台目のことはよく覚えている。その日、向かいに座っていた顧客は、私にとって茶色のスーツを着た男性ではなかった。家族に食べさせるために心底必要としていた食料品の詰まった袋だった。

当時の私はハングリーだった。営業マンだった十五年間、ずっとハングリーだった。一万三〇〇〇一台目を売ったその瞬間までハングリーであり続けた。私と無縁だったものがひとつあるとするなら、それは慢心だ。最初の一台を売った日から一度として慢心したことはなかった。

どんな業界でも競争は激しい。一度しか訪れないかもしれない機会を逃している余裕はない。だからハングリーでなければならない。空腹ほど食べ物をおいしく見せるものはない。本当はステーキが食べたくても、一週間ほとんど何も食べていなければ、しけたパンでさえうまそうに見えるものだ。

**すべてのチャンスをものにしたいなら、本気でそれを欲しなければならない。**

プライベートの目標なら、なおさらだ。子供を立派に育て上げたという満足感と誇りは何ものにもかえがたい。子供が大学を卒業し、国のために尽くす姿を目にしたときや、子供の結婚式に列席したとき、孫に恵まれたとき——これらこそ特別な、大きな目標が果たされた瞬間だ。

ときには、目標を達成するのがとりわけ難しいこともある。およそ不可能と思われることを求められるかもしれない。友人や親類を困難な状況から、たとえば暗礁《あんしょう》に乗り上げた結婚生活や、ドラッグやアルコールの問題から救い出すことなどがそうだ。

「ジラード流、絶対厳禁リスト」の章で取り上げた、深刻な飲酒癖を抱えたふたりの営業マンのことを覚えているだろうか。そのうちのひとりであるジムは悪癖をなんとか断ち切り、その後はディーラーでもよい成績を上げるようになった。一度、それを彼に言ったことがある。もうひとりを悪い手本に挙げて、「トムを見かけるたびに鏡を見ていると思え」と言った。ジムにはそれがこたえたようだ。

私と同様、あなたもプロのカウンセラーでも、その種の専門家でもないかもしれないが、それでもできることはある。個人的に知っている相手ならとくにそうだ。

あなたが助けようとしている相手は、あなたのことを信頼している。あなたを頼りにし、自分を正しい道に引き戻してくれると期待している。それに応えなければならない。

そういう大きな山が目の前にそびえているとき、クロージングはかなり大変だ。だが、同時にそれは大きなチャンスでもある。

問題は、それをつかむために必要なものがあなたにあるかどうかだ。

すべてのチャンスをものにしたいなら、私のアドバイスはひとつ。

**心も体も気持ちも、すべてを目標だけに集中させ、それ以外の一切を締め出すことだ。**

十三のルールのうち、これまで述べてきた十のルールのすべてについて考え、それらを呼吸し、生きるのだ。それこそが大切だ。

誰かに必要とされたとき、最高の自分でいるために、これらのルールに集中しなければならない。第二の天性になるまで身に染みつかせなければならない。

## ✣ 相手の身になる

**誰かに対して有利な立場に立つための一番の方法は、相手以上に相手のことをよく理解することだ。**

どうすればそんなことができるのか。

簡単だ。相手の身になり、相手の見ているもの、考えていること、感じていることを理解すればいい（ただし、本人以上により客観的になれるという利点がある）。

プロボクサーもこれをやっている。対戦相手になりきるまで相手のことを研究する。リングに足を踏み入れたときには、そこで起きることが実際に起きる前にわかる。準備ができていて、サプライズは一切ない。人生の対戦でも、まさにこれと同じことをしなければならない。それこそ、状況をコントロールして望みどおりの方向に持っていくためのベストな方法だ。

私は何はなくとも、しぐさや癖を観察して人を見抜く達人だった。顧客のバックグラウンドについて綿密なリサーチをしていたことはすでに話した。ときには、会う前から顧客のことを本人以上によく知っている気がすることさえあった。

七章で話したことを思いだしてほしい。相手を観察し、耳だけでなく、五感のすべてを使って聞くようにと言ったはずだ。**相手がどんな人間なのかを知らなければならない。**私は相手のしている時計の値段まで簡単に言い当てることができた。

うまくやれば、手に入れた情報を使ってものごとをよい方向に運び、相手を心地よくさせることができる。それが何十年も続く関係の土台を築くことを可能にする。

それが顧客なら、目標は一度のセールスを成功させることではない。その顧客に一生仕えるための扉を開くことが目標だ。その先にはリピートビジネスが待っている。

**愛情を込めて、死ぬまで顧客に仕えるのだ。**

プライベートの人間関係にも同じことが言える。あなたも誰かの人生を変えるような何かをして、そのことで相手に記憶され、敬《うやま》われ、愛されたいはずだ。それが何であれ、あなたは相手のそばにいて、相手に何らかの影響を与えた。相手にとって、あなたは勝者なのだ。

相手はあなたのことを決して忘れない。悲しいことに、本来そうあるべき多くの人間関係が、このレベルにまで達しない。父の日が来るたびに、私は自分の人生にあいたその大きな穴を感じずにはいられない。だが、母の日があって幸いだった。

## 信頼が第一

信頼であらゆる機会をものにしよう。信頼の大切さは、十章「真実を告げる」でも強調した。私の考えでは、人が何にもまして他人に求めるものは信頼だ。

**誰かと信頼に基づく関係を築けたなら、そこから愛と尊敬が生まれる可能性がある。**信頼がなければ、愛と尊敬は絶対に生まれない。

顧客や、人生における特別な人々とのあいだで、信頼を築くことを学ぼう。胸襟《きょうきん》を開いてほしいと相手に伝えること（また相手に胸襟を開くこと）に臆してはならない。

たとえばこう尋ねるのだ。

「なぜ私から買ってくれたんですか？」
「私のしたどんなことが決め手になったのですか？」
「今後、さらに有意義な体験をしていただくために、私にどんなことができるでしょうか？」

購入から三日後にフォローアップで顧客に電話する際（九章「連絡を絶やさない」のキスその3）、よくこういう質問をした。私がただおべっかを言うために電話したのではないと相手に伝えるためだ。

私のように時間を割いて購入後にフォローアップの電話をしている営業マンはあまりいなかったが、それにはきちんとした理由があった。

1　私から買うという選択をしてよかったと顧客に思ってもらうことが、第一の目標だった

2　私は自分のやり方を絶えず改善していきたいと心から思っていた

顧客は私の気遣いに感謝するだけでなく、ジョー・ジラードとの体験でよかった部分をとても率直に、進んで話してくれた。

信頼関係を築く努力を続けよう。信じられないかもしれないが、こういうことをしようとする者はきわめて少ない。みな誰かと近くなりすぎるのを恐れ、適度な距離を保っていたいと思っている。

それはそれでかまわないが、私のやり方は違った。私は人と近くなることをまったく気にしなかった。なぜなら、私のゴールは変わらないからだ。やってきた客に車を買って帰ってもらうことだけが私の望みだった。

**顧客の存在を当然と思ってはならない。**あらゆる機会をとらえて、顧客と長続きする関係を築くのだ。まず信頼から入り、卓越したサービスで関係を持続させよう。それが家族

なら、決して離してはならない。

顧客とのあいだで信頼関係を築くためにやっていたことのひとつが、「スポットデリバリー」だ。保険会社もよくこの手のことをやっている。数日後に正式な書類が届くまでのあいだ、保険の仮契約書を顧客に渡すのだ。重要なことは、その日からすぐに保険が有効になることだ。

私の場合、顧客が候補の車を買うか買わないかで迷っていたら、今日このままこの車に乗って帰っていいですよ、と言う。乗って帰ったときと同じ新品の状態で車を返すという書類にサインさえしてもらえば、試しに一日、二日乗ってみてくださいと言ってキーを渡す。私がそれだけ信頼しているということが、相手にとっては大きな意味があった。

とくに覚えているのは、買うかどうか決めかねていたある顧客のことだ。彼は帰ろうと立ち上がって言った。「ジョー、少し考えてみるよ。だが家に帰って妻と相談しなけりゃならない」

彼がドアに向かって二歩も進まないうちに私は言った。「難しい決断だってことはわかります。安い買い物ではないですからね。そこで、少し荷を軽くしてさしあげましょう」

私は彼が試乗したばかりの車のキーを「どうぞ」と手渡した。彼はややとまどった顔で私を見た。

「この車に乗って帰って、二日ほど試しに乗ってみてください。ノリーン（もちろん彼の妻の名前も調査済みだった）にも運転させてあげてください。ご夫婦で納得して決められるよう、ふたりでドライブしてみてください。そのままの状態で返していただければかまいませんから」

そして、乗ってきた車は責任をもって預かり、新車を買わないことにした場合に備えてきれいに洗車しておくから、と伝えた。彼にとって、そんな申し出はまったくの予想外だったようだ。礼を言って嬉しそうに新車に乗って帰っていった。

私のしていたことは、実質的に彼とその妻に一時的な車の所有権を渡すことだった。それで信頼を培うと同時に、車を買って本当の所有権を手に入れようという決心を強める機会を顧客に与えていたのだ。彼をプレッシャーから解放し、気を楽にしてやるのが狙いだった。

**人は自信が増すと、決断力も増す。** 彼は翌日の午後電話してきて、ふたりとも車がとても気に入ったので、ぜひ購入契約書にサインしたいと言った（そして後日実際にそうした）。

顧客に買ったことを後悔させるのはもっとも避けたいことだった。まだ書類手続きが済んでいないとはいえ、もうその車は自分のものだと見込み客に思わせたかった。

彼らはもうジョー・ジラードの顧客であり、買わなければならないという道義的な義務感をすでに感じていた。

この心理ゲームはほぼ必ずと言っていいほど私の勝ちだった。なぜなら、この状況での見込み客はたいてい、あと一押しのところまで来ているからだ。すでに車を気に入っていて、しかもほぼ必ずと言っていいほど、私のことも気に入っていた。

私は船が針路をそれないように、少々海が荒れても、ジラードの港に無事入れるように見守っていたのだ。

重要なポイントを教えよう。あなたの提案やアドバイスがベストだと相手を納得させるには（それがあなたから何かを買うことであれ、あなたの意見を受け入れることであれ）、相手が自分の考えでそうしたのだと思わせることだ。

**あなたが売ったのではなく、相手が買ったのだと思わせるのだ。**

聞こえるほどややこしいことではない。私が誰よりもうまかったのは、私から商品を買うという決断をするよう人を説得することだった。しかし、決断するのはあくまで相手だった。

そしてそれに同意し、「イエス」と言った人が少なからずいたことが記録に残っている。正確には延べ一万三〇〇一人だ。私はそのひとりひとりに対して、その決断を褒めた。

**取引を決めた相手の選択を褒めよう。誠実に心から。**あなたは信頼されているのだ。相手をがっかりさせてはならない。

誰かが買わないで車を返してきたことは、十五年間で一度だけある。一万三〇〇一台の車を売った中で一回きりだ。なかなか見事な成績だと言えるだろう。

客が買う約束もしないで車に乗って帰ることに、ディーラーがいい顔をしなかったのは言うまでもない。だが、それは実際に効果があった。

率直に言って、顧客への扱いをめぐる私の最先端の考え方に、ディーラーの経営陣が賛成しないのはいつものことだった。それなのになぜ認めたのか。

簡単だ。私がほかの営業マン全員を合わせたよりも多くの売り上げと利益をディーラーにもたらしていたからだ。経営陣はそれを知っていたし、ジョー・ジラードから車を買った顧客が私の顧客であって、ただディーラーに来て商品を買った人ではないことも知っていた。私に儲けさせてもらっているということを彼らは決して忘れなかった。私の数字が何よりの証拠だった。反対されるたびに、切り札を持っているのは私のほうだった。

多くのディーラーや営業マンが成功できないのは、その視野の狭い考え方のせいだ。**私はいつも先を見て、一度のセールスではなく、未来にわたって関係を築く機会に目を向けていた。**

はじめはあまり支持を得られないとしても、あるいは会社の経営陣の賛成が得られないとしても、諦めないでほしい。自分のビジネスについて深く学び、自分のテクニックやアプローチを示し、あなたのやり方で会社をもっと成長させられる、もっと儲けが出せるということを経営陣に見せつけてやるのだ。

あなたが顧客に対応するたびに、会社に対するよいイメージが広がりつつあると上層部が気づいたなら、きっと認めてもらえる。

ところで、もしそうならず、あくまで会社のやり方に従えと言われたなら、すぐに履歴書を書いたほうがいい。あなたにはやり方がわかっている。あなたを欲しがる会社が必ずほかにある。ただし忍耐は必要だ。私も一夜にして成功したわけではない。


私はまた、女性の信頼を得ることにも努力した。当時の女性は、賃金が低いこともあって、ローンを借りられる信用力のない人が多くいた。私は彼女たちの置かれた状況に同情した。何も持っていない人の気持ちはよくわかる。かつての自分もそうだったからだ。本当につらく情けないものだ。

だが、男性営業マンのほとんどが、こうした件には手を出そうとしなかった。独り身の女性客を相手にして、彼女たちがローンを借りられるように骨を折ってやることなど、完全な時間の無駄だと思っていた。

私は違った。彼女たちの力になり、同時に自分も利益を得る方法をなんとかして見つけた。

離婚したばかりで信用力のない若い女性に力を貸したことがある。何度も取引している銀行に電話をかけ、貴金属や宝石を買い取ってくれる信用できる店を紹介してほしいと言った。そして聞いた店の名前を女性に伝え、ダイヤの指輪やアクセサリーを担保に欲しい車を買うためのローンを組む方法を教えた。

彼女の顔に浮かんだ晴れやかな笑みを見て、私も心底嬉しくなり、笑い返さずにはいられなかった。数日後には彼女のローンの審査が下りて契約もまとまり、彼女は新しい人生の一歩を（ジョー・ジラードから買ったシボレーの新車で）踏み出すことができた。

女性がローンを組めるようにする方法があるなら、業界でジョー・ジラードほどそれにくわしい人間はいなかった。その評判は知れ渡っていた。

女性たちは私を信頼し、私はその信頼に応えた。銀行とのあいだに太いパイプを築いてもいた。力を貸した女性たちは決して私を忘れなかった。

その多くが、私の引退の日までリピーターになってくれた。

負けたのは、彼女たちを無視しておきながら、嫉妬の目で私を見ていた営業マンたちだけだ。

ばならない。

## ‡ また来てもらうために

顧客、もしくは力になったり影響を与えたい相手と会う前に、宿題をやっておかなければならない。

**多くの小売営業マンのようなやり方ではダメだ。彼らはただ挨拶して愛想よくしていれば、ものが売れると思っている。**潜在的な顧客や商談に備えるために何もしていない。顧客について何も知らないし、もっと悪ければ、商品やサービスについてさえ、顧客が当然知っているだろうと期待することを知らなかったりする。

要するに肝心なことは何も知らないということだ。これだけ準備不足の人間のところに誰がまた来ようと思うだろうか。

私自身も客としてこういう体験を何度となくしているし、あなたもきっとそうだろう。以前に携帯電話店（前に買ったことのある店だ）に行ったとき、そこの店員は、私の家のあたりの電波状況がいいかどうかを答えられなかった。

ちなみに、その店は家から五キロほどしか離れていなかったし、私が住んでいるのは住宅地で、電波が届くかどうか怪しい片田舎に居をかまえていたわけではない。店にある電話の中で、電波がもっともいい上に高機能なのはどれかと尋ねても、やはりわからなかった。私が見ていたいくつかの電話の違いも説明できなかった。

私は店員を見て、「調べられるマニュアルか何かないのかい?」と訊いた。すると彼は、あることはあるが、どこに行ったっけ、と答え、あちこちのひきだしを引っくり返してマニュアルを探しはじめた。

そこまで救いようのない状況でなければ、それはある意味でなかなか面白い見ものだった。が、私はとうとう彼の大捜索を止めて、「もういいよ、出直してくるから」と言った。言うまでもないことだが、その店には二度と行かず、別の店で携帯電話を買った。これはもちろん店員の教育の問題でもあるが、ほとんどは常識の問題だろう。

リピーターを獲得したい、あるいは人と長続きする関係を(プライベートでも仕事上でも)築きたいと思うなら、**相手のことを思いやり、相手の見方に配慮しなければならない。** 自分の視点を忘れ、相手から見てどうか、ということに集中するのだ。

そうしなければ、無様に失敗することになる。

私は大きな成功をおさめたが、だからといって顧客がくみしやすい相手ばかりだったなどと思ってほしくない。車のセールスはそんなに甘くない。日々の努力が必要であり、顧客が抱く不安や心配を予想し、理解し、尊重しなければならない。

たとえば、品質は常に大きな問題だった。大半の商品は品質に優れ信頼性もあったが、たまには問題も発生した。ボディに貼ったカッティング・シートがはがれてきたというような外観の問題もあれば、パワーウィンドウがきちんと閉まらないとか、カーステレオの接続不良といった技術的な問題もあった。

どんなものであれ、商品やサービスに対して顧客が抱く当然の不安や心配に対処し、それを払拭できるように準備しておかなければならない。きちんと準備し、顧客の身になって考えていれば、何かを言ったときの相手の反応も予想できる。

そのおかげで、私はほぼ必ず、起きる前から結果をコントロールできた。そうやってリピーターを増やしていた。顧客は私を信頼していたし、私がその信頼に応えることを知っていた。なぜなら、いつもそうだったからだ。

整備の**問題が発生すると、私はそれを、次のセールスに向けて顧客を観覧車に乗せる最初の機会ととらえた。**妙に感じる人もいるかもしれないが、顧客とよりよい関係を築ける好機だと思っていた。

腹を立てた顧客が近づいてきたら、ほとんどの営業マンは隠れられる岩か人かを探すものだが、私にとっては次のセールスをものにする最初の一歩であり、大歓迎すべきものだった。

ある顧客が怒って整備部門にやってきた。私から買った新車が、ガタガタ音がするというのだ。二度とこんな店で買うものか、と彼は言った。

私は「必ず直します、お約束します」と穏やかに言って、修理のあいだコーヒーでも飲みませんか、と誘った。彼はやや落ち着いた様子でそれを承知した。

私は彼の目を見て言った。「カール、もし二番目の自動車ディーラーに雇ってもらえなかったら、別の仕事を探していたかもしれません。そうしたら、私がただの有能な営業マンではなく、世界一の営業マンだということを証明する二度目のチャンスを手にすることもできなかったでしょう」

私は彼をオフィスに案内し、コーヒーを前に並んで腰を下ろした（向かい合わせに座るよりも、隣に座ってより打ち解けた雰囲気を出したかった）。そして目の前の壁を示した。そこには私のセールス記録を賞する数十もの額入りの賞状や盾が並んでいた。「カール、これは言わば、私の〝二度目のチャンスの壁〟です。誰かが二度目のチャンスをくれさえすれば、それはこんなにも大きくなりうるのです」

彼は車を買ったときにも一度その壁を見ていたが、それについてそんなふうに考えたことはなかった。彼は大いに感じ入った。より重要なこととして、私の言いたいことをわかってくれた。私は彼に同じことをしてほしい、と頼んでいたのだ。

私は彼の車の問題について言いわけをしたり、工場のせいにしたりしないよう気をつけた。実際には工場の責任だとしても、私がその責めを負う覚悟があることが彼に伝わり、その瞬間、彼は私について何かを理解した。

私は彼の理解が正しいと証明したいと思った。

車はきちんと修理され、二度とガタガタ鳴ることはなかった。なぜわかるかというと、それから六週間、毎週電話をかけてたしかめたからだ。様子を訊くために毎週電話すると約束し、それを果たしたのだ（そのついでに、次のセールスに向けて関係を強固にしたというわけだ）。彼はその電話に感謝していたが、何よりも、私が彼のために普通はしないようなことまでしたことに感謝していた。

四カ月後、彼の紹介で、彼の義理の兄が新しいピックアップトラックを買ってくれた（そして彼は五〇ドルの紹介料を手にした）。こうやってリピーターを増やすのだ。

私は生きているかぎり、何度も顧客に来てもらいたかった。私はまだまだ元気で、その気になりさえすれば、今すぐにでも昔のまま再開できる。

私にとって顧客をつかまえておくことは、風船についたひもを握っているようなものだ。手を離したら、風船は飛んでいき、やがて破裂する。機会が失われ、もう取り戻すことはできない。ジョー・ジラードが顧客を離すには、よっぽどの竜巻かハリケーンでもないかぎり無理だ。それだけしっかりつかまえていたということだ。

**私にとって、顧客は家族のようなものだった。**自分が勝者になるとともに、顧客にも勝者になってもらいたかった。顧客たちは何度も繰り返し来てくれた。私が彼らをつかまえておく必要などなかった。彼らのほうから進んで私の手錠をはめられにきた。なぜなら、それが見たこともないほど柔らかい、ミンクの毛皮を張った愛の手錠だったからだ。それに、私は彼らに何度も繰り返し素晴らしい体験をさせてあげた。

歴史上、ジョー・ジラードほど多くの顧客を黄金に変えた者はいない。かのミダス王もかなわない。ミダス王は神話だが、ジラードは現実だ。見事な黄金の手だと思わないだろうか。

## ダイヤモンドは永遠に

ダイヤモンドの神秘的な輝きに魅了される者は多い。『ダイヤモンドは永遠に』というジェームズ・ボンドの映画を覚えているだろうか。

映画の中で、人々はあの宝石にすっかり心を奪われ、まるでとりつかれたようになっていた。あのダイヤモンドをひとかけらでも渡すくらいなら、人を殺すことも自分が死ぬこともいとわないほどだった。もっとも手に入れたいものとして、黄金と健康と並んでダイヤモンドを挙げる人が多いのも不思議ではない。

目を閉じて、てのひらに載った大きなダイヤモンドの感触を想像してみてほしい。次にゆっくり目をあけ、手の中にある宝石のまばゆい輝きを見つめる。それから貴重な宝石がどこにもいかないよう、そっと手を握る。誰にもそれを奪うことは許されない。そう心から信じなければならない。それは永遠に守るべき自分だけの宝物だと。

ところで、あなたの手の中にあるのはダイヤモンドではない。それを人との関係だと思ってほしい。つまり、誰かとの特別な絆だ。友達でも家族でも顧客でもいい。それは光り輝く宝石のように値段のつけられないものだ。**特別な関係を、それにふさわしい配慮と思いやりで、ダイヤモンドを扱うように扱えば、それは永遠になる。**

だが、みんながそうとはかぎらない。よそ見をして、人生の宝物から手を離したら最後、誰かにとられてしまう。だから特別な関係を強めることを忘れてはならない。

それが顧客や取引先なら、彼らはたんなる宝石を買うための手段ではない。人生におけるその他のあらゆるものを——家族に家を、子供に教育を、老後も健康でいるための収入源を——与えてくれる存在なのだ。

それなのになぜ、ないがしろにするのか。彼らをつかまえておかなければならない。

あなたにとって必要な存在なのだ。

顧客は常に、あなたが気にかけていることを示してもらいたがっている。その関係を育てなければならない。それも頻繁に。**絶えず絆を強めることこそ鍵なのだ。彼らが大切だと、いつも彼らのことを考えていると知らせるのだ。**あたりまえの関係などない。

手書きのカードを送り、二分だけ電話をかけるのだ。二分あれば、必要なことはすべて伝えられる。なぜなら、

1　話すべきことはすべてカードに書いてある。短く簡潔だが、感じがよく、ポイントを突いた内容が

2　経験がある。私は毎日のようにこうした電話を数十件もかけている

3　私は顧客を常に深い堀で囲い込んでおこうとした。誰もジラードの客には近づかせなかった

「まだ生きているか」と相手に訊かれるのを待っていてはいけない。**相手のほうから連絡してこなければならないなら、その顧客に関してはもう終わっている。**その時点で誠意を示したところでもう遅い。信頼はもう失われている。

仕事かプライベートかを問わず、どんなに努力しても必ずしも思いどおりにはいかない関係もあるだろう。だが、**連絡を絶やさないようにするという基本を怠ったばかりに機会を逃し、関係を壊してはならない。**

不注意のせいで特別なものをなくしてしまったら、毎晩眠れずに自分を責めることになる。手放してしまったものの大きさはなくした後で気づく。そうなってはならない。よそ見をしている隙に誰かに自分のものを盗まれてはならない。

それは永遠に大切にしなければならない宝物なのだ。

人生の宝物は様々な形をとる。あなたにとってこの世でもっとも大切なものは何か、と訊かれたなら、「私に永遠に忠実でいてくれる人」と答える。

自分の人生で誰がそれに当たるかはわかるはずだ。

私の人生には祖母と母と妻がいた。彼女たちは、私が価値のある人間だと言い続けてくれた。自分がひとかどの人間になれると私自身が信じられるようになるまでずっとだ。彼女たちこそ私にとっての宝石だった。四十六歳であえなく命を落とした最初の妻のジューンも、現在の妻のキティも、私の人生におけるまばゆく輝くダイヤモンドだ。彼女たちの助けがあったからこそ今の私がある。

私は返しきれないほどのものをもらってきた。本当に恵まれていたと思う。

## ‡ 絶対確実などない

誰でも目撃したことがあるはずだ。絶対確実に思えたもの、どうやっても失いっこない、手に入ることが保証されていたはずのものが、突然消えてなくなってしまうのを。既定の結末に思えていたものが、信じがたいショッキングな結果に終わるのを。最悪の悪夢がまぎれもない現実に変わる瞬間だ。なぜそんなことになるのか。

不沈船と呼ばれた豪華客船タイタニック号が沈むことなどあるはずない。当時の人はそう考えていたが、信じられないことに沈没した。現代のわれわれはみな、その事実も沈んだ理由も知っている。

私の見解はこうだ。傲慢と無能、そして愚かさのせいで沈んだのだ。この三つは、何かをうまくやるにはおよそ最悪の組み合わせと言える。だがそうなった。人間がそれをやり、おおぜいの人が死んだ。

何かが確実だと思えたときに災いは襲ってくる。それは舵を握ったまま居眠りをしている人間にしばしば起こる。その後に続くのは、失敗の狼狽と屈辱であり、場合によってはのちのちまで消えない恥と罪悪感がそこに加わる。

時間でさえ、許しても忘れてもくれないことがある。タイタニックの物語は一世紀を経てなお、変えようのない現実を永遠に語り継がれる運命にある。

タイタニック号は、当時最高の設計と技術の粋を集めた豪華客船だったにもかかわらず、その壮麗さは、皮肉にもその歴史における脚注でしかない。

**常に何をなしとげたかではなく、何を失ったかで記憶される。**勝者はいない。タイタニック号を沈めた巨大な氷山が称えられることはない。

それが起きたのはたんなる不運だったと言う者もいる。そんなことを考えるのは正真正銘の愚か者だけだ。

第一に、私は運を信じない。前にも言ったように、運は敗者のものだ。**注意を怠らず、ボールから決して目を離さなければ、結果はコントロールできる。**私はそう信じている。

## ‡　注意を払え

いいことを教えよう。仕事でもプライベートでも、人生において絶対確実だと思っていいものなどない。結婚生活にも、大口の契約を取ろうとするときと同じ熱心さで臨まなければならない。

確実なものは死だけだ。それ以外のものはすべて早い者勝ちであり、頭を使って先々のことまで見越し、予想外の事態に備える人間のところに行ってしまう。

だが、本当にそれができる者はとても少ない。**先を見て予想することを覚えれば、勝つために本当に必要なものが見えてくる。**

そこまで行けば、もはや自分を疑うことはない。自信がぐんと増す。絶対確実なものを失うことはない。なぜなら、確実なものなど何もないことを知り、最悪の事態が起きないよう、必要な用心をするからだ。

輝くダイヤモンドを手の中に閉じ込めれば、決してどこにも行かない。今も、これからもずっと。おめでとう、あなたはたった今、その他おおぜいに差をつけたのだ。

## ❖ 沈黙は金

**営業マンが犯しがちなもうひとつのミスがある。それはすでに買うと決めている顧客に対して売り込みすぎることだ。**ほかの営業マンがしゃべるべきでないときにしゃべりすぎて、決まったも同然の商談を棒に振るのを何度も見てきた。「沈黙は金」という言葉には理由がある。

言うべきことを言い、必要なことを説明し終わったら、あとは黙って相手の反応を待つべきだ。

沈黙を破らず我慢するには、相当の自制心が求められることもある。気づまりな雰囲気になったときはとくにそうで、無言の数秒が数分にも思える。

**耐えきれず口火を切りたくなっても、黙っていることを学ばなければならない。**今は相手がしゃべる番なのだ。電話ではなく対面しているなら、アイコンタクトで相手の返事を促そう。

口を閉じなければ、問いかけや提案に対する返事もフィードバックも決してもらえない。そのうえ、あなたがでしゃばりすぎていると相手に感じさせたら、関係を悪くしかねない。それは、握っていた風船のひもを知らないうちに離してしまったということだ。ほぼ手中にしていたチャンスを、不注意で逃してしまったのだ。そうならないよう、決して忘れてはならないことがある。

**必ず相手が主導権を握っていると思わせなければならない（実際にはそうでなくとも）。**

私の印象では、話さなかったことより、話しすぎたことで失われるセールスや関係のほうが多い。あるとき、同僚の営業マンから、ほぼまとまりかけていた契約を逃した話を聞いたことがある。顧客はもう購入契約書にサインしそうになっていたが、同僚は整備部門の優秀さを自慢したくて、その前にぜひ整備部門にご案内しますと言って連れていった。

そしてそのあいだじゅう、整備部門とシボレー製品の素晴らしさについてとうとうと語り続けた。

いい印象を与えようと焦るあまり、ひたすらしゃべり続ける一方で、全米規模で行われているリコールのことをすっかり忘れていた。いざ整備部門に着いてみると、そこにはリコールされて電気スイッチの修理のために持ち込まれた車が列をなしていた。それは小さな不具合だったが、顧客の受けた印象は違った。これから買おうとしている車が、修理を待つ長い列に並んでいるところを想像した。ためらいが生まれ、すぐにやっぱり買うのはやめるということになった。

この話の教訓は明らかだ。購入契約書にサインしようとしている顧客の手からペンを取り上げてはいけない。同僚は自ら顧客に買うのをやめろと言ったようなものだ。彼にとっては手痛い教訓になったが、学ぶものは大きかったはずだ。

黙っていれば、うっかり口を滑らせることもない。**相手から望みどおりの合意を引き出した後で、つい言わずもがなのことを言ってしまう人が多い。**目標をほぼ達成し、ゴールが目前に見えたところで油断してしまうのだ。そして小さなことへの気配りを忘れてしまう。心の中ではすっかり契約書へのサインも捺印も済んだつもりになっているが、実際は違う。まだ引っくり返される可能性はある。このときこそ愚かなミスを犯さないよう、気を引き締めなければならない。まだ気を抜いてはいけない。

**なるべくしゃべらないほど、クロージングにこぎつけて機会をものにできるチャンスが高まる。**

これはなんにでもあてはまる。セールスにも、サービスにも、そしてもちろん人間関係にもだ。

誰かと一緒にいるあいだ、相手の不安や心配に注意深く耳を傾け、その見方を理解することに時間を多く費やすようにすれば、相手の心をつかめる可能性がより高まる。

**「沈黙は金」を別の言葉で言うなら、「黄金を手に入れたければ口を閉じていろ」なのだ。**

## 成功に有利な位置につける

この章のはじめに、「すべてのチャンスをものにする」とは、「目標に定めたことをなしとげるのに、もっとも有利な位置につける」ことだと述べた。

残念ながら、それが常にできるという保証はない。うまくいかない日は誰にでもある。大リーグのトップ選手でも三振することはある。どんな選手も一試合だけで評価することはできない。

自分のことも、ある程度長い期間のパフォーマンスをトータルに見なければ、その良し悪しを正しく把握できない。ダメな一日だけを見てもしかたがない。そういう日もある。それが人生なのだ。

きわめて実際的な意味において、この章の本当の目的は、〝狩り〟が始まる前に自分の足を撃たないようにすることだ。

**人とのやりとりにおいてたいていのミスが起きるのは、最初であって最後ではない。**

チャンスをものにできる打率を上げたいなら、是が非でも馬鹿なヘマを避けなければならない。私の十三のルールの一から十までが、その手のミスを犯さないために万全の態勢を整えることを目的にしている。わざわざ愚行を演じるまでもなく、競争は充分に激しいのだ。

まずはすべての基本をしっかりと押さえることで、成功に向け正しいスタート地点に立とう。一から十までのルールを繰り返し読んで頭に叩き込むのだ。十のルールがあなたの血肉になったとき、永遠のチャンスをものにする態勢が整う。

私がセールスの仕事を引退したのは四十九歳のときだ。四十九歳で新しいキャリアに踏み出し、モチベーショナル・スピーカーとして、私自身の経験やノウハウを世界中の一流企業や大組織に伝える仕事を始めた（今もしている）。

私には引退などない。ジョー・ジラードが引退するのは、太陽が昇らなくなるようなものだ。私の人生に曇った日などありえない。陽の光の射さない日がどんなものか、私は知りすぎるほどよく知っている。

はじめて満員の観客の前に出ていった日のことは忘れられない。講演を終えてステージを去るときには、熱狂的なスタンディング・オベーションで見送られた。

ステージを降りると、「よくここまで来たな、ジョー」と自分に語りかけた。

私はずっと顧客をとらえてきたのと同じように、〝愛情という名のミンク張りの手錠〟で観客をとらえることに成功したのだ。自然と笑みが浮かんでくるとともに、父の声が耳にこだました。

「ジョー、おまえははぐれ者だ。ろくな人間にはなれない。永遠に半端なはぐれ者だ」

まだ拍手が聞こえる中、私は幕の陰で天井を見上げてささやいた
「父さんの言うとおり、私ははぐれ者だ。もう定職さえない。たしかにはぐれ者だ」

そしてステージの袖から観客を振り返り、笑みを浮かべた。

「ただし、金持ちのはぐれ者だけどね」

Rule

# 12

Joe Girard's 13 Essential Rules of Selling

# 常に
# 最前線に立つ

人格は木であり、
評判はその影である。
影はわれわれの観念であって、
木こそが実体である。

エイブラハム・リンカーン（第十六代アメリカ合衆国大統領）

ウォルマートの創業者サム・ウォルトンによれば、様々な宣伝文句の中でも、「満足を保証します」というフレーズがもっとも重要だったという。そのフレーズはウォルマートの最初の看板にも書いてあった。

客はその看板の下をくぐって店に入った瞬間から、ここなら何を買っても安心だと思えた。会社がそう約束しているからだ。ウォルマートの評判と未来がその約束の中に封じ込められていた。

そして私の考えでは、それこそウォルマートという会社が史上まれに見る成功をおさめられた一番の要因だと思っている。簡にして要を得ており、私の好みだ。「満足を保証します」――短いが、じつに賢いビジネスプランと言える。

私のアプローチは、サム・ウォルトンとは少々異なるが、結果は同じだ。

私の場合は、**顧客のために何かをするなら、それを前面に出すのではなく、必ず私自身**

**がその最前線に立つ。** つまり、顧客が買ってくれた商品にもし何らかの問題があったら、その問題と顧客とのあいだに割って入るということだ。顧客を問題に近づけさせず、いついかなるときも、あらゆる困難から顧客を守ることが常に私の目標だった。

この章では、その方法をお教えしよう。

「はじめに」で説明したように、最初の六つのルールは準備に焦点を当てている。次の四つは現場での人とのやりとりをめぐるテーマを取り扱っている。ルール十一と十二は、クロージングにまつわるものだ。

そして、この最後のグループのふたつめとなる十二番目のルールは、「常に最前線に立つ」だ。

## ✣ 約束の力

私にとって、親身に顧客の世話をすることは、たんなるビジネスセンスの問題ではない。良心の問題だ。顧客の一日を始まったときよりもよいものにしてあげることができたのに、それを無視したり、別のことにかまけてそれをしなかったとわかっていたら、夜も眠れない。だが、一度だけそういうことがあった。

私は忙しくなると（たいてい忙しかったが）、時間を有効に使うことに集中するあまり、周囲で起きていることをシャットアウトしてしまうことがあった。

それは私の意志力の賜物であり、強みでもあったが、少々問題になることもなくはなかった。あるとき、オフィスを出て経理部に行こうとしたところを顧客に呼び止められた。訊きたいことがあるという。

私は仕事中、とくに顧客がオフィスに来ているときはいつもそうするように、早足で歩いていた。そして彼を一瞥して言った。「戻りしだいお聞きしますが、今はあいにく手が離せないので」

ようやくその客の相手ができるようになったとき、彼の姿はもうどこにもなかった。その顔に浮かんでいた不安げな表情を思いだした。彼は助けを求めていたのだ。

一分だけ立ち止まって、話を聞き、質問に答えてあげることもできたのに、私は目の前のことで頭がいっぱいだった。悔やまれてしかたなかった。潜在的なセールスを逃したからではない。彼の一日を始まったときよりもよいものにしてあげられるチャンスがあったのに、それをしなかったからだ。

その晩は、彼を無視した自分自身をこっぴどく叱りつけた。そんなのは私のやり方ではない。なんたる態度かと自分を責めた。そして二度と同じ過ちを繰り返さなかった。自分の生活を左右しうる相手を無視する、それも、その場にいて相手を助けるためにどうすればいいかもわかっているのに、手をこまねいて見ている道理があるだろうか。常識はどこにいったのか。

顧客に新車のキーを手渡して握手したとき、私はその選択を褒めた上で言ったのだ。「あなたは今日、ジョー・ジラードも買ったのです」と。必要なときはいつでも力になります、とその場で約束したのだ。

私は本気だった。本心からの約束だった。約束の力が顧客との将来の関係に及ぼしうる影響を知っていたし、信頼を裏切ったらどんなことになるかも知っていた。

**守れない約束をしてはいけない。それはあなたにどこまでもつきまとい、将来のビジネスチャンスも、知りあいを紹介してもらえるチャンスもすべて潰してしまう。**

約束を軽んじてはならない。逃げも隠れもせず、最前線で顧客との誓いを守れば、顧客はどこまでもついてきてくれる。ジラード流のやり方をご覧に入れよう。

私の顧客は、車に問題があったら、整備部門ではなく、まず私に電話するように言われていた。「なんだって？　なぜ整備部門に直接連絡させないいんだ。だって整備部門はそのためにあるんじゃないか」と思うかもしれないが、違う。ジラードの世界ではそうではない。用件がオイル交換などの通常のメンテナンスなら、私はおそらく関わらない。だが、車に問題があるなら、私もただちに介入する。

整備部門も（スタッフはみな私のチームだということを思いだしてほしい）、この手の連絡はまず私を通すべきだということをわかっていた。

約束をしたのは私なのだから、顧客の問題がどう処理されるかも、私がコントロールしなければならない。アシスタント（ディーラーではなく、私が自腹で雇っていたふたりのスタッフ）が、私のすべての顧客の窓口になった。顧客とその整備のニーズとのあいだに私は常に割って入った。

すべてに万全を期す。それが私のやり方だった。営業マンの中でそんなことをしていたのは私ひとりだったが、史上もっとも成功した営業マンも私だった。

私は売った後の顧客をつかまえて離さないための方法を知っていた。よく聞いてほしい。これこそあなたがこの本を買った理由のひとつなのだから、しっかり耳を傾けたほうがいい。顧客が同じ不具合を直すために二度も三度もやってこなければならないことほど、私にとって腹の立つものはなかった。自分が関わることでそれを避けられたならなおさらだ。何度かそういうことがあったからこそ、私は顧客へのアフターサービスのシステムをつくりあげたのだ。それらの顧客（私から買ってくれた顧客）が、整備部門でしかるべき対応を受けられなかったばかりに、失われてしまいかねないからだ。

整備部門の全員が、顧客に関する私の立場を理解していた。修理や整備のためにやってきた顧客こそ、まさしくセールスチャンスにほかならない。**優れたアフターサービスこそが未来のセールスにつながる**と私は固く信じていた。私にとって、ありふれた整備のための来店などというものはない。ただのオイル交換であっても、すべての顧客の来店が特別なのだ。

ただし誤解のないように言っておくと、整備部門には優秀なプロが揃っていて、私の成否が彼らしだいであることはよくわかっていた。だからこそ、彼らを味方につけるためにもてなした。

九章でも書いたとおり、私は彼らを尊敬し感謝していたし、彼らにもそれが伝わっていた（毎月三十六人のスタッフ全員を自腹で接待していたからだ）。彼らは私のためならなんでもやってくれた。整備部門のスタッフとエンジニアが、絶えず私を後ろから支えてくれていた。私たちは反目しあうのではなく、協力していた（多くの会社のセールス部門とアフターサービス部門の関係は違うようだが）。

その結果として、私の顧客は常に特別待遇を受けられた。これはぜひ理解してほしいとても大切なコンセプトだ。ジラード流をもう少しお教えしよう。


前にも話したように、ときにはタイヤの角度調整などのちょっとした整備代を顧客にかわってポケットマネーで払うこともあった（もちろん後で経費として税金から差し引いたが）。保証期限がすでに切れていても、「私に言ってくれればなんとかします」というわけだ。ディーラーの経営陣には、そんなことをするなんて頭がどうかしていると思われていた。今まで誰もしたことがなかったからだ。だが私はやった。

これに関しても、私はずっと先を見ていた。自腹を切らなければならないことはそう多くはなかったが、たしかに顧客に約束した以上、それを守ろうとしたのだ。

そのちょっとした善意のしるしが、顧客との関係を保つ上で大きなインパクトになった。それは特定の顧客に向けた安上がりなコマーシャルのようなもので、末永く続く関係を築くためなら安いものだと（払ったのはせいぜい三、四〇ドル程度だったと記憶している）思っていた。

**特別な気分にさせてあげれば、顧客は決してそれを忘れない。目にもとまらぬ速さでまた私の観覧車に飛び乗ってくれる。**

それらの顧客は、ディーラーのものでもほかの誰のものでもない。私こそが彼らの唯一の窓口だった。そうなるように仕向けていたのだ。私が彼らを守るかぎり、彼らは私のものだった。それこそが約束を守ることの力（と見返り）なのだ。

勝者はジョー・ジラードだ。これほど簡単で理にかなっているのに、ほかの誰もやろうとしないのがおかしくてたまらなかった。

私に言わせれば、今日の五セントは明日の一〇セントのためなのだ。

## ✣ 関係をはぐくむ

私が舌ピアスと同じくらいタトゥーを嫌っていることはご存知だと思う。だが、私に会った人は、別の種類のタトゥーを見せられることになる。

**光り輝いていて、一度見たら忘れられないもの、それは私の笑顔だ。**

それは「好きです」と語りかけている。私の接し方、フォローアップのしかた、思いやりの示し方にそれが見える。リピーターの多くが（中には三台目や四台目を買いにきてくれた人もいる）、新しい車を選びにきたときに最初に目にするのは、はじめて会った日と変わらないあの親しみのこもった笑顔であることを知っている。

私といるととてもくつろいだ気分になれるので、新車を買いにきたというより家に遊びに来たみたいだ、と言ってくれた顧客もいる。何よりの褒め言葉だ。

あなたがどんな仕事をしていようと、何かを売った顧客や取引関係を結んだクライアントと接するときの目標は常に変わらない。相手との関係をいっそう強固にすることだ。その関係を当然のものだと思ってはならない。それは妻や夫に対しても同じだ。

でなければ失ってしまう。関係を保つために努力しなければならない。
日々の生活は、結婚式の日のようには華やかでもきらびやかでもないかもしれないが、決してあの日の誓いと約束を忘れてはならない。それは仕事でもプライベートでも同じことだ。自分がすると言ったことを守らなければならない。

**一生の誓いは、ひとつの大がかりな行動で果たされるのではない。日々、小さなことへの目配りを忘れず、それらを大切に育てていくことで果たされるのだ。**それこそが差を生むのだ。今までそれを忘れていたなら、今日から変わるべきだ。

関係は、それを大切に育てるかぎり、見たこともないほど美しい木に成長して、味わったこともないほど甘い実をつける。関係をはぐくむことは、私の十三のルールの一番の土台となるものだ。

それは人生を存分に生きることをただの願いや夢物語にせず、現実にするための方法なのだ。

## ✣ 信奉者になる

「踊りたいならまずダンスフロアに出なければならない」ということわざがある。言い換えれば、何かをなしとげるには、まず心から本気でそれをするつもりにならなければならないということだ。

しようとしていることが必ず成功すると信じなければならない。IBMの人々はこれをよく理解していた。あらゆることにおいて三つの信条が貫かれていた。何かを始めるときは、まず最初に、数千人の社員全員が同じ方向を向くようにした。

1　**誰もが、ひとりひとりを尊重しなければならない、全員が同じ方向に力を合わせなければ成功は手に入らない、とわかっていた**

2　世界一の優れたカスタマーサービスを提供することにほとんどとりつかれていた。顧客維持の価値を深く理解していた

3　全社員の優れたパフォーマンスを通じてすべてのゴールや目標を達成できると考えていた

社是《しゃぜ》や企業理念などというものは、幹部たちを喜ばせるためだけに存在すると思っている人がいる。

だが本当のところ、会社の成否を握るのは現場の社員ひとりひとりであり、そのことは決して軽《かろ》んじるべきものではない。ＩＢＭの信条のいいところは、すべて個々の社員に比重を置いていることだ。個々の社員の中から信奉者を生み出そうとしている。

では、それが顧客やプライベートの生活における大切な人々に信頼してもらうこととどう関係があるのか。私が注目したのは、「優れたカスタマーサービスを提供する」というＩＢＭの第二の信条の部分だ。

カスタマーサービスの力を信じれば、見返りとして顧客維持が手に入る。**相手がどれだけ大切かを示すために余計に努力やサービスをすれば、人は必ず感謝してくれる。**あなたの売った商品やサービスに問題が生じたときはとくにそうだ。

そのようなときこそ、相手の不満を満足に変え、大きく点数を稼ぐチャンスだ。

私のようにちょっとした特別なことをすれば、あなたにどんな気分にさせてもらったかを相手は決して忘れない。

**相手が予想もしていないことをするからこそ、特別なのだ。**あなたがそこまでしなくていいことを相手は知っているからだ。だからこそ意義が大きい。

誰かにとやかく言われたからといって、大切な人のために特別な何かをすることをやめてはならない。連中の嫉妬に屈してはならない。負け犬とは距離を置き、まわりに差をつけるのだ。

あなたが前面に出て、相手のためにしていることを信じていると示せば、相手もあなたを信じることで応えてくれる。それが人間の情というものだ。それを理解するのに心理学の学位はいらない。ドクター・ジラードがそう言っているのだから間違いない。

## ✣ 人の記憶に残る

セールスの仕事が軌道に乗ってからは、引退したときに、誠意と思いやりですべての顧客の記憶に残りたいと思うようになった。多くがリピーターになって何度も来てくれたということは、たぶんそれができていたのだろう。

ジョー・ジラードは、求められたら必ず手を差しのべる。倒れた人を打つような真似はしない。どんなときも前面に立って相手のために尽くす。それで成功できたことを何よりも誇りに思っている。

信じられないかもしれないが、このやり方に同意する人ばかりではない。何もせず、それについてろくに気にもしていないような連中もいる。

医療や製薬業界のことを考えると、憤りを覚えずにはいられない。ごく簡単なサービスで、大多数のアメリカ人に目玉の飛び出るような額を請求している。これらの業界は、平均的な市民の心にどんな記憶を残しているだろうか。

もっとも医療や薬を必要としている高齢者にとってはどうだろう。そしてこれから育っていく子供や青少年にどんな印象を与えているだろう。家族の食事と服とインフルエンザの予防接種のどれをとるかと迫られれば、予防接種はいつも後回しにされる。それを誰も気にしてすらいないようだ。

私に言わせれば、これらの業界が残そうとしているのは恥の記憶だけだ。いずれは政府が介入して正さざるをえず、自ら正しいことをしようとする良心を持ち合わせていなかった多くの悪徳業界と同じ道をたどるだろう。

私は何も政治的な主張をしようとしているのではないし、医者や看護師や薬剤師やその他の業界の人々のことをとやかく言うつもりもない。どの職業にも仕事熱心な素晴らしい人々がいるのは知っている。

だが、事実がおのずから物語っている。費用が払えなくて基本的な医療さえ受けられない人がおおぜいいる一方で、医療や製薬業界は莫大な利益を上げ続けている。何かが明らかにおかしい。私が顧客に対してそんなことをしていたら、彼らはあっという間に離れていき、私はすぐに職を失っていただろう。

自分にとって大切な人――家族や顧客――にどんな扱いをするかで、彼らがそばにいてくれるか、また戻ってきてくれるかが決まるのだ。

**人はあなたからどんな扱いを受けたかを忘れない。**幸いなのは、その点で自分の運命を自分で決められるということだ。

重要なことを教えよう。あなたの人格や評判について、人に今後どう思われるかは、今決まる。明日ではなくたった今だ。

あなたは人の記憶に残るために何をしているだろうか。道しるべをいくつか示しておこう。

1 今日、顧客との関係をはぐくむために費やした時間が、実を結んで明日の顧客をつかむことにつながる

2 ちょっとしたことで、顧客への心遣いを示そう。バースデーカードを送ったり、子供の誕生祝いや転職祝いを贈ろう

3 **相手の予想していないちょっとしたことが、何よりも強く印象に残る**（九章「連絡を絶やさない」を読みなおすこと）

4 「人の望むものを——そしてそれ以上のものを与えよ」というサム・ウォルトンの言葉を思いだそう。相手はあなたにしてもらった親切を忘れず、何度もお返しをしてくれる

## 強力な評判を築く

どんな業界でも、評判こそが生命線だ。それも商品やサービス以上に、あなた自身の評

判がビジネスを大きく左右する。

それこそあなたのエンジンのパワーなのだ。近所にあった肉屋は、新鮮で質のいい肉を売っていると評判だった。店主はずっと昔からその商売をしていて、努力して店をそこまでにした。店がかなり繁盛したので、需要に応えるためにより広い場所に移り、店員の数も増やした。

残念なことに、新しく雇った店員の中には、店主ほど品質に情熱を持っていない者がいた。まもなくその肉屋の評判が落ちはじめた。傷みかけた肉を売っていたからだ。

その評判が広まると、もう終わりだった。お得意さんは誰もそこで買わなくなった。店の成長と成功をうまくコントロールしそこねたばかりに、店主の長年の努力は水の泡となってしまった。その肉屋は二度とかつての活況を取り戻すことはなかった。

**評判に傷がついたら最後、一瞬でビジネスがダメになりかねない。**それが現実だ。

自分が前面に出るというのは、自分のした約束や誓いを守るということだ。

今、あなたの人格や評判が試されているのだ。

だがいいこともある。提供した商品やサービスについて質問や問題があると顧客に言われたら、自分がアフターサービス部門にいると思ってはならない。セールス部門のドアの前に立って、その顧客のために新しい注文書を書いていると思うのだ。それこそが実際に起きていることなのだ。

今こそ自分の評判を高めるチャンスだ。心を込めて尽くせば、相手は再び列に並び、もう一度買ってくれる。相手にもう一度観覧車に乗ってもらい、クロージングにつなげるのだ。よい評判にはそれだけの力がある。

常に最前線に立つためにすべきことのヒントをいくつか挙げておこう。

**1　必ず顧客やクライアントのあらゆる要望の窓口になる**

整備の問題や製品の技術的な問題なら、話を聞いてから別の担当者に回してもいいが、**どんなことでもまず自分が窓口になるようにすること。**あなたがコントロールすれば、サプライズもない。

**2　「この顧客やクライアントを逃さないために何が必要か」と自問する**

この顧客が向こう十年にわたってもたらしてくれる価値はどのくらいか。それを計算し、判断するのだ。

たいていの業界では、十年以上にわたって顧客を維持できるなら、明日の一〇セントのために今日五セント出す価値は充分にあるのではないか。

すでに話したように、私は顧客を喜ばせるために、ときどきポケットマネーを出すことがあった。自分の仕事でもその価値があるか考えてみよう。

### 3　相手を特別な気分にさせる

**何をしてあげるにせよ、誰にでもすることではないと相手に知らせることが大切だ。**

感謝の気持ちが相手に伝われば、次は相手があなたに感謝してくれる。

### 4　直接フォローアップする

医者は手術をした後、普通は患者と直接会って、術後の経過や今後の治療などについて話す。

あなたもそうすべきだ。何かの問題を解決した後は、必ず顧客やクライアントに連絡して、結果に満足しているかをたしかめよう。そういうときは、しつこいほど訊くくらいでちょうどいい。万事問題ないことを確認しよう。

もうおわかりだと思うが、私の十三のルールは、仕事だけでなくプライベートにもあてはまる。評判の力はやはりものを言う。ただし、個人的な関係に影響を及ぼすぶん、より重要だ。

すでに明らかなように、強力な評判を築くことは、あなたの人格の確立に向けた重要な一歩だ。

それはあなたがどんな人間として人から見られたり、噂されたりするかということだ。有名になるとかそういう話ではない。正直で尊敬できる人間であることを人に望むように、人に対して正直で尊敬できる人間だと示すということだ。

そういう人格を確立できたなら、あなたの評判には確実にいいイメージがついて回る。あなたは欠けるところのない完全な人間になれるのだ。

## ✣ 完全な人間になる

完全な人間になるといっても、完璧を目指せなどと言っているのではない。まったく違う。人間である以上、誰もがミスを犯す。完全な人間になれというのは、自分が人からどう見られているかを意識してもらいたくて言っているのだ。

**あなたが約束を守ってくれる、力を貸してくれると期待している相手と接するときこそ、ひと肌脱いで差をつけるチャンスなのだ。**だから最前線に立たなければならない。

相手との良好な関係を保つために、気遣いを示し、顧客やクライアントの抱えている問題に手を差しのべるのはいい。それは大いにするべきだ。

だが、何かを求めてきた誰か（顧客でも見込み客でも）に、あなたの好意がすべてタダだと思わせるのはまた別の話だ。「困っている誰かを助けたら、相手はまた困ったときにあなたのことを思いだす」という言葉がある。こういう輩はときどきいる。あなたが親切だという噂を聞きつけて、それを利用しようとやってくるのだ。

世の中には、あなたをお人よしのカモだと思って、その善意につけこもうとする盗っ人がいる。そういう連中には気をつけることだ。

彼らの目的はひとつ、あなたから何かを騙しとることだけだ。成功するにつれ、そういう連中はやってくる。残念ながら、それはプライベートの友人や親戚との関係でも起こることがある。そういうものなのだ。


何度か話しているように、私は顧客の力になり、その関係を大切にしていることを示すために、「少し与える」ことがよくあった。

ほとんどの場合に、相手はとても感謝してくれた。

だがときどき、私を利用することだけが目的で、忠実な顧客になろうという気があまりない人に出くわすこともあった。

この手の連中は、タダでもらえるものにしか興味がない。見込み客の中にも、ジョー・ジラードが決してノーと言わないという（間違った）噂を聞きつけて、新車を買うかわりにオイル交換をずっとタダにしてくれと要求する人もいた。

ある顧客の場合、車の下取り価格についてあまりにしつこく食い下がるので、新車が売れても引き合わないほど、その交渉に時間と労力をとられた。さらに一年後、その同じ顧客に対し、感謝のしるしとしてオイル交換とタイヤのローテーションを無料で提供すると、今度はフロアマットもタダでサービスしろと言ってきた。

私の好意にどこまで甘えられるか試したかったのだろう。私はその図々しい要求に少なからずムッとしたが、品位ある対応をした（とはいえ、少しばかり彼に恥をかかせずにはいられなかった）。

あなたほどの人なら、普段もっと大きな取引をしているでしょうに、たかがカーマットの値段を気になさるんですか、と言ったのだ。彼はカーマットのことはそれ以上言わなかった。

**カモにされてはならない。**

何かをタダ取りしようとする相手には次のように対処することだ。

1　**無礼な態度はとらないこと。**あなたはそんな人間ではないはずだ。完全な人間はそういう出方はしない

2　顧客へのサービスがいいという評判を聞きつけて来てもらったことは光栄だ、と伝える

3 **顧客はすべて特別であり、特別な待遇にふさわしい存在だと相手に告げる。**顧客のためにすることは、顧客のためだけのものだと言う

4 特別な人のリストに加わっていただけるなら歓迎です、と言って会話を締めくくる。これで相手の正体を見破り、ボールを相手のコートに打ち返したことになる。「新車を買ってください」とはっきり、だが礼儀正しく相手に告げたのだ

それで相手が帰ってしまうかもしれないが、あなたの品位と自尊心は保たれる。ひょっとすると、相手が顧客に変わってくれることもあるかもしれない。それがこうした状況への洗練された対処法だ。

相手が家族や親戚の場合はもう少し複雑だ。

私は自分の持っているものを他者と分けあうべきだと思っているが、中にはあなたからの施しだけを求めていて、いくらかの現金を与えないと罪悪感を植えつけようとする人もいることは知っておくべきだ。

同情や思いやりだけではどうにもならない状況があることは承知しているが、私は「人に魚を与えても一日しか食べられないが、釣りを教えれば一生食べていける」という格言

を昔から信じてきた。私の十三のルールも、まさにこの考えにのっとっている。

あなたにとっても、顧客、家族、友人などあなたの大切な人々にとってもそうだ。

誰かの人生をよりよい方向に向かわせるために何かできたなら、ただ目先のパンを与えるよりもずっといい気分になれる。

完全な人間なら、これをよく理解できるはずだ。あなたはどうだろうか。

## ビジョナリーになる

いつも最前線に立つべきもっとも重要な理由は、未来に待ち受けている可能性を解き放つためだ。

それはリピーター獲得の可能性に気づくことかもしれないし、人との関係を修復することかもしれない。誰かがもっとも助けを必要としているときに、手を差しのべることかもしれない。

どれも、ほかにはない特別な喜びをもたらしてくれる。こういうふうにものごとを見られるようになれば、ビジョナリーになれる。**ビジョナリーとは、型にはまらない、独創的**

**な考え方ができるスキルと勘を持った人のことだ。**

平凡で意外性のない、杓子定規《しゃくしじょうぎ》な行動はビジョナリーのものではない。それはどちらかと言えば、私の営業マン時代の上司や経営陣たちにあてはまる。しまいには、世の中にはどうやっても変えられないものごとや人々が存在するのだ、という結論に達した。

むしろそういう人々の頑迷さこそ、私が成功して頭角をあらわすのを容易にしてくれたとさえ言える。

私の売り上げが増えるにつれ、競争はしだいに少なくなった。同業者の誰よりもはるか先を独走しているような状態だった。「頂点に立つ者は孤独だ」とかつて誰かが言っていたが、私の場合はまったくそんなことはなかった。

私は自分だけの眺めを楽しんでいた。あなたもやってみるといい。きっと気に入ると思う。自分がとくに才能に恵まれていると思ったことはないが、先見の明はあった。誰よりも先を見越す能力に長けていた。いち早く機会を見つけることへのビジョナリーのアプローチを身につけていた。誰もが身をすくめて隠れるような場面で、あえて有言実行を貫いた。顧客にかけた言葉が、今でも脳裏にこだましている。「ご不満な点があれば、必ず満足に変えてみせます。私は逃げも隠れもしません」

私のしたようなことをするビジョンや勇気を持った者はほかに誰ひとりいなかった。リスクは負ったが、よくよく考え抜いてのことだった。人がどんな扱いを受けたがっているか、私にはわかっていた。また、相手がまったく予想していないタイミングで、ちょっとした特別なことをすることの力もわかっていた。

**魔法も謎もない。すべては常識とビジョンなのだ。**

ビジョナリーの反対は狭量だ。私のしていることは業界の誰もが見ていた。**私は何ひとつ秘密にしていなかった。すべてオープンにしていた。誰でも私のやり方を真似ることができた。**

しかし残念なことに、私のように時間と労力をかけようとする者はあまりいなかった。「今日少しを犠牲にして、将来それ以上のものを取り返そう」という気がなかったのだ。

ビジョンを持ち、独創的なやり方にトライすることを恐れないという考えを理解できるなら、いつも最前線に立つことがちっとも難しくない理由もわかるだろう。

それこそが賢いアプローチなのだ。

ジラードのレシピは簡単だ。

一杯の自信に
ひとつまみの想像力を加え
そこに愛情を一滴
ビジョンが明確になるまでよくかき混ぜてできあがり！

# 第四部　充電のルール

Joe Girard's 13 Essential Rules of Selling

Rule

# 13

Joe Girard's 13 Essential Rules of Selling

# 自分に
# ご褒美をあげる

苦労した者にとっての最高の報いは、
苦労の結果何が得られるかではなく、
何になれるかである。

ジョン・ラスキン（詩人、芸術家、思想家）

## ✣ エネルギーを充電する

あなたはとうとう、十三のルールの最終章にたどりついた。

この十三番目のルールでは、一休みして自分にご褒美をあげることがテーマになっている。これが山頂への最後のひと区間だ。

自分にご褒美をあげるというのは、ただ頑張った自分をねぎらうためにラスベガスに旅行しろということではない。エンジンを休ませなかったがためにオーバーヒートしてしまうのを防ぐことだ。たまにはクールダウンしてスピードを落とし、人生を楽しむための時間を持つことが必要なのだ。

オリンピックなどのスポーツの大会を見ていて、とくに感心するのは長距離競技に出場しているアスリートたちの姿だ。マラソンなどは、出場者の精神力と持久力が極限まで試される競技だ（それならジョー・ジラードにもお手のものだが）。完走するために必要なものは何かと考えると、水泳選手でもマラソン選手でもクロスカントリー・スキーの選手でも、全員に共通するものがある。

それは高いモチベーションに加えて、賢さだ。

必ずゴールできるように、それもなるべくいい順位でゴールできるように、様々なバランスをとってペースをコントロールする鋭い感覚が必要なのだ。彼らは全力を出すべきときを知っている。だがジョッキーと競走馬のように、ペースを抑えるべきときも知っている。

働き方にもこれと同じ考え方があてはまる。

**充電する時間をとらなければ、いずれ燃え尽きてしまう。**それでは元も子もないにもかかわらず、人はときにその罠にはまる。


誰かが波に乗っていて、止まれなくなっているのを目にすることがある。

彼らにとっては何もかもがうまくいっているように思える。追い風で絶好調なので、止まるのが怖いのだ。

金が儲かっているのか、人気者になっているのか、なんにせよ、彼らはひたすら前進し続けることを望んでいる。ガソリンが切れるまで。それは力尽きて倒れるまでということだろうか。

たとえばそれが仕事だとして、あなたは気づけば一日十二時間以上も働いている。家族にはほぼ存在を忘れられている。あなたは崖っぷちを目がけて走る馬車に乗っていて、降りられなくなっている。私にはわかる。私自身もその馬車に乗っていたからだ。

前に話したとおり、ある意味で私は成功に殺されるところだったのだ。健康を損ないかけてようやく我に返り、助けを求めた。そして自分だけのアシスタントをふたり雇った。頭を使って自分にご褒美をあげたのだ。

あなたもエネルギーを充電する時間をとらなければならない。

## ‡ 自分へのご褒美

勝利の喜びほど素晴らしいものはない。あなたは戦いに勝ち、ついに勝利をつかんだ。クロージングに成功した。目標を達成した。もうダメだと思っても諦めずに頑張り抜き、とうとうゴールにたどりついた。あるいは、彼がついにプロポーズしてくれた。または、彼女がプロポーズに「イエス」と言ってくれた。

なんにせよ、あなたは今日、勝者になったのだ。だから一息入れる資格は充分にある。

自分にご褒美をあげよう。でも何をすればいいのか？

**ご褒美と成功は親戚のようなものだ。**前にも話したように、私は成功して目標を上回る業績を上げられるようになると（ほぼ毎回だったが）、自分と妻へのご褒美として、毎月のように週末のラスベガス旅行に出かけた。それは夫婦水入らずの時間をすごし、リラックスして成功を祝ういい機会になった。よく〈デューンズ〉に泊まった。

当時のラスベガスではトップクラスのホテルのひとつだ。それはとても楽しかった。今でもよくラスベガスに行って、ショーを楽しみ、ストリップ地区から刺激とエネルギーをもらっている。

もちろんあなたの好みは違うかもしれない。森の中のログハウスで静かな週末をすごすほうがいいかもしれないし、ゴルフや釣りやヨットなどのレジャーを楽しみたいかもしれない。美術館や音楽会に行きたいかもしれない。

なんにしても、それを特別なこととして、特別な誰かと一緒に楽しもう。

その瞬間を祝おう。あなたはそれにふさわしいことをしたのだ。

とはいえ、当初の私にとって、そんなご褒美は夢のまた夢だった。それ以前に見舞われた経済的な打撃から立ち直るのにしばらく時間がかかった。

少し余計に稼げたときは、家族にようやくほんの少し生活のゆとりを与えてやれるというだけで嬉しかった。はじめのころは、妻に新しい服を一着、子供に新しい靴を一足買ってやるくらいが精いっぱいだった。

**家族の笑顔を見て、その愛情を感じるだけで満足だったし、それが自信をくれた。**当時のささやかなご褒美のほうが、のちの豪華なご褒美よりもずっと長く忘れないだろう。

あなたも当時の私のような状況にいるかもしれない。今は辛抱のときだ。きっとよくなる。私を信じろ。何よりも、自分を信じろ。

何が大切か、どんなことができるかを決めるのはあなた自身だ。

ひとつ注意しておくなら、まさかのときに備えて、ご褒美のうちいくらかを蓄えておくこと。昼の後には夜が来るのと同じように、そういうときは必ず来る。人生はそういうものだ。

誰かが急に歯の治療が必要になるかもしれないし、家が雨漏りするかもしれない。車の修理が必要になるかもしれない。そういう不測の事態に備えて、成功の対価の一部は銀行に入れておくことだ。**将来の不安をなくすために手を打っておこう。それが賢いやり方というものだ。**

家族がいるなら、あなたの労働の成果を分かちあおう。結局のところ、彼らこそあなたが働く理由なのだ。家族があなたの生きる理由であるべきだし、もしそうなら、あなたは素晴らしい家族に恵まれている。

子供を遊園地や野球の試合に連れていったり、妻や夫とディナーに出かけよう。家族はそのお返しに、あなたがこの先さらに成功し続けるために必要なモチベーションをくれる。

目に見えるものを自分へのご褒美にすれば、大きなテレビでも新しい家具でも、二台目の車でも、それがあなたの成功をあなたと家族に絶えず思いださせてくれる。そして、これからますます成功しようというモチベーションも与えてくれる。

私も最初に大型テレビを買ったことや、家を改築したこと、エアストリームの最高級のキャンピングカーを手に入れたことなどを覚えている。また、頑張ったおかげで家族がいい服を着ているのを見て、どれだけいい気分になれたかも覚えている。

家庭や身のまわりのこうしたご褒美を目にするたびに、それらは私がよくやったと告げるだけでなく、私がどうやってそれをやったかを繰り返し思いださせてくれる。

十三のルールに従うこと、それこそがその方法だった。

秘密は何もない。基本的なことを誰よりもうまくやることだ。それだけで毎回素晴らしい気分になれる。

個人的な成功は、その他のご褒美ももたらしてくれる。その満足感は言葉では言いあらわせないほどだ。

## ✣ 人へのご褒美

おそらく**何よりも素晴らしいご褒美は、自分の幸運を人に分け与えることだ。**与えることでもらえるものがある。何も持たないで育った私にとって、これはとりわけ胸に響く。

何かをなしとげたことに対して、形あるご褒美をもらうのは嬉しい。とくに現金なら、自分や家族に欲しいものが買える。その一方で、何かを返し、恵まれない人々に自分のご褒美を分け与えることも、きわめて特別な体験だ。とくに相手の目や笑顔を見たときに感じる気持ちは、実際に味わってみなければ、充分に理解し、その価値を知ることはできない。

家を出て働き出してから何年もたってようやく、独り立ちして真面目に働いたご褒美を手にすることができるようになった。はじめてそれを感じさせてくれたのは、家族の反応だった。どうにか生活できるようになり、少しだけ余裕ができて、家族の欲しがっていたものをサプライズのプレゼントとして買って帰ったときのことだ。私のチャリティは家庭から始まった。今でもそのときのことを思いだすと涙が浮かんでくる。

自分の子供時代を振り返るときも、当時の私より恵まれない人々が世の中にはたくさんいるのだということを忘れないようにしている。おそらくだからこそ、私の一番のお気に入りのチャリティ団体は〈セーブ・ザ・チルドレン〉だ。この団体は世界中の貧しい子供たちへの食料・教育・医療支援を行っている。

この団体に寄付すると、ほかの何にもましていいことをしたという気分になれる。

私はずっと、全米の刑務所に無料で著書を寄贈している。そこには社会から忘れ去られた人々がいる。多くの場合、彼らは人生で何者かになれる希望をほとんど持っていない。彼らの一部にでも、その姿勢を改めて正しい方向に進む手助けができれば、自由の身になって外に出ていく日に備え、彼らが人生を立て直すためのきっかけを与えられるかもしれない。これまでに複数の受刑者から、「あなたのおかげで人生が変わった。どうもありがとう」という感謝の手紙をもらったことをとても嬉しく思っている。

ある年、私はすべての講演料をオーラル・ロバーツ大学の新校舎建設費用に寄付することにした。まだ学習の段階にある子供たちに、時間や才能や富を他者と分かちあうことの大切さを知ってもらいたかったのだ。ほんの数人にでも影響を与えることができれば、次は彼らが他者に影響を与えるだろう。「ジラードの二百五十の法則」（九章を参照のこと）で、社会にきわめて特別な貢献ができるのだ。

その日、私は今まで与えた以上のものをもらったと思っている。

私がこんな話をしているのは、自分が特別な慈善家だと思っているからでもなければ、何かの資金集めのキャンペーンをしているからでもない。寄付しない人に罪悪感を覚えさせようとしているつもりもない。

ただし、気づきのキャンペーンならしている。まだわかっていない人のために言っておくが、気づきこそ、この本全体のテーマなのだ。

気づきについて教えたいことがある。私は世界一の富豪ではないが、たいていの人よりは裕福だ。だからこそ、何かを返すべきだと信じている。それは持たざる人々に与えるということだ。

あなたも同じだ。あなたより恵まれない人は必ずいるはずだ。それについて考えてみてほしい。


人のために何かをしている団体や人の中で、あなたがもっとも尊敬し、賞賛するものを三つ考えてみよう。あなたにとって特別で、ぜひ協力したいと思う団体がないだろうか。

**なんでもいい、ひとつ選んで、何かを分け与えよう。**最初はわずかでもかまわない。

自分の出自を忘れてはならない。成功しても、自分がどこから来たのかを常に思いださなければならない。ほとんどは山のふもとからスタートしたはずだ。私自身など、どん底の一歩手前からのスタートだった。私はその自らの出自を決して忘れない。

悲しいことに、多くの人が自分のルーツを忘れてしまう。成功に酔い、富をひとり占めして何も分け与えようとしない。人はその姿を記憶する。そんな印象をのちの世に残したいのだろうか。

ご褒美を分けあうというのは、必ずしも金銭を与えることだけを意味しない。特別な人や助けを必要としている人のために時間を分け与えることも意味する。

それは少々ほったらかしていた関係をあらためて見なおすことかもしれない。人との関係を修復する機会を逃してはならない。

誰かのために時間を割くことは、何にもまして特別で貴重なものだ。

ひょっとすると、あなたが与えられるのは「聞く」ということかもしれない。それはあなたが思慮深く、誰かや何かを思いやれる人間だということを意味する。

その特別な関係を大切にはぐくみ、しっかりと、だがやさしくつかんでおかなければならない。握りつぶし、窒息させてはならない。息ができるだけの隙間をあけておかなければならない。

必要なとき、あなたがいつもそばにいることを伝えるのだ。

なぜそれが大切なのか。

**結局のところ、人が何によってもっとも報われるかといえば、それは自分が売ったものの数ではなく、自分が生み出せた笑顔の数なのだ。**それを忘れないことだ。

## ‡ 決定的な違い

フランスの偉大な作家にして哲学者のヴォルテールは、「休息はよいことだが、倦怠はその兄弟である」と言った。怠惰の罠にはまるのを警告したのだ。私の考えでは、倦怠が休息の兄弟なら、怠惰はその双子の姉妹に違いない。リラックスしてしばしの休息を楽しむことと、怠けることとを混同してはならない。その違いは大きい。

頑張って目標を達成したなら、何かでその労に報いてもらう資格は充分にある。

だが、中には何ひとつなしとげていないのに、自分に〝ご褒美〟ばかりあげている人がいる。私の職場にもおおぜいいた。やたらと長い昼休みをとったり、仕事を早退したり、〝仲よしクラブ〟の面々とバーに繰り出したり。

この手の連中はみじめな落伍者以外の何者でもない。やったことと言えば、人生の喜びを味わう一切の機会を家族から奪うことだけだ。いい家、子供へのいい教育、適切な医療、老後安心して暮らせる蓄え――そのすべてを、身勝手な怠惰によって、自分を頼りにしている人々から奪ったのだ。そして無駄にした時間は二度と取り戻せない。

私はいつもこうした人々に悩まされてきた。一方では、彼らの行動に「いいぞ、もっとやれ」と思う気持ちもなくはなかった。私自身が家族を養うためにも、ライバルが減るのは悪いことではなかったからだ。しかし他方では、彼らの労働倫理の欠如のせいで、今月何かを奪われた家族がどこかにいるという悲しい現実に気づいてもいた。

私に言わせれば、それはたんなる怠惰ではない。ただ配偶者や親としての義務と責任を果たしていないというだけではない。

それは裏切りだ。彼らがご褒美として楽しんでいるのは、それを受け取るはずの家族から盗んだものなのだ。

サボるためにあれこれ企み、楽な逃げ道を探すことに多くの時間とエネルギーを浪費している人間を見ると、腹立たしくてならない。

なぜその時間を、そもそもまっとうに働くことに費やさないのか。だが、どれだけ巧妙にごまかそうと、毎日、職場で一日中まったく何もしていないという事実をいつまでも隠しきれるものではない。

あなたがそういう人間でないことを祈る。というのも、もしそうであれば遅かれ早かれ、あなたが会社のお荷物だということに誰かが気づく。そうなったらおしまいだ。あなたはクビになる。そして、毎度のことながら、あなたの家族がそのツケを払わされるのだ。

よくやったご褒美として、充電のために一息入れるのは、毎日何もしないで怠けていることとは全然違う。そんな生活はみじめそのものだ。

## 山頂で踊りすぎない

**自分にご褒美をあげるのは、あくまで充電のためだ。** 一章で述べたように、「山頂で踊りすぎれば、足を滑らせてふもとまで転落しかねない」。バランスが大切なのだ。

その瞬間を楽しみつつ、また動き出す準備をしておかなければならない。登るべき山は常にある。しかし、ご褒美はご褒美で楽しむことだ。

私は遊びの時間を個人的にとても大切に考えていた。

第一に、どこに行くにも必ず妻と一緒に出かけた。休暇中は何があっても誰にも連絡してほしくなかった。誰かから電話がなかったかとオフィスに確認することもなければ、仕事のメールも転送させなかった。

充電すると決めたら、そのためにとっておいた大切な時間を何ものにも邪魔されたくなかった。すべて待たせておいた。なぜそこまでこだわるのか。私のことを知っている人なら誰でも、休暇を終えて仕事に戻った日の私がどれだけ凄いか知っていた。充電を終えて英気をたっぷり養ったジョー・ジラードが、かつてないほどやる気に燃え、ガソリン満タンで勢いよくショールームに入ってくる。だからだ。

私が戻ってきたことは誰もがわかる。私は山頂から下りてきて、次に向かう準備がもうできている。それが私のやり方だった。

**私は成功にあぐらをかくことはなかった。前線に戻った瞬間から、一度もそこを離れてなどいないかのように、また仕事に没頭した。**懐中電灯に新品の電池を入れると、一段と明るく光るものだ。だがそのためには、いったん懐中電灯のスイッチを切って、電池を新しいものに交換しなければならない。私がしているのもまさにそれだった。それが人生の習慣になった。

オフィスには何人か怠け者がいたが、面白いのは、私の労働倫理と仕事に対するやる気ゆえに、むしろ一年のうち本当にリラックスした楽しい時間を多くすごしていたのは、彼らよりも私だったということだ。

違いは、私が一切サボっていなかったことだ。正当なご褒美を楽しんでいたのだ。

## 人生のご褒美

ここまでは短期的な目標とそのご褒美について話してきた。それは一年間頑張って働くために、折々に自分のなしとげたことを称え、充電するための機会だ。

だが、より長期的なものについても考えてみてはどうだろう。自分のキャリアにおいて定めた目標を達成したことへの、一生のご褒美だ。

私は今でも講演やセミナーで世界中を飛び回っており、引退はしていない（今後もするつもりはない）が、いい生活を楽しむという形で、妻と私に充分なご褒美をあげてきたと言っていいだろう。

私はずっと昔にそれを目標にし、そして達成した。だから大いにそれを楽しむつもりだし、実際に楽しんでいる。

引退後に一生もののご褒美を手に入れることを長期的な目標にするのは、素晴らしいことだと思う。それは南の島の別荘かもしれないし、世界一周旅行かもしれない。なんであれ、それを早いうちから目の前にぶらさげて、売り上げ目標か特別なノルマのようなつもりで、必ず達成しようと心に決めるのだ。正直言って、それより重要なプロジェクトなど思いつけない。

子供のころ、クリスマスの日を指折り数えて心待ちにしたような気分で、それを楽しみにしよう。毎日そのご褒美を目の前にぶらさげるのだ。職場のデスクの上や車の中など、目につきやすいところにメモや写真を貼ろう。

そういう長期的なご褒美をインセンティブにすべき理由は、その日こそ、はじめて歩けるようになったとき以来の大きな人生の転機になるからだ。

よい人生のために貯めてきたチップをついに現金化するときが来たのだ。

あとはハンモックに揺られようと、ナイトクラブで踊ろうと、ゴルフクラブを振ろうと自由だ。あなたは自分でそれを手に入れたのだ。

胸いっぱいに息を吸って最高の笑みを浮かべよう。

あなたは愛され、尊敬され、満たされているのだ。

私の十三のルールが、あなたを成功に導いたのだ。

## ‡ 究極のご褒美

最後に、**個人の体験の中でおそらくもっとも嬉しい究極のご褒美とは、自分がベストを尽くしたと思えることだ。**むしろ、人が自分自身に求められるものはそれだけと言ってもいい。

自分にできることをすべてやれば、自分や家族、その他の大切な人や目的に対して、最大限のものを与えられる。

第三十代アメリカ大統領のカルビン・クーリッジは言った。「才能や資質や教育があっても成功できない人間は珍しくない。**この世で粘り強さに勝るものはない**」

私も大統領に賛成だ。私自身がいい例だ。自分がとくに賢いとか才能があると思ったことはないし、教育に関して言えば、高校さえ出ていない。

それでも成功できたのは、努力をやめなかったからだ。決して自分に見切りをつけなかったからだ。**私は粘り強かった。絶対に成功すると決意していた。だから成功した。**

これまで何度も、世界中の何千という人に繰り返し言ってきたように、私にできるのだから、誰にだってできる。

自分や配偶者に向かって、こんなふうに言ったことがないだろうか。「旧友のジャック・ジョーンズとジェーン・スミスにいったい何があったんだろう。昔は成功間違いなしに思えたのに、今では噂をとんと聞かない。まるで消えてしまったみたいじゃないか」

信じられないかもしれないが、そういう人間はどの分野にもおおぜいいる。そこそこ成功したものの、結局は期待されたほどのことができなかった人々だ。

彼らには山を征服できる才能があったのに、しなかった。人の心を動かせる資質があったのに、しなかった。楽にゴールに手の届く能力があったのに、そのはるか手前の路上で立ち止まってしまった。一切の期待に応えられなかった。

なぜなら、どこかで怠惰と無為の道を選んでしまったからだ。もういいと諦めてしまった。これ以上何にもエネルギーを使いたくないと思ったのだ。彼らの人生は事実上終わっている。人生の路地裏に迷い込んで世の中に置いていかれ、後悔まみれの無為な日々をすごしている。これほど絵に描いたような失敗もない。

それとは逆に、持って生まれた才能や資質に劣っていても、成功のために全力を尽くした人々が、実績の面でも人生の充実度の面でも、いわゆるエリートをしのぐことは珍しくない。

そのためには一五〇パーセントやらなければならない。一〇〇パーセントやるのは誰にでもできる。それは目標に定めたことを達成し、さらには自分の予想さえいい意味で裏切るということだ。それはとてもいい気分だが、人の予想をいい意味で裏切れば、さらにいい気分になれる。

講演をしたり、著書への感想をもらったりするとき、何よりも大きな満足感をもたらしてくれるのは、誰かの心を動かせたときだ。

私がメッセージを伝える機会を持てたおかげで、人が人生を変えようと決意し、今まで夢にも思わなかったような何かをしようという気になったことを知るときだ。

こういうご褒美は、かけがえのない人生の贈り物であり、すべての苦労が報われる。一番になることはもちろん素晴らしい。だが、それ以上に重要なことがある。

**いつかベストになるよりも、いつも自分のベストを尽くすほうがいい。**

それができれば、毎日勝者になれる。

それこそが究極のご褒美なのだ。

Joe Girard's 13 Essential Rules of Selling

# 次のステップ

失敗とは、
もう一度、今度はもっと利口にやるための
機会にほかならない。

ヘンリー・フォード（フォード・モーター創業者）

## ジョー・ジラードの十三のルール――現場で役に立つもの

おめでとう。あなたはとうとうここまで来た。いよいよ重要な次のステップに踏み出すときだ。新しい自分として出発するのだ。

あなたはすでに勝者だ。何もせず、どこにも通じていない道を選ぶのではなく、栄光への道を選んだからだ。

ところで、あなたがすると決めたことをほとんどの人はしないと聞いたら、気分がいいのではないだろうか。彼らには重い腰を上げて行動するつもりなど一切ない。だからこそ、世の中には平凡なことをして平凡な人生を生きる、平凡な人々ばかりなのだ。

だが、あなたは違う。あなたは十三のルールの価値を知り、それに従うことを選んだ。それらはもう切り離すことのできないあなたの生き方の一部だ。

あなたが十三のルールなのだ。

耳ざわりがいいだけで、軽くて中身のない本なら誰にでも書ける。

だが、問題はそれを現場で実行に移したときだ。そうなると話はまったく違ってくる。そこでは経験に基づいた生の知識こそがものを言うのだ。

## ジョー・ジラードの世界にようこそ

私は自動車のセールスの仕事をしていたが、**私の十三のルールは、保険でも不動産でも医療でも建設でも教育でも、あるいは幸せな家庭を築くことにも、その他、どんなことにでもあてはまる。**

あなたの職種が営業マンであれ、教師であれ、技術者、デザイナー、医者、あるいは主婦（夫）であれ、私の十三のルールが、目標に定めたことを達成する土台となり、地図となる。それがこのルールのいいところだ。

それによってどこに行きたいかはあなたが決めるのだ。仕事でも家庭でも、トップに立ちたい、一番になりたいと思うなら、今がそのスタート地点だ。

この本を書くと決めたとき、一度読んで終わりにならない本をつくりたいと思った。読者に一生もののプレゼントがしたかった。本当に役に立つ、実行に移せる具体的な内容が書かれた本にしたかった。この本は本物なのだ。

もっともらしくても、実行できる具体的なことが何も書かれていない机上の空論に、私の名前をつけて売りたくはなかった。実効性のあるアプローチが書かれた本にしたかった。あなたが土台を築く手伝いがしたかった。

私の十三のルールは、見事それに成功したと思っている。

あなたは今、仕事とプライベートの両面で、人生の様々な困難に備えるためのきわめてくわしく、しかも実用的なガイドを手に入れた。

どのルールも、今の世の中で生き残り、成功するために必要なものを提供すべく考え抜かれている。この先にどんな試練が待ち受けていようと、それに立ち向かうための武器をあなたは手に入れたのだ。

くじけそうになったら、どうすればいいかはわかっているはずだ。この本を手に取るのだ。十三のルールが道を照らし、前に進み続けるための力と決意をくれるだろう。

朝起きた瞬間何をすればいいか。賢明な人なら、この本の各章を何度も繰り返し読んで、十三のルールのすべてを心に刻みつけるだろう。

人生に成功するためには、誰かと接するときはいつでも最高の自分でいなければならない。毎日の日課に十三のルールを取り入れる方法を考えよう。それらについて深く考え、あなたという人間の土台にするのだ。

## 全力で前に進む

この本を通じて、私がときに強引で押しつけがましいと感じた人がきっといると思う。中には私の物言いに腹が立った人もいるかもしれない。謝罪を期待しているなら、諦めたほうがいい。

最初に警告したはずだ。この本を書いたのは、あなたを楽しませるためではないと。

私がなぜこれほど頑なで強硬な姿勢を崩さないかというと、理由はひとつだ。**私は勝利への強い情熱を持っている。その熱があなたにもうつらなければ、それはゴールにたどりつくための充分なガソリンがあなたのエンジンに入らないからだ。**ハイオクの結果を手に入れるにはハイオクの努力が必要だ。あなたにも私と同じほど熱い情熱を持ってもらいたいのだ。

それができない軟弱者もたしかにいる。連中は成功のために必要なものを持っていない。だから、この本をここまで読むこともない。それはそれでかまわない。

私は万人のためにこの本を書いたが、本当は万人向けではないからだ。選ばれた賢明な人間だけが、この本から何かを得られる。私の十三のルールは強い者と弱い者を分ける。二流の選手はチームにいらない。この本はポジティブな考え方を持つ人のためのものだ。ポジティブさと固い決意こそ、すべての成功者にとって、人生の障害を乗り越えるためのもっとも大切な支えだと知っている人のためのものだ。

**本気で成功したいなら、本気でものごとをよいほうに変えたいなら、ひたすら全力で前に進むしかない。**それにかわるものは何もない。このやり方しかないのだ。そしてあなたが本を開くたびに、私はここであなたの背中を押す。

完璧な人間などいない。誰もが後押しを必要としているし、自分が前に進んでいると実感し、自分のしていることに何らかの価値があると思いたい。

だが、ミスを犯すたびに慰めてくれる誰かがいたって、状況はよくならない。必要なのはずばりと言ってくれる人だ。本当のことを言ってくれるのは本物の友だけだ。

決断するときの痛みには二種類ある。


**己を律する痛みと、後悔の痛みだ。あなたはどちらを選ぶのか。**


あなたはほかの誰もたどりつけない場所を、頂上を目指しているのだ。この本は特別な舞踏会へのチケットなのだ。自慢のステップを見せる準備はいいだろうか。

人生でどんなことをしたかと尋ねられたとき、振り返って笑みを浮かべ、「できることはすべてやりつくしました」と言えたら素晴らしいと思わないだろうか。

あなたはなんと答えるのだろう。

その質問への真実の答えを知ることができるのはあなただけだ。こうできた、ああすべきだったと人生を語りたくはないだろう。これをしたと胸を張って言える人生にしたいはずだ。

私の十三のルールは、目的を持って人生を生きる方法を教え、人生で何をしたかという質問に誇りと達成感をもって答えられるようにする。

人生で目標に定めたことを達成したとしても、それで生きる目的がなくなるなどということはない。それほど悲しいことはない。

もしすべきことなどもう何もないと本気で思っているなら、アイルランドの偉大な劇作家ジョージ・バーナード・ショーの次の言葉を思いだしてほしい。「私にとって人生は、はかなく消えるろうそくではなく、燃えさかるたいまつである。今この手に握っているそれを次の世代に渡すまで、できるかぎり明るく燃やしたい」

つまり、人生を精いっぱい生きるということだ。バーナード・ショーは九十四年の人生を存分に生きた。

**あなたのたいまつも、満天の星空のように明るく燃やすのだ。**その火を消してはならない。まだ人生はたっぷりある。

結局は、豊かで満足できる人生を経験し、それを特別な人と分けあうことがすべてなのだ。そこには生半可な努力ではたどりつけない。成功を偽ることはできない。

**全力を出し尽くさなければ、いつもあと一歩及ばないことになる。**先延ばしにするのもダメだ。始める勇気がないなら、あなたはもう終わっている。「いつか」を「今日」にするのだ。立ち上がって歩き出せ。毎日、毎時間、毎分を特別なものにして、今日を生きるのだ。

おそらく、はじめのうちは成功しないだろう。一度目は目標を果たせないだろう。二度目、いや三度目でもダメかもしれない。

だがそれでくじけてはならない。目指す場所にたどりつくまでには何年もかかるかもしれない。それもすべて旅の一部であり、経験の一部だ。

私は世界一になるまでに三年かかった。だがそうなってからも、決して後ろを振り返ることはなかった。それから引退するまでの十二年間、無敵の王者として世界一の座を守った。営業マンを引退した後は、モチベーショナル・スピーカーとして自身の経験を人々に伝える仕事を始めた。

そのあいだずっと、私は粘り強く頑張った。自分に見切りをつけることは決してなかった。

**この世に失敗などというものはない。成功と、諦めること、それだけしかないのだ。**

どんな分野でも、トップの人々は失敗にめげたりしない。それこそが真の王者の証しでもある（ダウンしては何度も立ち上がったジョー・ルイスを思いだしてほしい）。自己憐憫にふけっていては前に進めない。

「意識あるかぎり自分をコントロールしろ」と私は何度も言ってきた。

**全力を尽くせ。勝利はあなたが思うよりも近くにある。**

## ⁂ 後悔しない

著名な哲学者にして宣教医のアルベルト・シュバイツァーは「成功が幸せの鍵なのではない。幸せが成功の鍵なのだ。自分のしていることが好きな人は成功する」と言った。

シュバイツァーの言うとおりだ。

現に素晴らしい人生を送っている者だけが、「私は素晴らしい人生を送ってきた」と言える。

だから素晴らしい人生を送ろう。

そうすれば、それ以上何も望むことはないはずだ。

あなたはどれだけ充実した人生を送っているだろうか。
後悔していることはないか。
心から満足しているか。
満ち足りているか。
幸せか。

**一生かけて追い求めるべきものは幸せだけだ。** そしてそれを追い求めることが次のステップだ。

私の十三のルールで学んだことを今日から実行に移すのだ。それが二度目のチャンスならなおいい。ありったけの熱意でそれをつかめ。なれたはずのものになるのに、遅すぎるということはない。

人生を振り返り、自分のため、家族のため、地域や社会のために何をしてきたかと考えるとき、後悔してはならない。

私自身、多くの失敗も回り道もあったが、自分のしてきたことを何ひとつ変えたいとは思わない。なぜなら、今までの人生経験のすべてが、今の私を形づくっているからだ。そして今も毎日その経験は積み重なっている。
最後に知恵の言葉を授けよう。枕元のテーブルに貼るか、暗記すればなおいい。家族におやすみを言ってベッドに入ったら、眠りにつく前に最後にこれを暗誦してほしい。

**後悔とともに目覚めるには人生はあまりにも短い**
**だから自分によくしてくれる人を愛し**
**そうでない人のことは忘れなさい**
**すべてのできごとには理由があると信じなさい**
**二度目のチャンスが訪れたら両手でつかみなさい**
**それで人生が変わるなら変えさせなさい**
**人生が楽だとは誰も言っていない**
**ただ、苦労する価値はあると約束している**

この本で説明したとおりに十三のルールに従えば、すぐに成功への正しいレールに乗れて、若いころの私が陥った過ちや落とし穴を避けられる。そうすれば、少なからぬ時間と金を節約できる。

この本は、きっとあなたがこれまでにした中でもっとも賢明な投資になるに違いない。

私にとってもそれ以上に嬉しいことはない。

あなたが行く手にそびえるすべての山の登頂に成功するように。

あなたとあなたの愛する人々の幸せを願って。

私は私のやり方でここまで来た。

著者プロフィール

## ジョー・ジラード　Joe Girard

1928年、デトロイトの下町、貧しいイタリア移民の家に生まれる。8歳から靴磨きを始め、新聞配達、皿洗い、ストーブの組立工、住宅建築業など40余りの職を転々としたのち、35歳でミシガン州のシボレー販売店でセールスマンとなる。わずか3年で自動車販売台数米国トップにのぼりつめ、4年目以降、引退までの12年間「世界No.1のセールスマン」としてギネスブックに認定され、今なおその記録は破られていない。また、営業マンとして唯一、米国自動車殿堂入りを果たす。その偉業は以下の通り。

・1日平均販売台数6台
・1日最高販売台数18台
・1カ月最高販売台数174台
・1年最高販売台数1,425台
・15年間合計販売台数13,001台

営業マン引退以降は、モチベーショナル・スピーカーとして、ハーバード・ビジネススクール、フォード・モーター、ゼネラル・エレクトリック、ゼネラルモーターズ、ヒューレット・パッカード、ＩＢＭなど錚々たる企業での講演のため世界中を飛び回っている。主な著書に、世界的ベストセラー『私に売れないモノはない！』『世界一の「売る！」技術』（以上、フォレスト出版）などがある。

## トニー・ギブス　Tony Gibbs

ラジオ放送と企業広報の分野で40年活躍し、10年以上前からジョー・ジラードの講演やセミナーに協力している。自動車セールスとマーケティングを専門とし、フォード、ゼネラルモーターズ両社の幹部向けのスピーチライターも務めている。

訳者プロフィール

## 満園真木　Maki Mitsuzono

翻訳家。青山学院大学卒業。主な訳書に、『ジョブズ・エッセンス　世界を変えた６つの法則』『からっぽ！　10分間瞑想が忙しいココロを楽にする』（共に辰巳出版）、『ザ・ライト・ファイト』（アルファポリス）など多数。

この作品に対する皆様のご意見・ご感想をお待ちしております。
おハガキ・お手紙は以下の宛先にお送りください。

【宛先】
〒150-6008 東京都渋谷区恵比寿 4-20-3 恵比寿ｶﾞｰﾃﾞﾝﾌﾟﾚｲｽﾀﾜｰ 8F
（株）アルファポリス　書籍感想係

メールフォームでのご意見・ご感想は右のＱＲコードから、
あるいは以下のワードで検索をかけてください。

アルファポリス　書籍の感想　検索

ご感想はこちらから

# 営業の神様

ジョー・ジラード　with トニー・ギブス
満園真木 訳

2013年 4月 30日初版発行
2023年 2月 15日 9刷発行
編　集 – 太田鉄平
編集長 – 塙綾子
発行者 – 梶本雄介
発行所 – 株式会社アルファポリス
〒150-6008東京都渋谷区恵比寿4-20-3恵比寿ガーデンプレイスタワー8F
TEL 03-6277-1601（営業） 03-6277-1602（編集）
URL http://www.alphapolis.co.jp/
発売元 – 株式会社星雲社（共同出版社・流通責任出版社）
〒112-0005東京都文京区水道1-3-30
TEL 03-3868-3275
装丁・中面デザイン – ansyyqdesign
印刷 – 大日本印刷株式会社

価格はカバーに表示されてあります。
落丁乱丁の場合はアルファポリスまでご連絡ください。
送料は小社負担でお取り替えします。
2013. Printed in Japan
ISBN978-4-434-17882-5 C0030